瑜伽文库
YOGA LIBRARY

"瑜伽文库"编委会

智慧盛开

吠檀多哲学之应用

（第一卷）

【印】斯瓦米·戴阳南达 / 著

汪永红 / 译

四川人民出版社

图书在版编目（CIP）数据

智慧盛开：吠檀多哲学之应用.第一卷 /（印）斯瓦米·戴阳南达著；汪永红译. —— 成都：四川人民出版社，2021.3
ISBN 978-7-220-12030-5

Ⅰ.①智… Ⅱ.①斯… ②汪… Ⅲ.①吠檀多—印度—古代—文集 Ⅳ.①B351.2-53

中国版本图书馆CIP数据核字（2020）第215934号

Pulished by arrangement with Arsha Vidya Research & Publication Trust
Srinidhi Apartments Third Ftoor 4 Desika Road Mylapore Chennai 600004 INDIA

四川省版权局著作权登记 [图进] 21-2020-417

ZHIHUI SHENGKAI: FEITANDUO ZHEXUE ZHI YINGYONG（DI YI JUAN）

智慧盛开：吠檀多哲学之应用（第一卷）

[印] 斯瓦米·戴阳南达　著

汪永红　译

责任编辑	江　澄
封面设计	肖　洁
版式设计	戴雨虹
责任校对	吴　玥
责任印制	王　俊

出版发行	四川人民出版社（成都槐树街2号）
网　址	http://www.scpph.com
E-mail	scrmcbs@sina.com
新浪微博	@四川人民出版社
微信公众号	四川人民出版社
发行部业务电话	（028）86259624　86259453
防盗版举报电话	（028）86259624
照　排	四川胜翔数码印务设计有限公司
印　刷	成都东江印务有限公司
成品尺寸	130mm×185mm
印　张	12
字　数	200千
版　次	2021年3月第1版
印　次	2021年3月第1次印刷
书　号	ISBN 978-7-220-12030-5
定　价	62.00元

"瑜伽文库" 总序

　　古人云：观乎天文，以察时变；观乎人文，以化成天下。人之为人，其要旨皆在契入此间天人之化机，助成参赞化育之奇功。在恒道中悟变道，在变道中参常则，"人"与"天"相资为用，相机而行。时时损益且鼎革之。此存"文化"演变之大义。

　　中华文明源远流长，含摄深广，在悠悠之历史长河，不断摄入其他文明的诸多资源，并将其融会贯通，从而返本开新、发闳扬光，所有异质元素，俱成为中华文明不可分割的组成部分。古有印度佛教文明的传入，并实现了中国化，成为华夏文明整体的一个有机部分。近代以降，西学东渐，一俟传入，也同样融筑为我们文明的固有部分，唯其过程尚在持续之中。尤其是20世纪初，马克思主义传入中国，并迅速实现中国化，推进了中国社会的巨大变革……

任何一种文化的传入，最基础的工作就是该文化的经典文本之传入。因为不同文化往往是基于不同的语言，故文本传入就意味着文本的翻译。没有文本之翻译，文化的传入就难以为继，无法真正兑现为精神之力。佛教在中国的扎根，需要很多因缘，而前后持续近千年的佛经翻译具有特别重要的意义。没有佛经的翻译，佛教在中国的传播就几乎不可想象。

随着中国经济、文化之发展，随着中国全面参与到人类共同体之中，中国越来越需要了解更多的其他文化，需要一种与时俱进的文化心量与文化态度，这种态度必含有一种开放的历史态度、现实态度和面向未来的态度。

人们曾注意到，在公元前8世纪至公元前2世纪，在地球不同区域都出现过人类智慧大爆发，这一时期通常被称为"轴心时代"（Axial Age）。这一时期所形成的文明影响了之后人类社会2000余年，并继续影响着我们生活的方方面面。随着人文主义、新技术的发展，随着全球化的推进，人们开始意识到我们正进入"第二轴心时代"。但对于我们是否已经完全进入一个新的时代，学者们持有不同的意见。英国著名思想家凯伦·阿姆斯特朗（Karen Armstrong）认为，我们正进入第二轴心时代，但我们还没有形成第二轴心时代的价值观，我们还需要依赖第一轴心时代之精神遗产。全球化给我们带来诸多便利，但也带来很多矛盾和张力，甚至冲突。这些冲突一时难以化解，故此，我们还需要继续消化轴心时代的精神财富。在这一意义上，我们需要在新的处境下重新审视轴心文明丰富的精神遗产。此一行动，必是富有意义的，也是刻不容缓的。

在这一崭新的背景之下，我们从一个中国人的角度理解到：第一，中国古典时期的轴心文明，是地球上曾经出现的全球范围的轴心文明的一个有机组成部分；第二，历史上的轴心文明相对独立，缺乏彼此的互动与交融；第三，在全球化视域下不同文明之间的彼此互动与融合必会加强和加深；第四，第二轴心时代文明不可能凭空出现，而必具备历史之继承和发展性，并在诸文明的互动和交融中发生质的突破和提升。这种提升之结果，很可能就构成了第二轴心时代文明之重要资源与有机组成部分。

简言之，由于我们尚处在第二轴心文明的萌发期和创造期，一切都还显得幽暗和不确定。从中国人的角度看，我们可以来一次更大的觉醒，主动地为新文明的发展提供自己的劳作，贡献自己的理解。考虑到我们自身的特点，我们认为，极有必要继续引进和吸收印度正统的瑜伽文化和吠檀多典籍，并努力在引进的基础上，与中国固有的传统文化，甚至与尚在涌动之中的当下文化彼此互勘、参照和接轨，努力让印度的古老文化可以服务于中国当代的新文化建设，并最终可以服务于人类第二轴心时代文明之发展，此所谓"同归而殊途，一致而百虑"。基于这样朴素的认识，我们希望在这些方面做一些翻译、注释和研究工作，出版瑜伽文化和吠檀多典籍就是其中的一部分。这就是我们组织出版这套"瑜伽文库"的初衷。

由于我们经验不足，只能在实践中不断累积行动智慧，以慢慢推进这项工作。所以，我们希望得到社会各界和各方朋友的支持，并期待与各界朋友有不同形式的合作与互动。

"瑜伽文库"编委会

2013年5月

"瑜伽文库"再序

　　经过多年努力，"瑜伽文库"已初具体系化规模，涵盖了瑜伽文化、瑜伽哲学、瑜伽心理、瑜伽冥想、体位和呼吸、瑜伽疗愈、阿育吠陀瑜伽乃至瑜伽故事等，既包含着古老的原初瑜伽经典，又包括了现代的瑜伽实践文化。瑜伽，这一生命管理术，正在滋养着现代的瑜伽人。

　　时间如梭，一切仿佛昨日，然一切又永远不同。自"瑜伽文库"设立起，十余年来，世界巨变如沧海，无论是个人，还是环境、社会，抑或世界，正经历着种种影响难以估量的重大全球性事件。尤其庚子肇起，世界疫情严重，全球化进程突变，经济危机一触即发。在这个进程中，压力是人们普遍的感受。这个压力来自个人的工作，来自家庭的关系，来自社会的变故，来自身体的透支，来自自我的反省，来自世界的不确定性。伴随着压力的是不知所措，更严重的则是无力或无奈，是生命在追求确定性过程中的某种虚幻和漂浮。

不确定性，是我们的世界普遍的特征。我们总是渴望确定。但在这尘世间，种种能量所建构起来的一切，都是变动不居的。我们人所赋予的一切的名相都是暂时的、有限的。我们需要适应这不确定性。与不确定性为友，是我们唯一的处世之道。

期盼，是我们每个人的自然心理。我们期盼世界和平，期盼身体康健、工作稳定，期盼家庭和睦、关系美好，期盼良善的安身立命。

责任，是我们每个人都需要面对、需要承担的。责任就是我们的存在感，责任越大，存在感越强。逃避责任或害怕责任，则让我们的存在萎缩。我们需要直面自身在世上的存在，勇敢地承担我们的责任。

自由，是我们每个人真正的渴望。我们追求自由，即是追求无限、追求永恒。从最简单的身体自由，到我们日常中种种的功能性自由，到终极存在中内心获得安住的自由，自由即是无限。

身份，是我们每个人都期望确定的。我们心在哪里，我们的身份就在哪里。心在流动，身份也不断在转变。但我们渴望恒久的身份，为的是在尘世中的安宁。

人是生成的。每一个个人做好，社会就会做好，世界就会做好。而个人自己做好，首先和必要的就是要身心安宁。身心安宁，首先就需要一个健康的身体。身体是我们在这世上存在的唯一载体，唯有它让我们种种生活的可能性得以实现。

身心安宁，意味着我们有着抗压的心理能量，有着和压力共处的能力，有着面对不确定的勇气和胆识，有着对自身、对未来、对世界的期盼，有着对生活的真正信心，对宇宙的真正信心，对我们人的真正信心。有了安宁的身心，我们才能履行我们的责任，不仅是个体的责任，也是家庭的责任、社会的责任、自然和世界的责任，拥有一种宇宙性的信心来承担我们的责任。在一切的流动、流变中，瑜伽文库带来的信息，可以为这种种的责任提供深度的根基和勇气，以及人的实践之尊严。

瑜伽文库有其自身的愿景，即希望为中国文化做出时代性的持续贡献。瑜伽文库探索生命的意义，提供生命实践的道路，奠定生命自由的基石，许诺生命圆满的可能。她敬畏文本，敬畏语言，敬畏思想，敬畏精神。在人类从后轴心时代转向新轴心时代的伟大进程中，瑜珈文库为人的身心安宁和精神成长提供她应有的帮助。

人是永恒的主题。瑜伽文库并不脱离或者试图摆脱人的身份。人是什么？在宏阔的大地上，在无限的宇宙中，人的处境是什么？瑜伽文库又不仅仅是身份的信息。相反，透过她的智慧原音，我们坦然接受我们人的身份，但又自豪并勇敢地超越人的身份。我们立足大地，但我们又不只是属于大地的；我们是宇宙的，我们又是超越宇宙的。

时代在变迁，生命在成长。人的当下的困境，不在于选择什么，而在于参与、在于主动的担当。在这个特别的时代，我们见证一切的发生，参与世界的永恒游戏。

人的经验是生动活泼的。存在浮现，进入生命，开创奋斗，达成丰富，获得成熟，登上顶峰，承受时间，生命重生，领略存在的不可思议和无限的可能。

瑜伽文库书写的是活泼泼的人。愿你打开窗！愿你见证，愿你奉献热情！愿你喜乐！愿你丰富而真诚的经验成就你！

"瑜伽文库"编委会

2020年7月

译者前言

印度最神圣的河流——恒河，在印度人民心目中不是一条普通的河流，她象征着从古代流淌至今的灵性知识（Jñāna Ganga），她源源不断地滋养着印度人民的身心灵。如今恒河的中下游被污染得很厉害，如果你去过印度的瓦拉纳西，你会发现各种人畜垃圾混杂在河里，已经很难看到恒河的清澈面目了。但是，如果你回溯到恒河的上游，在瑞诗凯诗和哈鲁德瓦等地以上，恒河仍然清澈凛冽、涤荡身心。同样，灵性之河也像恒河一样，如今在其下游充斥各种污染。如果你想认知灵性河流的清澈面目，就必须回溯其源头——这就是幸存于印度社会的吠檀多智慧。

什么是吠檀多？斯瓦米·戴阳南达（以下简称戴阳南达吉）认为：吠檀多是一门知识，其来源是《奥义书》。《奥义书》是古代经文《吠陀经》的一部分，有四部《吠陀经》，每部《吠陀经》包含许多《奥义书》。通常来说共有108部《奥义书》，都采取老师与学生之间对话的形式。《奥义书》见于每部《吠陀经》的最后部分，因此，它们被称为"吠檀多"，意即《吠陀经》的终结部分。

在108部《奥义书》中，有被视作非常重要的10部即：《伊沙奥义书》《由谁奥义书》《羯陀奥义书》《六问奥义书》《蒙查羯奥义书》《唵声奥义书》《泰迪黎耶奥义书》《爱多列雅奥义书》《唱诵奥义书》《大林间奥义书》。这10部被视作主要的《奥义书》，并不因为其他是次要的，而是因为这10部有商羯罗阿查雅和其他传统老师的注疏。这些老师希望通过他们对这10部《奥义书》的注疏能够让学生正确学习其他《奥义书》。事实上，正确学习即便一部《奥义书》就足以理解全部《奥义书》说什么，因为主题对于全部《奥义书》是共同的。

《奥义书》的主题即自我，或称阿特曼，戴阳南达吉说："自我不是感知的对象，它是感知的主体；自我也无法进行推理，而是它做出每个推断。因此，在《奥义书》中所展开的自我知识不基于感知或推理，它必须理解为天启知识。"

那么，自我是什么？自我即存在、意识、喜乐。存在是什么？存在指"不受时间、客观性和属性影响的'纯粹的存在'，它不指梵的存在，而指梵即存在，梵即无限，无限存在本身即梵"。

意识是什么？在《由谁奥义书》中，老师答道："它是耳之耳，心之心，眼之眼，生命力之生命。"戴阳南达吉进而解释道："一个感官，比如耳朵不会自己运作，因为它并非有意识的，它需要别人，一个有意识者——它即'耳之耳'，来实际听到耳朵所采集的声音。眼睛也是一个感觉器官，旨在看见形式和颜色，'耳之耳'的同一个有意识者也是'眼之眼'，那个有意识者感知到眼睛所收集的信息。它也维持生命力，就像生命力使身体具有活力，那个有意识者维持那个生命力。它最后作为'心之心'，有意识者意识到所有思想、意识，由于它的存在使所有精神活动发生并被认知……你的感官由你的心智支持，而心智由有意识者支持。当一个感觉产生时，或当一个思想出现在心智中，意识就存在。它存在于你、我甚至蚊子之内。它是所有器官的共同根源，器官由于它得以运作。"

喜乐是什么？戴阳南达吉解释道："喜乐的本质是喜乐的形式。喜乐是一个经验性的词，它指的是心智中的一种体验，心智中的一种思想。心智呈现出一种平和状态时，喜乐就出现了……当你快乐时，不存在寻求者与被寻者的分裂，俗世不是被寻者，你也不是寻求者。你不希望心智有所不同，你不希望身体有所不同。在那个时刻，存在的一切是圆满的，你是圆满的，俗世也是圆满的，相同的圆满。然后，喜乐就成了一种象征（lakṣaṇa），象征着无限，这就是你的本性。"

简言之，自我即纯然的存在，也称为梵、全知全觉的意识（知识）、无限的喜乐（圆满）。那么，如此状态的自我即与神等同。不二论吠檀多视野即个体自我和自在天（神）身份等同，这种一元论视野是无法认知或推理的，吠檀多所展开的一元论也不与认知和推理相矛盾。因此，一元论纯粹是领悟该等同。吠檀多并不承诺对灵魂的救赎，在它的视野中，灵魂已经摆脱了任何限制，这种从限制中的解脱是事实，把个人从其局限感中解脱出来，是领悟该等同的结果。因此，整个吠檀多可以用一个句子来表达，"汝即那"。即代表法则，整个造物的根源，你可以称其为主或神，那是你本身以及整个造物的根源。《奥义书》中所有其他经文只是证明该等同。

在吠檀多的语境中，"神"并非指坐在天堂里的某个人，而指那全知全觉、无相无形、无始无终、遍及万物、超然万物的宇宙万物甚至虚空的根源。即使这种"根源"无法用现有手段去证明，但是我们根据经验可以逻辑地得出结论"一切皆有根源"。譬如我们皆没见过自己的曾曾曾祖父，也没有任何相片或族谱等现存证据来证明他的存在，但是我们从不怀疑自己曾曾曾祖父的存在，因为我们存在本身就是他存在的证据。曾曾曾祖父就是我们存在的根源，而"神"就是曾曾曾祖父以及宇宙众生万物存在的根源。这种对于"根源"的认同态度可见于世界各地对祖先的崇拜、纪念等各种仪式和节日中，比如中国的清明节、中元节，等等。

既然自我与神等同，为什么我们总觉得自己非常渺小有限呢？吠檀多认为你对自己的这种错误认识是由自我无知所导致的，戴阳南达吉用罐子空间的例子，让我们认识到这种认知的误区，他说："你不是罐子空间，你是空间，存在于任何地方的空间，容纳的空间，遍在的空间，罐子空间只是从一个角度而言。整个物质宇宙都被容纳在空间里，空间是无限的，不存在局限的问题，任何局限的痛苦皆归咎于你不知道你即一、整体、无限的空间。因为无知，才会有错误……《奥义书》认为所有不可取的是自我无知的结果，无知可以被自我知识摧毁。当自我无知被摧毁时，所有因自我无知而产生的悲伤和困难也都被摧毁了。"

自我无知纯属认知的问题，扫除无知不能通过任何其他行动，而唯有借由认知——即借由吠檀多作为自我认知的手段。戴阳南达吉举例说："我心不在焉地把眼镜戴在头上，然后我开始四处寻找眼镜，一切努力都是徒劳的，我只是不知道眼镜就在我头上，而一旦认识到这点，将使我成为这副眼镜的拥有者，寻求者和所寻的目标是相同的，问题在于无知。如果存在自我否定、自我无知，那么就存在自我认识，那就是解脱者所寻求的，那就是吠檀多……自我认知与无知是相反的，吠檀多是赋予你那个认知的手段。"

既然吠檀多是扫除自我无知的认知手段，为什么人们即便读了吠檀多，依旧没有悟道和获得究竟解脱呢？因为心智是认知的诞生地，只有心智准备好的人才能参悟吠檀多的奥义。戴阳南达吉认为：没有任何行动可以消除无知，唯有依赖有辨识力的探究，借助《奥义书》的帮助，才会产生认知，从而消除无知。聆听教导（śravaṇa）、反思教导（manana）、冥思（nididhyāsana）是认知的主要手段。然而，如何才能做好心智的准备，以便能够接受这些认知呢？为此，你需要辅助手段——灵修，即瑜伽、冥想、祈祷，等等。通过基于正法的行动，获取有准备的心智；通过认知，获得解脱，没有认知就没有解脱。

那么，正法是什么？

在《薄伽梵歌》中克里希那列举了二十种价值观，"不自傲，不装腔作势，不伤害，包容，直率，服务老师，纯粹，坚定不移，自我约束，对感知对象的冷静，不自负，觉知生老病死悲伤的问题，不占有，关爱妻儿家庭而不执着，对合意不合意泰然处之，奉献于主，在安静的地方修养，不渴望陪伴，不断学习赋予'自我'知识的经典，看到'自我'的真相——这些确实是知识的（手段），与此相反则是无知。"在生活中吸收了这些价值观就是居于正法。

只有居于正法，人的行为和心智才得以净化，才具备领悟吠檀多真知的资格。因为吠檀多就像烈火，承受此烈火的容器必须足够强固，否则就无法承受此炙热烈火。未准备好的心智就像薄纸，根本无法承受吠檀多炙热烈火。

在此，我想用煮米饭的例子，来进一步阐明若想领悟吠檀多真知，心智必须预先做好准备。吠檀多好比火，是煮米饭的催化条件；灵修和居于正法等（准备好心智）好比大米、水、锅，是煮米饭的基础条件。如果没有基础条件，光有火，是不能凭空煮出米饭的；如果基础条件准备不合适，比如水过多过少等，也不能煮出完美米饭；如果基础条件准备妥当，但没有火，也无法煮熟米饭。所以，基础条件必须准备妥当，然后加上催化条件，才能煮熟一锅完美的米饭。因此，灵修和居于正法等（准备好心智）是获得开悟解脱的必要准备，只有准备充分后，我们才有资格参悟吠檀多真知，而唯有真知方获究竟！

本书作者斯瓦米·戴阳南达从20世纪60年代起，在印度和世界各地亲授吠檀多50余载，他亲授的内容涵盖吠檀多各个方面。戴阳南达吉对东西方文化的深刻洞见、细致评价、极富逻辑的诠释、生动形象的比喻、风趣幽默和通俗易懂的语言，使他成为向现代听众传授吠檀多智慧的罕见大师。他能够使人们顿悟到自己作为整体的实相。戴阳南达吉50余载亲授吠檀多的精华被他的弟子们结集成六部文集，每部文集收集的题目非常全面，在几个主题之下有若干副标题，透过对副标题下各个题目的理解，对全面理解主题的整个观点非常有用。

本书是六部文集中的第一部，它有三大主题：第一大主题"吠檀多的视野"，以深入浅出的语言诠释吠檀多智慧的关键内容；第二大主题"吠檀多在日常生活中"，运用吠檀多智慧一元整体的视野指导日常生活诸多方面；第三大主题"冥想"，有对如何培训冥想心智的全面诠释和具体指导。透过戴阳南达吉的这些文集，我们能运用全景视野去全面学习吠檀多智慧，并将这些历久弥新的古老智慧活学活用于日常生活，对于启迪心智、开启觉悟、获得圆满人生具有非常重要的指导意义。

戴阳南达吉曾经说过，吠檀多"自我知识如此古老，它不单纯属于印度，该知识并非印度的专享，印度只是碰巧拥有保留此属于全人类现存传统之特权。它的存在并非归功于我们，而是无论我们怎样，它却幸存下来；它能幸存下来归功于我们的先贤，感谢他们以及其他众多默默无闻的人。无论在印度南部，还是在东部、西部、喜马拉雅山，都存在这种知识的流动，就像恒河一样。它以教师之间、师生之间、出家人之间、父母和孩子之间的简单方式流传下来，福泽全人类之心。"

　　本书的出版发行，正是将印度古老的吠檀多哲学智慧译介到中国的成果，要特别感谢浙江大学的王志成教授，感谢四川人民出版社，感谢我的瑜伽老师罗达克里希那博士；感恩本书的作者斯瓦米·戴阳南达；顶礼编撰吠檀多智慧的先贤们；顶礼宇宙至上的意识和力量！

目　录

吠檀多的视野

一条讯息

人类作为有自我意识者，认知到自己的无知，而无知是无法容忍的；最无法容忍的无知便是对自己的无知，所以自我探索是一种本能的不懈追求。

自我知识包括你与所处世界的关系及其原因，世上各种宗教经文都试图阐明自我、世界、神。

吠檀多——古《吠陀经》的一部分，是一种传统教导，旨在揭示自我、世界、神之实相。在吠檀多的视野中，三梵貌似不同，而实则为一。吠檀多并不是试图统一差异的知识，而是揭示貌似差异之间的本质统一。

吠檀多的学习是针对自我的严谨学习，因此，它需要老师的亲自关照，在印度传统师徒传承的古鲁学堂制的教育中，学生获得了老师的这种重要关照。阿夏·韦迪亚古鲁学堂（Arsha Vidya Gurukulam）诚挚尝试为学生提供这种学习环境。

1986年11月于美国宾夕法尼亚州塞勒斯堡

立即赐福的传统

《吠陀经》的知识（ārṣa-vidyā）就像任何知识体系一样，比如物理学，我们不知道它始于何时，我们可以说牛顿物理学始于牛顿提出的特定定律，但在牛顿发现该定律之前，物理定律即已存在，物理学是关于既存定律的知识体系。

《吠陀经》中包含的知识——自我知识如此古老，它不单纯属于印度，该知识并非印度的专享，印度只是碰巧拥有保留此属于全人类现存传统之特权。它的存在并非归功于我们，而是不论我们怎样，它却幸存下来；它能幸存下来归功于我们的圣人（ṛṣis），感谢他们以及其他众多默默无闻的人。

无论在印度南部，还是在东部、西部、喜马拉雅山，都存在这种知识的流动，就像恒河一样。它以教师之间、师生之间、出家人之间、父母和孩子之间的简单方式流传下来，福泽全人类之心。

该知识的有效传播归功于我们祖先在漫长历史中所付出的努力。有时，一切都处于低潮；有时，他们是自己命运的骄傲主宰；有时他们被那些无视吠陀知识和文化价值的人所统治。尽管如此，吠陀知识因其内在价值和自我证明而幸存下来。

吠陀知识并非神秘的传统，并非某个组织所坚持的一套信仰，该知识在无组织和层次结构的情况下幸存下来，并非依靠简单的信仰流传，而是知识流传。

为了使信仰幸存，只需不断地重复和麻醉人们的心智。信仰没有证实的方法，例如，如果我说我是神之代言人，证据是什么？除了相信我所说的，没有任何证据。

一些可以传达的东西，比如1+1=2，就是知识，等于2不是信仰，如果是的话，会有人相信1+1=25，有人相信1+1=1.5，对于1+1的总和会有不同的看法，但是1+1=2是事实，因此，它是可传达的。

吠陀知识是可传达的视野，可以由具有教学方法

（sampradāya）的人来分享。这种方法是彻底的，它不留任何余地。吠陀知识是立即赐福的传统，所以它管用。

> 完整的教学是一种展开，就像艺术家让你在习以为常的事物中认知美一样，老师也让你认知你自己。

1989年5月27日于美国宾夕法尼亚州塞勒斯堡

在联合国的讲话

尊敬的斯瓦米吉代表坎奇·卡玛科迪修道院（Kanchi Kamakoti Math）的室利·香卡拉查雅（Śrī Śaṅkarācārya）参加了由谅解圣殿（Temple of Understanding）在纽约组织的，为纪念联合国成立50周年举办的庆祝活动。他做了8分钟的关于宗教和联合国未来的演讲，以下是演讲全文。

谅解圣殿派出所有人出席这次大会，并提出一个序言和某些良好提议，它们是非常重要的，意义重大的。因此，首先，我想说，我代表坎奇·香卡拉查雅（Kanchi

Śaṅkarācārya）、室利·贾延德拉·萨拉斯瓦提（Sri Jayendra Saraswati）、室利·韦贾延德拉·萨拉斯瓦提（Sri Vijayendra Saraswati），对所有小册子里提到的内容表示完全支持。

其次，联合国致力于根据《宪章》促进"信仰和追求自己宗教的自由"，我觉得这种自由会带来问题。

不管人们喜欢与否，我们有着不同宗教传统，在这些传统中，有些传统本质上是不转化宗教信仰的，印度的吠陀传统也不信奉转化宗教信仰，因为，在吠陀视野中，任何形式的崇拜都是有效的，因此并不真的需要个人皈依。

本质上存在着许多独特的宗教传统，其追随者有一定义务来推广其宗教。他们致力于转化人们的信仰、说服皈依。当他们开始制定皈依计划时，他们觉得自己是在追随其先知、创始人，并将因此在天堂获得一个特殊席位。你无法改变他们，这不是引导改变的论坛。对于我而言，只有一位神的说法是不可接受的，而是万物众生皆神。

我并非说说而已，我可以帮助你看清这个事实，但我来这里并非出于此目的。我们在此向联合国伸出援手，至少在一定程度上消除基于宗教的冲突；基于国家领土的冲突，联合国正在努力避免。非侵略性的、非转化信仰性质的宗教所享有的自由，绝对不应受到其他宗教的践踏。谅解圣殿提议成立一个宗教谅解理事会，作为联合国的一部分，也许，我们可以通过该理事会促进所有宗教之间相互尊重的意识，仅仅说"我给予你追求宗教信仰的自由"是不够的。这种自由一定要有限制，或限制到我不踩你脚趾头的程度。我可以自由行走，并不意味着我可以和你冲撞，我的自由停止于你的鼻子尖前。

我想在容许的时间内再讲一件事。如果有人说"我们是朋友，你的钱就是我的钱，我的钱也是你的钱，所以，我的钱归我所有，你的钱也归我所有。"这绝对是愚蠢的，一切侵略性的、使人转化信仰的宗教皆如此。我们必须设法促进所有宗教之间的相互尊重。

宗教就是宗教，不论是只有十个信徒的部落宗教，还是拥有众多信徒的宗教。每个人都有追求自己宗教信仰的自由，这种自由应该得到恰当的定义。如果这样的定义达成，每个人都会尊重另一个宗教，这就是我们要提倡的。因此，我请求在决议中列入这项呼吁。

1995年10月于美国纽约

《奥义书》介绍

"我为什么要了悟自己？"这个问题很少被人们问及，人们通常说："我不认为身体是经久不衰的，但我把它保养得很好。同样，我接受心理治疗，因为我的行为有时是不妥的，我知道这种不妥源于我自己。我意识到，在我的心理深处，存在一些我不理解的东西，它们必须浮出水面。因此，我必须对自己的心理有一定了解。"

谁是主体？

再进一步，超越你所感兴趣的特定身体和心理自省，转向该心智的拥有者，他似乎意识到所发生的事情，并且能运用所谓的推理知识，借助推理，他能够把感知到的心智状态与先前的经验联系起来。他意识到自己的当前心智状况，并且具有经验的联系，这意味着他看到了先前、当前情况及其之间的联系。他是谁？谁是这个阿罕姆（aham），阿特曼（ātmā），主体，我？

当身体存在问题时，它调动体内军队来进行抵抗，这对于身体而言是自然的，药物是帮助身体系统抵抗的盟军。心智也是一种工具、一种能力，它是思考、情感、知识、记忆、探索、理解、欲望和意愿的工具，它具有所有这些能力。这些局限性，包括身心疾病，并不是导致身体或心智复杂的问题。

是谁导致了这种复杂？是那个"私我"。但凡存在着"私我"的感觉连同私我认同——对自己的固有成见"我本身就是这样，我就是这些特质"，就会产生复杂。带着如此认同，个人把自己视作孤立的个体，与世上一切皆不同，该特质是此人固有的。当一个演员扮演乞丐角色时，他可以在其角色中恰当地演绎乞丐之贫穷，但他并不因此具有乞丐的特质。他把此角色视作自己扮演的角色，而角色的特质仅限于该角色本身，他不将它当作自己的特质。但如果一个人认为"我是乞丐"，并将乞丐的特质视作自己固有特质的话，那么他将饱受煎熬。

"忍者神龟"——不满足的症状

他是具有各种复杂性的自我意识的个体，他与世界抗争，他可谓"忍者"，他孤军作战，挥舞着闪亮的刀剑、利箭、钉子、烟幕弹，等等。他不被摧毁，有时他貌似死了，却又满血复活。每个人（jīva）皆是战斗的忍者，一直与世界抗争。

为了生存，每个人都有自己的好恶和欲望。他希望世界以某种方式存在，并认为世界与他为敌，恐惧无处不在。为了得到他想要的东西，避免他不想要的东西，他不断与世界清算，重组局势。他总是与世界交战（这里的战斗指他意欲改变）。其他人不接纳他改变世界的尝试，因为他们想保留他要改变的东西。这是一种改变彼此的共同尝试，谁能赢得这场战斗呢？

个人什么时候才能获得安宁？只有当战斗结束时。但这场战斗什么时候才会结束？每个人都是在战斗中死去的凡人，我们将这种忍者状态称为"ninjatvam"，这是个人对自己完全不满的状态。这才是真正的问题、真正的束缚。要消除这种束缚，这个忍者就得消除私我引起的不满。如果你分析这种自我不满，似乎有一些因素与你的心智、身体、财务状况、外人及其行为、社会、政府、星座（如果你相信占星术的话）、神（似乎没有回应你的祈祷）有关。这些状况的改变可能会带来一种满足感，你不会将你的自我不满归咎于"自我是我无法忍受的东西"，不满似乎归咎于其他事情，而不是"我"不对。

对此，《奥义书》说："如果有什么不对的话，就随它去吧，为什么你说自己不好？""因为我的身心、家庭等造就了今天的我。"《奥义书》回答说："它们并未造就你，如果这些都不存在，你是否就不复存在了？如果你说是的，你将不是一个独立实体。如果所有这些构成了不满的'自我'，那么你就不会脱离它们而独自存在。另一方面，如果你是一个独立实体，即使一切都不对，你也应该没事。"你说："但我不认为我是一个独立实体。""这就是问题所在，你存在着自我的困惑，当你把不属于自己的东西加诸自身时，你就成了一个忍者。这是一场注定失败的战斗，而且还在继续。"

《奥义书》的主题

这种所谓生活的战斗，《奥义书》认为是不必要的，它归咎于自我困惑。因此《奥义书》（《吠陀经》的最后部分）的主题，被称作自我知识（ātmā -vidyā）。在其视野中，自我（ātmā）本身不仅是一个实体，它还是每个人的自我。自我是不变的，彼此没有区别。由于自我已经从问题中解脱（mokṣa）出来，所以心智、身体等皆可视作礼物，而每件礼物都有其局限性。如果作为一个独立个体，你摆脱了自我不满，那么你就是自由的人，具有足够的自由来享受一些有限的礼物，这被称为解脱。多么简单而深刻，美妙之处就在于你已经是自由的人，自由是你内在的东西，没有必要成为忍者。

忍者并非为了战斗而战斗，而是为了获得自由而战斗。同样，个人不能不战斗，因为他想获得安宁，他想独处。这种安宁不是战斗的结果，而是认识到没有理由战斗，然后整个追求就导入新的方向。这是一种灵性飞跃，而非战斗，求索"自我本身就是实体"的知识，将使人摆脱一切问题。

问题并非因这个"我"而起，如果不认识到这一点，就会产生困惑。如果个人不了悟自我（ātmā）是自由的，那么就会产生一个更根本的困惑。

所有《奥义书》的主题都是相同的一个，它主要以对话的形式展开。即使没有明确提到对话，也应视作师生之间的对话，学生是想获得知识的人，老师是拥有这些知识并与学生分享该知识的人。主题是忍者，他为了得到想要的东西而与世界抗争，赢家或者至少被视作更好的斗士才是成功者。

对于任何物质上的成功者而言，生活中似乎都存在其他方面不尽人意。具有自我意识的个体无法在生活中获得成就感，因为许多未实现的欲望由于人格导致，自然地，私我会变得不满。整个生活从不满开始，并一直如此。当私我意识到欲望不能得到满足时，哪里还存在满足？没有，私我是不满的，因此个人就变成了忍者。

我们总想在生活中尽量多囤积，因此，我们并没有真正过着俱足的生活。没有人愿意为了生存而活着，我们活着是寄希望以后能过上更好的生活，我们继续推迟过上俱足的生活。在生活过程中，我们可能会扮演各式各样的角色，但这不是过着俱足的生活，因为我们不断遭遇战斗。什么时候才能拥有和平？只有当我们停止战斗时。什么时候停止战斗？当不存在为之战斗的问题时。什么时候所有问题能够解决？永远不会。

问题总是存在，正当你以为一切都结束时，另一个问题又出现了，你必须为之战斗的问题不会停止，休战永远不会到来。因此，显然你是在打一场必败之仗。当战斗一直在持续，你永远无法开始过俱足的生活。由于新的问题，新的迎面而来的敌人，你没有时间享受胜利。即使你放弃了战斗，也并非出于成熟（包括发现了更好的东西），而是因为你再也无力战斗了，你老了，丧失了战斗能力。

主题是可传达的

在此情况下，《吠檀多》针对个人提供某些东西。所有《奥义书》始于消除你的不满足的症状，它们提供了知识的视野，和对此视野的承诺，以消除长期不满的根源。在其视野中，不满的根源是无知，它是唯一与知识相对立的东西。知识指与事实一样真实的东西，知识是客观的，所以它可以传达，不像美的概念无法传达。

美不是一种感官体验，它不是眼睛所看到的，心透过眼睛所看到的即所谓美。这种美感因人而异，难以传达。但是像1+1=2这样的事实是可以传达的，在一切知识学科中，都有传达事实的方法。

同样，《奥义书》也具有可传达的主题，知识

（jñāna）与无知相反，是可以传达的，无法传达的东西会变得主观。假设吠檀多谈到一个神秘体验说："了悟自我之人将体悟喜乐。"你怎么知道什么是喜乐？"喜乐就是快乐"，那你为什么称它喜乐？"喜乐是更棒的快乐。"那么下一个问题是：有多棒呢？那不是知识，知识是可以传达的，是与无知相对的，是有效的，是不可否认的。

自我知识不是主观的，因为自我是一。人们认为自我是诸多的，因此忍者应运而生。世界不同，神不同，你也不同，你一生都采取进攻或防守的姿态。在吠檀多视野中，自我是一，而非二，意味着不存在与之对抗的对手。存在合一，就无对抗，与他人对抗的整个问题归咎于你把这个世界视作与你截然不同，而《奥义书》说这归咎于你认为有很多自我，其实只有一个自我。你看到很多，把个人和众生甚至把世界都视作与你不同，所谓分别在本质上并不正确。

如果这是吠檀多关于你的视野，它是可传达的。事实上，自我是一，并非二，没有任何东西与你——自我——分别，你即一切。你认为你是个极小部分，你不喜欢这样。但《奥义书》说："你即整体（pūrṇa）。"你即整体是可以传达的，如果它不能传达，它就不是知识，而是变成主观的。吠檀多以承诺和自我一元性的视野，以可传达的言语诠释来消除自我不满的根源。

自我不满是根本问题。你想要满足不满的自我，认为："我不满，因为我没有这个，没有那个。"自我是一个整体的、无限的实体，事实上，没有其他实体，只有一个实体，那即是你。这怎么会是私自的呢？私自就是承认另一个自我。美妙之处在于，自我是完整的，而这种完整适用于每个人。

罐子里的空间被称作"罐子空间"，如果这个"罐子空间"具有它自己的心智和自我认同，那么它自然会滋生局限感，它会把自己和房间空间进行比较。"唉，我是个小空间，看看这个房间，那么大的空间。"如果"罐子空间"具有心智和自我认同如此说话的话，那么这个罐子就是它的身体，那么它自然会有局限感，它将自身与房间空间相比较。吠檀多说："你不是罐子空间，你是空间，存在于任何地方的空间，容纳的空间，遍在的空间，罐子空间只是从一个角度而言。"整个物质宇宙都被容纳在空间里，空间是无限的，不存在局限的问题，任何局限的痛苦皆归咎于你不知道你即一、整体、无限的空间。因为无知，才会有错误。

渺小的问题就是自我不满的问题，为了解决这个问题，罐子想变成房间，房间要变成大厅。它不需要变成任何东西，它已经是一个无限的空间。在吠檀多视野里根本不存在第二个自我，自我即整体，因此没有理由不满足。

不满足是你不想要的（anartha），没有人想要自我不满，但它是普遍的，源于自我无知。自我知识与无知是相反的，吠檀多是赋予你那个知识的手段。告诉我，这有选择的余地吗？你有什么选择？这就像在问："我该不该呼吸？"你对该自我一元性的知识（ātma ekatva）没有选择，没有选项。其他任何事物你都有选择，整个世界和你的全部目标都充满了选择。因为没有人想不满足，没有人想成为忍者，所以你对这个知识没有选择的余地。你必须了悟你自己。为了使你了悟自我的一元性，《奥义书》应运而生。

> 自我不是感知的对象，它是感知的主体。自我也不能被推理，是它做出每个推论。《奥义书》中展开的自我知识并非基于感知或推理，它必须被视作天启知识。

1991年于美国宾夕法尼亚州塞勒斯堡

吠檀多学习介绍

（本文摘自1987年1月在宾夕法尼亚州塞勒斯堡古鲁学堂三年制课程开学典礼上的讲话）

有一个有趣的印度故事，与你们在这里的学习有关。

一位伟大的梵文学者（其父亲和祖父也是学者）踏上了朝圣之旅，旅途中他必须乘船渡过一条宽阔的河流，只有他一人乘船，于是他与船夫攀谈起来，他问船夫是否学过语法（vyākaraṇa）。

船夫回答道："没学过，语法是什么？"因为他的父亲和祖父都是船夫，所以他认为没必要为了谋生而学习，他也不知道有一门叫作语法的学问。

这位学者既震惊又恐惧，他一生都在学者中扎堆，他无法想象竟然有人不懂语法！他对船夫说："你不懂语法吗？你甚至不知道什么是语法？那是一种什么样的生活啊？你的生命只活了四分之三，四分之一生命没了！"船夫似乎并不介意。学者继续问："你学过文学吗？"船夫再一次回答说没有。"你学过诗学吗？你学过诗歌（kalidāsa）吗？"答案又是没有。学者接着告诉船夫，他生命的四分之一又没了。"你会读书和写字吗？"他问船夫。

"不，我不会读书，也不会写字，我甚至不会写自己的名字。"

"你不会读书！你不会写字！那你能从生活中得到什么？你只能享受简单感觉所能感受的东西，仅此而已。这意味着你生命的四分之一又没了。"学者得出结论，船夫的生命只活了四分之一，因为他还活着，此刻正划着船。于是他告诉船夫，他生命的四分之三已经没了。

船夫听了非常难过，他一边划船一边想："我应该去上学，我的生命只活了四分之一！"当船继续往前划时，学者注意到水渗进了船里，他提醒船夫注意。一切试图堵住漏洞的努力都失败了，船现在渗进了一半水，正在下沉。船夫知道自己无法拯救这条船，就问学者："潘迪吉，你会游泳吗？"

"不会，我不会游泳。"学者回答道。

这时船夫对学者说："潘迪吉，我很抱歉，你整条命都玩完了！"

当我审视自己的人生经历时，我看到了一个不变的因素，那就是努力变得不同，与原本的我不同。该努力是普遍的，男人或女人，年轻或年老，人们都在不断努力变得不同。这个过程从出生起就开始了，并非出于快乐或某种创造力，而是出于我的某种悲伤，即自我不接纳。

自我不接纳是变得不同的一切尝试的根源。如果我想变成某个人，为了变成某个人，肯定存在着我不接纳的自我形象，存在一种想法，即"我是无名之辈"，因此想变成一个大人物。"想变成某人"指为了某个特定目标而进行的任何形式的努力，无论是为了金钱、职业还是家庭。如果已经达到了某个特定目标，我可以说我不再想变成某人，我可以说我已经创造了自己的人生，没有更多需要达成的，此后，任何改变不过是乐趣而已。

无论我追求什么目标，都是为了我自己，而不是为了目标本身。在人的生活中有一个非常重要的事实，《大森林奥义书中》（Bṛhadāraṇyak upaniṣad）里一段经文呈现了此美妙："一切因我而变得亲切。"（Ātmanastu kāmāya sarvaṁ priyaṁ bhavati）

整个吠檀多的传统基于这一事实，任何努力都是为了我自己，我想变得与现在的我不同，我想塑造不同的自我。出于提高经济收入、社会地位或满足其他舒适条件的考虑，贯穿始终的核心人物是"我"，自我。

我不接纳现在的自己，也不接纳我出生那天起的自己。小时候我想要什么东西就会哭，与我现在想要什么而哭没区别。这种自我不接纳是所有人、所有人类努力的不变基础。问题是，我什么时候才能接纳自己？

生命中难道有什么目标不是为了完全自我接纳吗？假设有人说："我的目标是去天堂。"如果我们问他为什么要去天堂，他会说什么？无论他说什么，都会暴露出他不接纳自己，认为在天堂里会有天堂般的快乐等，所有这些不过是他被接纳的可能性。

　　一般来说，你更喜欢让别人接纳你，如果别人接纳你，你将更接纳你自己。你越是寻求别人的接纳，你就越不能接纳你自己。你的自我形象越差，你就越依赖于别人的好感。当别人称赞你时，你认为你是被接纳的。这就是为何爱变得如此重要，至少在一个人的眼睛里，你是被接纳的，通过那个人，你可以接纳自己，哪怕只有一点点。但你也寻求社会的认可或接纳，这进一步证明你不接纳自己。因此，无论你怎么看，问题在于不能自我接纳。

　　如果不能自我接纳是问题所在，那么自我接纳就是解决问题之道。这貌似很简单，但是为了接纳你自己，许多事实需要加以说明。任何人都可以说，只要接纳自己，问题就会迎刃而解。但是在你的生活中存在很多不足，你不得不面对，比如在记忆力、知识、健康等方面的不足，这个清单很长，而且越来越长。然而，你被告知，解决办法是接纳你自己。你怎么能做到呢？你不能。因此，变得完美的努力还在继续。

　　你不断努力变得不同的另一个问题是，任何改变都会有收获也会有损失。在努力或转变过程所带来的收获中，也会存在某些损失。这就是为何积极思维是不恰当的。积极思维只看到事物好的一面，而另一面消极面仍然隐藏着，但它确实会在某个时候让人知道其存在，因为每一面

和另一面同样真实，你所得到的和失去的同样真实。积极
思维并不能改变这种行为，它可能有助于改变消极思维者
的习惯性思维模式，但它不能解决自我不接纳的问题。

通过"变成的过程"，你不会成为一个可接纳的自
我。因此，只有一种可能，也许自我已经被接纳了。如果你
能接纳自己，并且了悟此事实，那么获得这些知识就成为唯
一有意义的追求。当你获得这些知识后，其他一切将变得有
意义。

你也需要能够让你从自我不接纳过渡到自我接纳的知
识，这种知识是没有选择余地的，一旦获得该知识，你就
可以自由运用你的选择能力。当你接纳自己的时候，你就
会发现你可以选择去渴望、去行动、去了解。当"我接纳
我现在的样子"这一特定的知识存在时，你就可以探索和
享受其他学科知识和兴趣。

为什么我们学习吠檀多采取三年制？事实上，可能
根本不需要三年，但这方面的知识似乎有其特定因素，它
似乎不是线性增长的，而是清晰度的问题。你听到我今天
讲课，你认为你理解了；也许一两年后，当你再次听到同
样的话题时，你会说："哦，现在我明白了。"清晰度越
来越高，就像宝丽莱照片一样，当照片刚刚从相机里出来
时，什么都看不见，一片漆黑，随着图像的变化，从模糊
不清渐渐变得清晰，在图像的最初显现和最后成形之间，

实际存在很多不同。

要了悟自我是可接纳的，就需要研究世界和神。为什么我们需要研究世界？因为自我与世界相连，所以理解世界很重要。我们为什么要谈论神？因为同样的原因，如果神存在，我们肯定与神相连。这些联系是什么？我们是永久地联系在一起呢，还是"貌似"联系在一起？

随着不断学习，我们将发现一个全新的知识前景。初始时貌似简单不关痛痒的东西，将会在某种意义上变得复杂起来，因为有很多东西需要理解。这方面的知识是从一些主要经典之本中收集的，传统上需要学习12年时间，因此，学习和理解都需要时间。

1987年于美国宾夕法尼亚州塞勒斯堡

识别根本问题

梵语"mokṣa"意味着解脱，渴望解脱者被称作"mumukṣu"。寻求解脱不同于寻求特定问题的解决方案，解脱本质上是通过认识问题的真相来终结一切问题，这个知识是自我知识，由《奥义书》教导展开，也被称为吠檀多。

如果存在着从生命中一切问题和悲伤中解脱这样的事情，如果解脱并不需要做任何事情，而只需了悟一些事情，为何并非人人皆是渴望解脱者（mumukṣu）？

作为渴望解脱者，需要对俗世自身情况有一定认知，这种认知可以独自获得，或由他人引导，他需要对普遍的问题有一定的、客观的见解。我们总是倾向于考虑具体情况，渴望解脱者已经开始觉察并探究具体情况，这极大地改变了他对预期目标和解决问题的看法。

有两种方法适用于预期目标。第一种方法是明白（或确定）预期目标，据此采取恰当的手段；或者，认识到问题的本质，从而认识到解决方案的本质。这并非大智慧，而是常识，比如，我想去中国，我知道必须通过系列手段来达到这个目标。一旦这些事情都弄明白了，我的生活就有了方向。问题（或渴望）无论多么令人不快或分心，都可归结为手段和目标，这是显而易见的。

但人们发现生活中的情况并非如此显而易见，也就是说，我想获得某种东西、物体、地方、情况、心理状态、成就等，或者想摆脱一种特定心理状态或情况，因而采用了似乎能达到预期目标的手段，但我似乎没有得到想要的结果，而预期目标得到了某种形式的满足。比如我饿了，用吃东西来平息这种饥饿，我就会得到饱腹感的满足。如果我找到困扰着我的问题的解决方案，我应该感到满足，在某种情况下，经过适当努力，我应该平息了不满。若非如此的话，那么需要问两个合理问题："我清楚预期目标吗？""我清楚需要解决的问题吗？"

从这个非常简单的观点出发，我们开始一场吠陀探究，去确定要解决问题的本质，进而揭示解决方案的本质；或者我们可以从确定最终目标的角度出发，来决定必要的手段。因此，我们从简单剥离细节开始，审视寻求和解决问题的冲动。

人类所有问题和追求都源于其心智，然而，人类心智也有自豪之处，它具有探究事物本质和意义、推理、分析、欣赏微妙之处、想象、概念化、得出结论、做出选择的独特能力。动物受到与生俱来的本能和生存欲的支配，很少能做出选择。比如，奶牛吃草本能地满足了对营养的需求，它并没有刻意选择成为素食者。动物的本能使其得以生存，这种求生欲的一部分就是那些对支持和提高它生存的东西的吸引力，它还寻求从痛苦和威胁其生存的事物中逃离。

同样地，人类希望其身体及各个系统能够生存下来，摆脱痛苦、疾病和威胁着他们的情况。这些身体的自然冲动必须得到满足，才能使其系统保持旺盛。但是，人具有智力，具有思考能力，仅仅身体生存并不能构成其生命，他不仅想一直活着，而且想过一种特别的生活。他也寻求满足心智的自然冲动，心智作为一种理性工具，寻求某种程度的清晰，它不停地活动、转移和变化，它不喜欢困惑或无知，它想让事物变得有意义，以便其理解和认知。

心智想在它的思想和情绪中感到自在，在它的环境中感到自在。心智使人具有自我意识、自我觉知。因为存在自我意识，他不能不是欲望者、寻求者，这意味着他生命的本质就是追求目标。在个人一生的任何时刻，我们发现其生活只不过是欲望的表达，虽然具体欲望因人而异，因时间而异，但不变的是人的欲望，这是绝对的需求。由于拥有自我意识的心智，他感受到不足，本身缺失了什么东西。他的心智作为理性工具审视这不当欲求，根据他的知识和价值观来使其恰当。

根本欲望

一个人真正想要的，是摆脱想要，说"我想要"其实是说"我不想要有任何想要"。但人们禁不住想要，因为具有自我意识，人们意识到自己的不完整，这种不完整感表现为寻求不同的目标。这并非人们随着时间推移而被教化或学到的东西，婴儿也是欲望者，他可能不知道自己到底想要什么，除了想要活下去，他还想要那些能让他感觉良好、快乐、安全等的东西。因此，我们发现，除了生存的基本欲望以外，似乎还有另一种基本冲动在心智中显现，它可以表达为"我想要俱足、完整、充足、满足、快乐、有自制力"等，不论如何表达，意思是一样的。

这一欲望不像人们随着时间的推移捡起的、被教化的对特定目标的欲望，它似乎是与生俱来的，没有人需要被告知俱足、快乐等是可以渴望的。这种想要圆满俱足的渴望并非某些人的独有特征，而是全人类始终普遍具有的，它隐含在任何超越身体本能生存的行为中。事实上，这是一切表面欲望背后的基本欲望，它是一切欲望之母，因为是它滋生了一切欲望和动机。一个人可以选择穿得特别，买一栋避暑别墅，找一份更好的工作，拥有一段有意义的关系，改掉坏习惯，等等。为什么？不是为了事情本身，而是为了自身之故，为了当你获得它时，它会在你身上唤起什么，这才是个人真正寻求的目标。

"我想要变得完整、圆满、俱足。"这句话是什么意思？就是做我自己，我所喜爱的自己。我活着，追求我所希望的一切，难道我所寻求的完整是有限的、相对的吗？如果我要寻求的是特定的对象，那么我实际上是在寻求一个有限的目标。个人所寻求的这种完整不能被限制，因为有限的完整性依赖于其他因素来维系，所以是不完整的。因此，人们想要摆脱维系着个人的这种不完整的依赖，否则，个人的幸福就会受制于其他条件，而条件又受制于其他条件的变化。如果在所有追求和努力的背后，个人实际上只追求另一种不完整的状态，那么任何追求都是没有意义和力量的。

我们在逻辑上和经验上都看到，人们内心真正追求的是不受限制。他追求一种不会结束的目标，或许我们并不知道这样的目标，因为我们没有采取适当的手段。有无一种方法可以带来无限的目标？为了达到人们尚未达到的那些目标，世上存在各种各样的手段。在任何达成了的目标和达成它的人之间，总是存在一段距离、时空的差距。为了弥补这一差距，人们必须付出适当努力，无论是身体上的，还是精神上的。但是，人们通过努力所能产生的结果总是有限的，因为努力本身是有限的。根据世上任何行为所固有的规律，我们发现我们所获得的是有限的，然而我们所寻求的并非如此，这就是所谓的"相互抵触定律"（Catch-22）。我是有限的，我通过有限的手段追求有限的东西，即使数字再大也远远小于无穷大。因此，发现了自己真正追求的目标，就会发现自己真正面临的问题。也就是说，我不得不寻求完整，然而，我却不能通过任何东西获得它。这是寻求解脱者的认知，虽然这种认知可能令人绝望，但它并非自我谴责，而是自我接纳，因为那是解决方案的本质。

似乎还有一种选择。我们似乎把自己逼入了困境，我们所能想到的唯一解决办法，就是放弃这种追求圆满的愿望，接受人生只存在有限的和相对的获得。毕竟，我们知道，任何我们拾起的欲望，都可以通过改变价值观、教育和人生观来摆脱，或者因为明知不可能而干脆放弃。虽然实现这一愿望似乎是不可能的，正如我们之前所说，它不是人们随着时间推移而捡起来的东西。正如人们不能放弃滋养身体的冲动一样，人们也不能放弃追求圆满幸福的冲动，放弃只是徒劳而已！这就是根本问题，它是天生的，天生的东西是有意义的，作为一个天生问题，它必须有一个解决方案，就像其他天生欲望，比如饥饿或口渴一样。

我们的天性总是被欣然接受，例如，没有人抱怨眼睛看见，没有人会因为眼窝里有眼球而生气。但是如果眼睛里有一小粒灰尘，我们自然无法忍受。同样，没有人希望感到不俱足、不快乐和不完整，所有这些都是心智无法接受的情况，我们想摆脱它们。为什么？因为它们是入侵者。如果这些都不是天生的，那么，我就是我无法忍受事物的对立面，所以，没有它们对我来说是很自然的。因此，我很自然地开始为重现我自己的本性而努力，以便使我摆脱入侵者。

这意味着，如果我不能忍受悲伤和不安，那么我的本性必然是快乐、和平。否则，我为什么不能忍受悲伤？如果悲伤是我的本性，我应该感到很自在，不会感到悲伤。悲伤就像病毒一样，它是入侵者。因此，我所寻求的正是我自己的本性。但倘若如此，我为什么会错失它呢？个人不会错失自己。然而，如果我一直错失它，开始寻找它，为了获得它，做无数的计划和事情，那么这个寻找源于自我否认或自我无知。

现在问题已经解决了，这是一个不同性质的问题，因为目标是不同性质。也就是说，我想要获得的不是脱离我的，它和我没有区别，也没有什么需要获得的。我想得到的就是我想成为的，我想成为的正是我自己。因此，实现这一目标的手段必然是一种自然的、有异于先前的努力，不论该努力多么大。

这是否意味着无须任何行动，个人就会变得完整？是的，但是"变得"这个词在这里没有任何意义，因为每个"变得"都涉及变化，而变化又涉及局限。如果没有"变成"，而我已成为，那么很明显，我们寻求的是已获得的东西。正因为如此，寻求似乎总是笼罩在神秘之中，因为个人所寻求的，隐藏在最为隐秘的地方，就在那个寻求者身上。所以，在寻求的行动中，个人否认已被寻到之物，因为个人所寻之物有别于寻求者。如果寻求的东西人们本来已经拥有，他却不知道这个事实，获得它的唯一方法是通过知识。比如，我心不在焉地把眼镜戴在头上，然后我开始四处寻找眼镜，一切努力都是徒劳的，我只是不知道眼镜就在我头上，而一旦认识到这点，将使我成为这副眼镜的拥有者，寻求者和所寻的目标是相同的，问题在于无知。如果存在自我否定、自我无知，那么就存在自我认识，那就是解脱者所寻求的，那就是吠檀多。

自我知识

当我们谈论自我知识时，我们必须确定那个"自我"是谁。当我们说"我"时，是什么意思？讽刺的是"我"这个词没有明确对象，其他每个词都会在脑海中引出一个已知对象或概念，比如说"罐子"（pot）这个词时，就想到"罐子"的对应形式，这就是语言的功能。如果我听到"罐子"这个词，而实际看到的是"简易床"（cot），你会说我有错误的知识。如果我什么都没看到，你会说我对这个对象——"罐子"一无所知。如果我用"gagaboogai"这个词，一个毫无意义的、胡说八道的词，我就是这么用的，不指世上的某个东西。

那么，这个"我"是谁？我如此亲密地经历着的"我"是谁？似乎这个"我"不快乐，没法重新振作起来，"我"想发挥自己的潜力和能力，想要一段有意义的关系，不想受苦，想了悟自己，我想谈谈这个"我"，我想审视这个"我"，"我"是谁？

这是我的经验，我在这里作为一个有意识的存在，其他一切都是世界。我们可以把整个创造归结为两个因素，一个是主体，另一个是客体。任何我能客观化的东西都是客体，而使事物客观化者即主体。我不存在于客体里，因为它是我所认知的对象。这里客体不仅包括有形的，也包括无形的，比如时间和空间。

虽然我是主体是可以接受的事实，但作为一个主体，我不是世上任何认知的对象，我倾向于得出这样的结论：我，是主体，是身体。我倾向于忽略一个事实，即身体是客体。我了解我的身体的每个角落和缝隙，但既然主体和客体总是两个不同的实体，既然任何事物的知者不同于其所认知的对象，那么我就不可能是身体。

同样，如果我试图将"我"的身份归属于身体的任何功能或系统，它会以相同的主体—客体、知者—被知者的关系来解析。如果我既不是身体、感觉器官、心理系统，也不是我所扮演的任何相关角色，那么还剩下什么？我一定是心智，然而，心智的思想是客体，每个感知、结论或怀疑都被称为客体。所以，即使我说"我不安，我焦虑"，我所说的只是属于心智的状态。思想来来去去，但我依旧在这里，在思想到来之前，当思想存在时，当思想消失之后，我始终存在，这意味着我是独立于思想以外的。

在梵语中，我们将整个心智及其各种功能称为"antaḥkaraṇa Karaṇa"，它是工具的意思。因此，心智是一种工具，能够给予我知识、想象力、记忆、情感、问题、等等。作为一种工具，它必须掌握在与之不同的对象手中，就像其他任何工具一样。例如，望远镜本身看不见东西。所以，"我"不是心智。你会说，也许那与这一切不同的是无知，但是，即使是无知也是客体。我认知到我知道，我也认知到我不知道，比如，我认知到我不懂俄语。

因此，如果你分析这种情况，你会说："我存在，所以我认知，我是事物的知者，我认知的事物林林总总，而我始终是那个知者。"在这里，我们必须再进一步，如果我是这一切的知者，只是相对于我所认知的事物时我才是知者。换句话说，相对于所知事物，我是知者。如果我把"我"的身份简化为"知者"，"知者"是什么意思？就像那个意识到我存在的人一样，"er"被添加到"aware"后，表示"那个人"，也是一个相对的术语。那个我想认知的"我"是一个与任何事物都无关者，它只能是"知者""意识者"的内容。该无限制的意识就是"我"这个词的意思。如果你把"我"当成其他，而非主体、终极主体，你就搞错了。

在身体里，意识存在；在思想中，意识存在。而意识也是独立于两者之外的，两者的存在都依赖于意识，但意识并不依赖于任何东西，它是自我存在的，是自我证明的。一旦我了悟到我就是这样的意识，我就会从过往一切限制中解脱出来。

人们追求快乐，把快乐当成一种心智状态、一种经历，所以快乐来了又走。即使这样，人们为了短暂的欢喜时刻而工作、奋斗、储备。那个"我"借由教导认识到自己是圆满（ānanda），自我是无形的，意识没有限制，没有性质来限制它，它只能是圆满、完整和喜乐。必须清楚的是，圆满既非外在物体，亦非身体内部的性质。当我获得片刻的快乐时，我只是与自己同在，在那一刻，心智是无欲的；因为无欲，心智与预期目标是一致的，我们把它归属为目标获得。然而，正是由于没有任何欲望或投射，才使那与自己同在的黄金时刻出现。自我即意识（cit）、圆满，永远存在、永远不被否认（sat）。

吠檀多的教导

我们在一开始就表明，人的欲望和追求，表现在渴望幸福的生活，和从无知中解脱出来。当教导揭示自我的本质时，其特征就被揭示为存在，永远不被否定；意识是一切已知的基础，圆满俱足，没有限制。

如果意识是"我"的真意，那么"我"就不是历史人物。人们所遭遇的一切问题，都属于历史上的我，相对的我，虚妄身份的我，这就像一个演员扮演乞丐，在演出结束后，把乞丐的饥饿和贫困带回家一样。事实上，所有的问题都属于人们认知的对象，而不属于目击这一切的主体，这就像目睹交通堵塞的情况时说"我堵塞"一样。然而，我们观察我们思想的流动，将其各种情况加诸自我，这些问题属于心智，属于客体，而不属于主体。这才是真正的客观性。

一位智者，一位解脱者了悟自己是圆满俱足的，不依赖于任何情况、事物、条件而兀自圆满俱足。你可以说他是自己的主人，因为他了悟自我之实相。了悟自我实相，自然就了悟世界、认知客体的实相。他最初认为这个问题是真实的，因此需要解决；但现在他认为这个问题属于虚妄者，他知道"是我把实相赋予那个人，我没有问题，我是如此的圆满俱足，无增亦无减"。即了悟自己和自己生命的本来面目，只有这样，才能真正解决当前问题。

吠檀多历来秉承师徒口头传承，它是一种认知手段（pramāṇa）。作为口头传承，它要求教师掌握词语并解析词语背后的含义，说"你是俱足，你是无限"是一回事，但让学生了悟这句话的真正含义是另一回事。若非如此，这些词就会演变成另一种情况。因此，主体是如此独特，它既不是客体，也不是概念。不可否认的是，其沟通需要极为特殊的处理，词语必须被精心定义，以便人们接受的就是其真意。悖论必须被推翻，举例恰当、语境合适，这样才能看到隐意。为此，教师是必要的，因为他拥有认知实相以及揭示实相的方法。

最后，他怀着一种特殊态度来进行教导，作为渴望知识、渴望解脱者（mumukṣu），他已在一定程度上认清了问题的本质，所以老师教导的东西是可以接受的、开放的，所追求的是非常简单的实相，这有别于所有其他类型的学习和解决问题的教学形式。我们发现在学习的过程中存在爱和信任，这来自发现你真正想获得东西的方法的慰藉，老师不是权威，而是点燃另一支蜡烛的蜡烛。

因此，这种知识赋予人们一切追求和问题的终极答案，它看到了问题"所有者"的本质，以及问题本身的本质。

> 谨记，你必须过你自己的生活，活着是一回事，过自己的生活是另一回事。

1980年

我如何知道我即喜乐？

在聆听吠檀多教导时，我不断听到自我被定义为"sat""cit""ānanda"。我明白"sat"指存在，"cit"指意识，但是对"ānanda"指喜乐，我仍然感到困惑。如果我真的是非二元的意识，无个人身份、无个人意识，我怎么知道我就是喜乐？在放下个人特征的过程中，貌似"知者，我"也没有了，仅留存乏味的意识、存在。我不知道我是否想成为那样的人，那怎么可能是喜乐呢？

这里的问题是将"sat""cit""ānanda"分别翻译为存在、知识、喜乐。如果这么翻译的话，就会使人产生困惑。以"sat"为例，如果没有"ānanta"这个词的限定，它就没有真正的意义。"sat""cit""ānanda"相当于"satyaṁ jñānaṁ anantaṁ brahma"（存在、知识、无限、梵），两者意思是一样的。"ananta"词义很清楚，是没有尽头（anta）的意思，换句话说，它不受属性限定，或与其他东西区分开来。

假设一个物体具有某些属性，那么这些属性就会限定该物体，使它与其他所有物体区分开来。椅子具有"椅子"的属性——它限定了该物体，当我说椅子时，你知道我指的不是桌子、墙壁或其他东西，仅限指椅子。如果"ananta"这个词被用于存在（satyam），那么就"存在"这个意义上而言，"存在"是没有任何限定的，因为没有属性来限定它。这意味着"存在"不受客观限定，包括不受时间和地点限定。因此，不受时间、地点或对象限制的是"存在"。

仅仅把"satyam"翻译成"存在"还是不够的，如果说一个事物在日常生活中存在，意思是它以前不存在，但现在存在，以后可能不存在，即使它存在，下一分钟也可能不存在。所以，一切存在的概念都与时间、性质、地点有关。如果你简单地说"satyam"是存在的意思，那么"satyam"代表一个普通词，就像"存在"是一个普通词一样，你可以将它用于任何事物，比如存在光、桌子、微生物，等等。存在要么被其他东西限定，或其他东西被存在限定。一个东西被存在限定的话，意味着它存在，"椅子存在"意味着椅子变成独立的实体，"存在"变成特征，椅子具有存在的特征，这就是我们看待一切事物的方式。但"satyam"被定义为"无任何形式限定的存在"，因此，我们在定义"satyam"时保留了"存在"这个词的意思。

一旦"satyam"被定义为"存在"，我们可以加上"anantam"这个词，"satyam"代表了什么类型的存在？无限存在。"satyam anantam"的意思是：除了无限存在，别无他物。它不随时间而改变任何特定形式，所以它不受时间、客观性和属性的影响。"satyam anantam"是"纯粹存在"的意思，它不指梵的存在，而指梵即存在；不像椅子存在，梵即存在（satyam），梵即无限（anantam）。无限存在本身即梵，其他一切都是名称和形式，一切名称和形式均不脱离于梵（即存在）。因此，无限（anantam）这个词对于理解"存在"（satyam）非常重要。

同样，用"jñānam"定义"satyam"（存在）也是

必要的。客体的知识、认知的主体、认知的手段都称作jñānaṁ，认知也被称作jñānaṁ。那么，我们谈的jñānaṁ到底是什么？它应该是satyaṁ jñānaṁ，"satyam"的意思是：它在一切形式存在中都是不变的，因为除了它别无他物。所以，它应该是无限知识（anantaṁ jñānaṁ），也是存在知识（satyaṁ jñānaṁ），satyam（存在）本身存于jñānaṁ（知识）的形式。什么样的知识（jñānaṁ）存在（satyam）、无限（anantam）的知识（jñānaṁ）？它不是知者、被认知对象或认知过程，而是存于这三者中的satyam，satyam是什么？它是纯粹意识，它不是知者，知者依赖于意识，意识不是知识，它不是你思考的对象，认知和认知的手段都涉及不变的意识，但意识本身并非它们任何一个。理解"satyaṁ jñānaṁ"或"sat""cit"需要"ananta"这个词。

如果你将"sat-cit-ānanda"翻译为：存在、知识、喜乐，那么"存在"就是无限和永恒的意思。然后你说："哦，自我是永恒的，但是斯瓦米吉，我怎么理解这个永恒的意识，为什么你说那是喜乐呢？我理解阿特曼是永恒的意识，但是我怎能体会到它是喜乐呢？"问此问题的人是将"喜乐"作为一个经验性词汇，如果在交流中使用经验性词汇，你就会产生问题了。在交流中，经验性词汇被用作象征（lakṣaṇa），"lakṣaṇa"是指示、标记特征、符号或说明的意思。"ananta"在"sat-cit-ānanda"中被用作象征（lakṣaṇa），指出一个事实、一个真相。存在是象征，因为存在是无限的。知识是象征，因为知识（jñānaṁ）是圆满、无限的。当我们说"sat-cit-ānanda"，这里"ānanda"的本质是喜乐的形式。喜乐是一个经验性的词，它指的是心智中的一种体验、心智中的一种思想（vṛtti）。心智呈现出一种平和状态（jñāna-vṛtti）时，喜乐就出现了。

那么喜乐属于俗世吗？如果它来自俗世，那么是什么东西能让你喜乐？俗世哪个部分让你喜乐？俗世没有一样东西能让你喜乐，没有一种情况可被视作喜乐，因为同样的情况以后可能使人不快乐，人们在不同情况下表现为快乐或不快乐。所以，没有情况、物体、特定时间或地点被视作喜乐之源。然后你必须问自己，喜乐是否存在于你之内。如果存在于你之内，指的是什么？指的是心智吗？如果心智是喜乐之源，那么就不应该有悲伤，但悲伤也存在于心智里，所以你不能说思考的心智是喜乐之源。你也不能说当俗世不存在时你变得快乐，那不是真的，你可以享受该俗世而感到快乐，你可以享受音乐而感到快乐，你可以享受冰激凌而感到快乐，你可以享受跳舞而感到快乐，你可以享受一个人而感到快乐，俗世的感官体验可以给你带来快乐，所以你不能说这个俗世使你不快乐，它不是真的，因为它是矛盾的。

因此，你不能说俗世使你不快乐，因为俗世也使你快乐，事实上，快乐与俗世或心智无关。你不能说当你快乐时心智不存在，因为当你快乐时心智是清醒的。同样，感官不缺席，身体不缺席，俗世不缺席，心智不缺席，但快乐依然存在。所以，快乐究竟是一种什么存在呢？我想说，只有当你减掉"你"的概念时，快乐才存在。"减掉你的概念"是什么意思？我是个探索者，我认同"我"的概念，凡人（ahaṅkāra）被定义为一个有限的、匮乏的、终有一死的存在。现在，你作为一介凡人或有限存在的特定概念被暂时放下，因为非常吸引你的事情发生了，因此你忘却了自己，从而感到快乐。

忘却自己是什么意思？并不是说"我"消失了，被忘却的只是你的过往和问题，你忘却了这一切，你感到很快乐。这意味着快乐变成一种状态，在那种状态下，仅存圆满、无限，这就是"我"的显现。事实上，当你快乐时，不存在寻求者与被寻求者的分裂，俗世不是被寻求者，你也不是寻求者。你不希望心智有所不同，你不希望身体有所不同。在那个时刻，存在的一切是圆满的，你是圆满的，俗世也是圆满的，相同的圆满。然后，喜乐就成了一种象征，象征着无限，这就是你的本性。只有这样，我们可以使用"sat-cit-ānanda"作为阿特曼的象征。

有人不知道什么是喜乐，问道："斯瓦米吉，我理解阿特曼，它是'sat-cit-ānanda'，但我怎么能体验到喜乐呢？"提此问题者知道不同类型的快乐，现在想要的是不同的快乐。应该不是巧克力带来的快乐、迪斯科带来的快乐，或者他所知的任何其他快乐，他想要一个新快乐，阿特曼快乐！他经历过所有其他类型的快乐，从婴儿时期气球带来的快乐，到后来夏威夷带来的快乐，他体验过一切快乐，现在他准备体验阿特曼快乐。这些人觉得他们一旦体验了这种快乐，他们就会获得开悟，我说你已经开悟了！假设你被赋予某种技巧，你经历了某种快乐，你按按这里，看看这里或那里，等等。然后体验到某种快乐，你怎么知道这就是阿特曼快乐呢？通过定义"ānanda"为喜乐，这个词被定义为一个经验性的词时，它作为沟通手段被彻底破坏和否定了，变成了一种可以体验的东西。自然地，你开始寻找喜乐的体验。

假设你经历了一些喜乐，那个喜乐不会说："我是阿特曼喜乐"，它不能发表声明，那么，你怎么知道它就是喜乐？你再次寻求一种喜乐体验，你又一次不得不去诠释那种喜乐。这是阿特曼喜乐吗？因此，很自然地，问题来了，"什么是诠释喜乐的知识手段？"感知作为一种认知手段是不会帮到你的。你只会说那一刻我似乎感到喜乐，而现在我却没有。说"我曾是喜乐的"与说"我是喜乐"

是完全不同的。事实上，你就是喜乐，也是唯一的喜乐，你所拥有的任何喜乐体验都只是你自身无限的表现。圆满、喜乐，这些词我们通常用作象征，只是无限的象征。

> 世人捡起喜乐的碎屑——它们均源自喜乐的山脉或海洋——那即你，它们只是喜乐的土豆片，而你却是土豆本身！

1985年2月

知识本身即是解脱

知识是通向解脱的唯一直接手段，如果人们可以通过纯粹知识获得解脱，那么解脱就不可能是一个事件，它不可能是由行动（karma）产生的，与任何其他方法，包括冥想、祈祷、仪式、瑜伽、居于正法（dharma）相比，知识是唯一直接的手段。所有的手段、灵修（sādhanas）对获得知识是很有帮助的，但是，知识与上述任何方法相比，是唯一能带来成果的。

知识带来成果，因为你既已解脱；你的自我即梵，它既已解脱，它从未被束缚过，即使现在亦未被束缚，在教导的时候不受束缚，以前不受束缚，以后也不受束缚，它永远是解脱的。因此，这是一个承认自我是解脱的问题，唯一的方法就是知识。

限制是被加诸自我的

自我貌似是受限的，这种表面限制有三个方面。第一个限制是时间（kāla），我受制于出生、衰老、最终死亡，就时间而言，自我貌似是受限的。第二个限制是地点（deśa），我只存在于体内，体外我不存在，身体和自我貌似是相同的，所以自我貌似只占据一个特定地点，它不是无所不在的，因此，自我在地点上貌似受限。第三个限制是对象局限，表现为属性的形式。"我是人类"是局限，"我是男性或女性"是进一步的局限。客观局限适用于所有属性：知识、记忆力、健康、力量、身高，等等。时间、地点和对象构成了所有形式的限制。每个人都认为自己具有这三个局限性，我是凡人，我很渺小，我受制于属性。

然而，没有人接受限制，你只能承受限制，但你不能接受它。我不能说我是受限的，并为此感到高兴。总是努力摆脱限制。如果自我确实是有限的，无论你带来什么改变，它总是有限的。假设你有一个精微身，它也是有限的。如果你换个地方去到天堂，还是有限的。因此，被限制的状态不会被否定或弥补，即使你获得一个新身体或新起点。无论你给这个身体带来什么变化，它都将是有限的。如果阿特曼确实随时随地都是有限的，它将永远是有限的。

但是如果阿特曼貌似是有限的，那么它并非真的有限。只是在你的视野中，自我才是有限的；在《吠陀经》（śruti）、《奥义书》（upaniṣads）的视野中，自我不是有限的。因此，我们有两个视野。《吠陀经》的视野是："我"不是有限的，没有束缚。但是，因为存在局限感，就个人而言，就存在摆脱限制的努力。

我怎样才能变得无限？你不可能变得无限，你就是无限的，由于无知，阿特曼貌似有限。因此，你只需要消除这种无知。既然无知是问题所在，那么解决的办法就是消除这种无知。唯有知识才能消除无知，任何行动都不能消除无知。行动，并不是无知的对立面，不能消除无知。

行动暗指行动者，如果行动者观念（doership）被视作自我内在属性的话，那么即是对非行动者阿特曼的无知。行动者观念由行动证实，存在于每个行动背后，是对自我的叠加——由于无知而产生的叠加。这种叠加不是故意的，就像把整个国家叠加在国旗上，或者把神叠加在偶像上一样。在这里，我并非有意将行动者叠加到自我上，我将自己视作行动者。"我曾做过这个，我不曾做过那个，我应该完成这个。"这都归咎于将阿特曼视作有限的，并视同为行动者。

知识本身与无知相对立

只有知识才能消除无知，正如光明与黑暗对立，知识与无知对立；黑暗不能成为光明，无知也不能成为认知。黑暗不能用任何行动来消除，只能借由光明来消除；同样，无知也不能被行动所消除，因为行动并不与无知对立。行动是无知的产物，任何数量的行动不过是对无知、限制和行动概念的肯定。只有知识与无知相对立。

对自我的无知并不仅仅是缺乏知识，在获得知识之后，这种无知也会消失。这点非常重要，你不能说黑暗不存在，在光明到来之前，它是存在的。不存在的东西不会产生问题，只有存在的东西才会产生问题。对自我的无知是存在的，它会带来问题、错误和局限感。

只有知识才能消除自我无知。我是存在—知识—圆满（saccidānanda）的事实不会消除无知，但是"我是存在—知识—圆满"的知识可消除无知，"我是有限的行动者"的观念被"我是无限"的知识否定。自我永远存在、永远闪耀、永远圆满俱足。正是这种产生于智性的知识，消除了无知。因此，"我是无限"的认知摧毁了"我是有限行动者"的观念。

无知消失了，它不能重返取代知识。正如黑暗不能进入光明，无知也不能进入知识。当知识不存在时，无知才能存在。无知没有起始，无知占据上风，直到知识产生。即使黑暗存在于洞穴中数千年，当光线进入洞穴时，黑暗即会立即消失。同样，要消除无起始的无知，所需要的就是知识。

没有任何行动可以消除无知，唯有依赖有辨识力的探究（pramāṇa vicāra），借助《奥义书》的帮助，才会产生知识，从而消除无知。探究采取聆听教导（śravaṇa）、反思教导（manana）、冥思（nididhyāsana）的方式，这些是知识的主要手段。然而，探究需要有准备的心智，因为心智是知识的诞生地。心智必须被加强，以便能够接受这些知识，为此，你需要辅助手段——灵修，即瑜伽、冥想、祈祷，等等。通过行动，你获得了有准备的心智；通过知识，你获得解脱，没有知识就没有解脱。

束缚的问题之所以存在，归咎于无知，即自我被视作有限的。当这种无知被知识摧毁时，自我就显示为自我证明的、自我闪耀的、一元而非二元的。由于无知而貌似有限的自我，在知识的觉醒中不再被视为有限。自我是唯一存在的，除此无他，如果存在其他自我，每个自我都将再次受到时间、地点和对象的限制，就会由一个演变成很多个。只有自我是真相（satyam），其他一切貌似是真的（mithyā），这就是整个世界的实相。时空框架内的时间、地点和整个世界都因自我而闪耀，皆存在于自我之中。

太阳是自我证明的，它无须借助手电筒或任何其他光源而展现在你眼前。同样，自我是自我显现的，它无须借助任何其他光源来显现自己。乌云可以遮蔽太阳的光辉，却不能遮蔽太阳的存在。同样，无知可以掩盖"我是无限"的实相，但不能掩盖"我存在"的实相。正如遮蔽太阳的乌云只能被其所遮蔽的太阳光才能穿透一样，造物的局限感和表面差异，只能借由无限意识（即自我）才能了悟。当云舒展开来的时候，太阳兀自闪耀；当无知被消除的时候，自我作为唯一的、一元非二元的而独自闪耀。

这就是为何知识足以使你解脱。仅仅出于无知，自我貌似是有限的；当无知消失的时候，自我作为无限而兀自闪耀，它无须别的光，它就是那光，借此你认知一切。自我是自我显现的，只有"我受束缚"的概念要被否定，自我从限制的概念中解脱出来。这就是解脱如何通过知识来实现的。知识是获得解脱的唯一直接途径，因为束缚只源于无知。

> 认知自我是毋庸否定的自我知识，它是整体的知识。因此，自我被领悟为整体，没有一切属性；它被领悟为你自己，一切属性都是附带的。

1987年10月于美国宾夕法尼亚州塞勒斯堡

知识和行动

双重义务

《薄伽梵歌》第三章以阿周那向克里希那（Krsnna）提问开始："如果你认为知识优于行动，为什么你让我参与这个可怕的行径？如果唯有知识才会达到无限（śreyas），为什么你让我付诸行动？而我被要求在战场上付诸行动，这涉及极大破坏和痛苦。"

阿周那心中产生这样的疑问是有原因的，克里希那揭示了个人本质，即"自我是坚不可摧的，没有出生，亦无改变"。这样的人怎么会杀死别人，或被别人杀死呢？自我不经受任何改变，它不受时空限制，它是不行动的

（akartā），它既不付诸行动，也不导致付诸行动。这里不否认采取行动，被否认的是行动者观念。身体执行行动，而智者不等同于身体，他知道自己是不行动的自我。所以，对不行动自我的认知就是从行动中解脱。

此外，在回答阿周那关于何谓智者问题时，克里希那说：智者是放弃了一切欲望，自我满足之人，他的快乐没有外在原因，快乐是自我的本质。这通常被误解为个人若想获得无限快乐的话，就必须放弃一切欲望、一切行动，因此，个人一旦必须采取行动，他永远不能指望成为智者。阿周那理解的是：知识使人从束缚中解脱，而行动使人受到束缚，行动带来的结果会成为另一个行动的种子，因此，一个人被困在行动—结果—行动的链条中。

阿周那请教有关知识与行动的明确指导，他认为人们不可能同时追求这两者。追求自我知识就是发现自我作为"不行动者"，因此涉及放弃行动者观念；另一方面，追求行动包含着行动者观念。一个是放弃，另一个是参与，它们会产生不同结果。行动使行动—反应循环延续；另一方面，知识与弃绝（sannyās）——从行动中解脱有关。因此，这两种追求在本质上是对立的，是为两种不同追求者准备的。

虽然阿周那寻求建议，但克里希那教导他行动和弃绝的本质，因为学生必须了解整个计划，并按照他的理解行事。所以，克里希那回答说：

Loke'smin dvividhā niṣṭhā purā proktā mayānagha
jñānayogena sāṅkhyānāṁ karma yogena yoginām

在创世之初，哦，无罪者，我陈述了世上两种追求，
冥想者对知识的追求（弃绝），活跃者对行动的追求。

——《薄伽梵歌》（3.3）

神在《吠陀经》中陈述了两种人的两种生活方式；活跃者或有家室的人，遵循瑜伽态度的行动生活；沉思者或弃绝者，追求知识的生活。

冥想生活

对于弃绝者来说，知识本身就是手段。为了追求知识而弃绝被称为"了悟弃绝"（vividiṣā sannyāsa）。"vividiṣā"指渴望了悟，仅仅成为弃绝者，并不意味着他拥有知识，只要存在"我是行动者"的观念，知识就不会降临。在这种情况下，"sannyāsa"意味着行动的弃绝（karma-sannyāsa），它是一种生活方式（āśrama），被社会接受，被经文认可。

桑雅士（指弃绝者）排除一切事物，致力于追求知识，获得解脱。他免除了对家庭和社会的一切义务，他的

袍子颜色是火焰的颜色——意味着知识之光。所以，当成为桑雅士时，要念诵以下梵咒：

na karmaṇā na prajayā dhanena tyāgenaike amṛtatvamānaśuḥ...

智者不靠行动，不靠子孙后代，也不靠财富，而是靠弃绝，达至不朽……

——《超然奥义书》（Kaivalyopaniṣad）第3节

弃绝确实意味着放弃常人享有的三类欲望：首先是对财富和安全的欲望，其次是对后代、家庭的欲望，第三是对其他世界、天堂等的欲望。正是通过放弃这三类欲望，弃绝者准备去追求自我知识，那即是不朽。

知识是获得解脱或自由的唯一手段，如果束缚是真实的，就不会有解脱；如果束缚是不真实的，那就根本不成为问题；但是，如果束缚是介于两者之间，既非真实也非不真实，那它一定是由纯属无知和错误所致，因此需要知识来消除它，你已经是你所寻之物。在上面的经文中，"借由弃绝（tyāgena）"，真正意思是借由知识，但是，只有当心智摆脱所有其他欲望时，知识才是可能的。

致力于知识意味着学习和教导，它们并非两件不同的事情，你追求知识是为了你自己，然后你与那些渴望学习的人分享该知识，这即是冥想的生活。

活跃的生活

关于这种生活方式的问题是，你是否会自毁所有退路，成为弃绝者，只追求知识？或你在现行生活的同时追求知识？因此，追求自由或解脱有两种生活方式，整部《吠陀经》阐述了这两种生活方式。

《伊沙瓦萨奥义书》（Īśāvāsya upaniṣad）中说："世上存在的一切皆由神遍及，借由三重欲望的弃绝来保护知识。不要贪图任何人的财富。"不论拥有什么，都是属于神的。认识到表相叠加，接纳神是一切众生的自我。这是通过探索发现的真相，只有当心智摆脱了对财富、舒适、子孙后代等的欲望时，它才会起效。这个梵咒是为弃绝准备的。

第二个梵咒是为行动瑜伽士（karma-yogī）准备的，它说："付诸行动（karma），诚然，人应该渴望活到一百岁"，活到一百岁的渴望也包括其他渴望。如果你拥有财富、后代和成就的三重欲望，就应该通过付诸行动来实现它们。在这里，行动指经文所规定的行动（vihita karmas）。

《吠陀经》基于人们在生活中的地位和其性格（varna）揭示了行动体系。人具有选择的能力，当选择时应该有方向。因此，《吠陀经》以命令行动的形式指出了方向，这也被称为职责。职责通常是人们应该做的事情，它是人成熟的产物，是接纳自己在事物发展过程中所扮演的角色。在它被理解之前，它是一种命令。既然人们可以选择，他也可以扰乱自然秩序。被禁止的行为（niṣiddhakarmas）本质上出于维持和谐与平衡。

职责（dharma）旨在使人们感恩神让自己活在宇宙之中，在履行职责时，人们符合造物的模式与和谐。职责是让人们接纳造物的模式，培养一种正确的生活态度。当心智变得清晰时，人们就能看到秩序。一开始，职责是一种态度，最后，它变得自然，最终成为一种义务（niṣṭhā）。

行动瑜伽（Karma-yoga）是一种对生活的承诺，不仅付诸行动，而且把付诸行动作为瑜伽。什么使行动成为瑜伽？克里希那在《薄伽梵歌》中解释道：

buddhiyukto jahātīha ubhe sukṛta duṣkṛte tasmād yogāya yujyasva yogaḥ karmasu kauśalam

人们具有恒定的心智，放弃世间的善行（puṇya）和罪孽（pāpa），投身于行动瑜伽中，行动瑜伽是行动中的判断力。

——《薄伽梵歌》（2.50）

以负责任的态度去行动，就成为瑜伽。行动是按命令执行的，因此个人的好恶不发挥作用。用这种方法可以避免不当行为。行动瑜伽还有另一个定义：

yogasthaḥ kuru karmāṇi saṅgaṁ tyaktvā dhanañjaya siddhyasiddhyoḥ samo bhūtvā samatvaṁ yoga ucyate

在瑜伽中保持坚定不移，阿周那，行动起来，放弃执着，对成功和失败秉持相同心态。这种平和的心态被称为瑜伽。

——《薄伽梵歌》（2.48）

这是关于行动结果的定义，它要求对行动结果采取相同态度。当结果被视为成功时，就会产生执念；当它被视为失败时，就会产生厌恶。事实上，没有所谓的成功或失败，凡事结果都遵循行动法则。你越接纳法则，你就越能与周围的事物和谐相处，就能在事物的安排中找到自己的位置。

行动永远不会让你失望，它只产生一个结果，特定的期望可能无法实现。你或行动失败是一个错误的结论，只是预期错了，这只是一个判断错误的问题，因为你不是无所不知的。所以，你不可能了解所有影响行动结果的因素。你必须谨记，你只有选择和付诸行动的自由，无论结果如何，都是依照支配该行动的法则。这种接受结果的态度，在成功和失败中都保持平静的心态，就是瑜伽。

只有当结果被视为成功或失败时，行动才会产生好恶。当结果被视作永恒行动法则的作用时，就不会产生新的好恶。现存的好恶无疑会产生欲望和行动，但新的好恶却被避免了。秉持这种对待结果的态度，由好恶产生的行为就变成了消除好恶的手段。心智从兴奋和沮丧中解脱出来，这样的心智是宁静的，它是一种冥想的心智。

虔信是一条独立道路吗？

有人说虔信有四条途径：智慧瑜伽（jñāna-yoga）针对智力的知识之道；虔信瑜伽（bhakti-yoga）运用情感的奉献之道；行动瑜伽（karma-yoga）针对外向型者的行动之道；哈达瑜伽（haṭha-yoga）涉及身体约束和训练。

智慧瑜伽士（jñāna yogī）或桑雅士致力于知识，没有其他义务。行动瑜伽士以责任之心执行他被责成的行动。虔信是否付诸行动？奉献不是一件事情，你不能说"我要做奉献"，你可以怀着奉献之心做一些事情。克里希那说："不论怀着奉献之心供奉我什么东西，一朵花、一个果子或者一杯水"，供奉行为是怀着虔信付诸行动。

根据吠陀传统，每个探索者都是虔信者。虔信瑜伽不是一条独立的道路，虔信是付诸行动或追求知识所秉持的态度，虔信者弃绝或付诸行动。

同样，哈达瑜伽中的体式（āsanas）可以包括在其他两种生活方式的日常戒律中，只有一条道路两种行为模式。

为什么不成为弃绝者？

"一个人了悟弃绝和瑜伽是相同的，才是真正了悟。"业力是束缚，而行动瑜伽则不然，它赋予你冥想的心智，帮助你获得知识。因此行动瑜伽士也学习经典。知识是向所有人开放的。据说"人们在弃绝后必须聆听经典"。克里希那说"没有瑜伽戒律，弃绝很难达成"，心智需要时间才能做好弃绝准备。

然后可能会有一个问题，"我如何知道我是否做好弃绝准备？"你还没有做好准备，否则这个问题就不会出现。永远留给你质疑自己可能尚未做好准备的余地。成为一名坚定的行动瑜伽士你不会失去任何东西，因为一切的高潮在于弃绝。

瑜伽是弃绝的手段

在行动瑜伽中也有弃绝，对行动结果的弃绝，也就是对结果好恶的弃绝。通过自我认知对行动者感觉的弃绝，自我本质上是不行动者，你不能放弃行动者的感觉，因为决定放弃行动者的感觉正是放弃行动的实施者。事实上，自我是不受行动影响的。这是一个认识的问题，被称为弃绝，以知识为特征，这是真正意义上的弃绝。

行动瑜伽士获得这样的心智，从而成为弃绝者，即使他未在生活方式上成为弃绝者，他可以借助知识成为弃绝者。这是克里希那整部《薄伽梵歌》的论点。

> 每份工作都和其他工作一样神圣，不是你做什么，而是你做事的态度，让行动变得伟大。你应该在你所处理的任何事情中看到神圣。

究竟知识（Pramā）

"pramā"指知识，任何类型的究竟知识，将不被纠正。相对而言，任何无谬误的知识皆可称为究竟知识。根本上，所有形式的知识若涉及二元认知和鉴别，就不是究竟知识，这是印度认识论中公认的认知手段。二元认知被视作表面的（mithyā），它向我们揭示了貌似各异而本质为一的东西，比如黄金以各种形式和名称呈现为各种饰品，虽然手镯和链子形式不同，但如果不接纳两者属于同一种材料，而将它们区别对待的话，就是无知；而接纳手镯和链子为一的真相，即是究竟知识。同样，我们对世上诸多名称、形式和种类的认知，只有当我们接纳它们实则为一时，才有意义。

一种知识——当获得它时，一切形式的知识将获得意义；没有它时，一切知识将受到不断纠正和否认——这就是究竟知识。我们通过古鲁传授的吠檀多获得这种究竟知识。

> 只有当我否定了关于自己的所有错误观念，我才能清楚地看到我的真实面目。这个探究过程涉及大量的分析，导致自我认知。

商羯罗（Śaṅkara）

在我们唱诵的《古鲁颂》（Guru Stotram）中，古鲁表现为他所教导的东西本身的形式（vastu）而受到颂扬。

akhaṇḍamaṇḍalākā raṁ vyā ptaṁ yena carā caram
tatpadaṁ darśitaṁ yena tasmai śr ī gurave namaḥ

顶礼古鲁，他向我揭示了那被认知者之所，他的形式即整个宇宙，他遍及一切活动的和不活动的众生万物中。

Gururbrahmā gururviṣṇuḥ gururdevo maheśvaraḥ

gurureva paraṁ brahma tasmai śré gurave namaḥ

顶礼古鲁，他是创造者、维护者和毁灭者。他或她确实是无限梵。

商羯罗作为神

谈论商羯罗即揭示神是什么，我们不把商羯罗视作一个人，事实上，我们并不把老师视作一个人。但如果他被视作神，怎么会庆祝他的生日（Jayanti）呢？

我们以化身的形式（avatāra）来看待神，比如罗摩（Rāma）和克里希那等，他们的化身存在于某个特定时间，也可以像神一样被人崇拜，每个化身无疑都是神的形式。但神存在于克里希那化身形式，我可以和他建立联系，我在他的足下崇拜。在《薄伽梵歌》中，当克里希那使用第一人称单数时，是从他作为神的意义来说的。神是无限，采取这个形式就成为了化身。从形式角度来看，就会有一个生日。这就是为何我们要庆祝罗摩诞辰日（Rāma Navami）、克里希那诞辰日（Kṛṣṇa Jayanti）、商羯罗诞辰日（Śaṅkara Jayanti）。

古鲁始终被视为他所教导的"那个东西"，这就是商羯罗之教导和其他老师之教导的差别。如果一个老师教导我们，世界是世界，你是你，你会有什么感觉？你在拜师之前，就是这么认为的。在老师的《奥义书》教导后，你又回到同样的感觉！你一定会得出这样的结论：老师不可能是无限，因为他教导的无限有别于你和他。

如果老师说你是无限，那么老师也是同一个无限，甚至在你领悟之前，你就是无限；你可以看到，老师领悟他即无限。这就是为何我们说古鲁存在于无限的形式，他本身即梵天（Brahmā），他本身即毗湿奴（Viṣṇu）和湿婆（Maheśvara），三相神也不过是同一个无限。所以，教导这一点的人并没有脱离无限。形式受到时间、地点和自身造诣的限制；但同时，形式并不限制无限。领悟到这点的人就如同商羯罗一样。

商羯罗作为特殊人物（upādhi viśeṣa）

除了毗耶娑（Vyāsa）以外，世间有许多开悟者。毗耶娑汇编了整部《吠陀经》，撰写了《大梵经》（Brahma Sūtra），商羯罗把这些知识传播给普通人。那么，为什么我们只崇拜毗耶娑和商羯罗，而不是其他人呢？也有其他老师教导"你并不脱离于无限"，那么毗耶娑和商羯罗有何特殊之处？他们被铭记，因为他们做出了重大贡献，这是赐予后代的福祉。因此，他们是非常特殊的人物。

"特殊人物"也可以指具有某些特点或者神通的特定人物。印度传统并不重视神通，恶魔、阿修罗以及神都具有神通。恶魔能够在黑暗中行走（niśācaras）、能够飞行

（khecaras），也被称为"特殊人物"，但这并未使他们赢得尊重。

知识平庸者可能认为伟人是创造奇迹者，他们一些人会颂扬商羯罗的故事，当他向贫穷妇人家化缘时，她给了他一个浆果，而商羯罗赋《坎纳卡达那颂》（Kanakadhārā Stotra），回赠妇人金币雨。但当我们赞美商羯罗时，不是为了这些奇迹。我们经常唱诵一个简单经文来赞美商羯罗，描述商羯罗是怎样的特殊人物。

Śruti-smṛti- purāṇānām ālayaṁ karuṇālayaṁ namāmi bhagavatpādaṁ Śaṅkaram loka Śaṅkaram

我顶礼神之化身商羯罗，他是人类的福音，他是全部《吠陀经》（Śruti）、《法典》（Smṛtis）和《往世书》（Purāṇas）之所，他是慈悲之所。

在该经文中，有一个事实陈述：商羯罗是"《吠陀经》《法典》《往世书》之所"，"ālaya"指神殿或寺庙，任何神圣事物存在的地方都是"ālaya"。书籍是神圣的，所以图书馆被称作图书神殿（pustakālaya）。商羯罗是神殿（ālaya）、图书神殿，他拥有《吠陀经》。所有四部《吠陀经》通过圣贤传承给我们。《法典》可作为诞生于人类心智的著作，是从《吠陀经》中摘录的语句，由地位与圣人相似者著作，比如帕纳萨拉（Parāsara）、阿帕斯塔姆巴（āpastambha）、钵达亚纳（Bodhāyana），等等。他们通晓仪式、价值观、正法，等等。所有《法论》（dharma śāstra）源自《法典》。《往世书》亦如此，是由神的（Bhagavān）化身所叙述。所有这些《吠陀经》《法典》《往世书》存放在神殿（ālaya）里，那即商羯罗。

假设商羯罗是拥有一切知识的沉默观察者（maunibaba），那么，你会得到什么？当然，他也会有一些信徒，因为在印度，沉默巴巴（maunibabas）总是受到尊敬的，但他们没有留给我们什么有价值的东西。幸运的是，商羯罗是慈悲之所（karuṇālayaṁ），他流淌的慈悲表现在他的教导形式中，我们庆祝他的诞辰，因为他即慈悲本身。

商羯罗不仅教导他身边的弟子，他还确保教导通过他的著作流传下来。那时，写作并非易事，是亲手写在棕榈叶上的，数以百计的手稿就是这样写成的，包括对《奥义书》、《大梵经》的广泛注疏（bhāṣyas）。《奥义书》包括《唱诵奥义书》（Chāndogya）、《大林间奥义书》（Bṛhadāraṇyaka）、《伊沙奥义书》（Īśa）、《由谁奥义书》（Kena）、《羯陀奥义书》（Kaṭha）、《六问奥义书》（Praśna）、《蒙查羯奥义书》（Muṇḍaka）、《唵声奥义书》（Māṇḍūkya）、《泰迪黎耶奥义书》

（Taittirīya）、《爱多列雅奥义书》（Aitareya）。所有这些注释（包括反对和论证）都是为了主旨的展开而写的。

当给著述注疏时，必须给出全面的含义；然后，应该抵制那些不同思想流派者可能给出的任何其他可能的含义，这些不同思想流派源于人们所犯的不同类型的错误。数学和物理没有不同思想流派，同样，在实相——即神的问题上，不可能有任何思想流派。人们说可以有不同的观点，只有在视野完整时才可以有观点，没有视野，就没有观点。在事实正确和错误之间没有调和的办法。个人有持有错误观点的自由，但其他人不必仅仅因为此人魅力就接受此观点。

出于对人类灵性提升的慈悲，商羯罗撰写了这些著作，因此，他被称为慈悲之所（karuṇā layaṁ）。他也是商羯罗，不仅指姓名，也指品质（śaṁ-karoti iti śaṅkaraḥ）。他赐予仁慈（maṅgalaṁ），即个人终极的解脱。他被比作神（Bhagavān），被称为巴关瓦塔帕达·商羯罗（Bhagavatpāda Śaṅkara）。我们顶礼商羯罗。请注意，这节经文并没有提到奇迹。

商羯罗和教学传统（SAMPRADĀYA）

Śaṅkaraṁ śaṅkarācāryaṁ keśavaṁ bādarāyaṇaṁ sūtrabhāṣyakṛtau vande bhagavantau punaḥ punaḥ

再次顶礼湿婆神化身商羯罗，毗湿奴神化身毗耶婆，创作了经文（sūtras）和注疏。

一个是经文著作者（sūtra-kṛt），另一个是注疏著作者（bhāṣya-kṛt）。毗耶婆著作经文，商羯罗对经文著作注疏。因此，有一个传统。所有的老师从《法典》引用其哲学和有效性，因为这个传统可以用文字表达出来，这是由教师传承（paramparā）来维持的。值得注意的是，这种教学方法在他的注疏中有所体现，该方法并不存在于《奥义书》或《薄伽梵歌》中。它怎么教导？如何处理这个话题？一个词该如何展开？如何知道《吠陀经》到底说些什么？为此，你需要一个传统。商羯罗说个人应该了解教学传统（sampradāya-vit）。对于学习，我们需要老师有个教学传统。商羯罗是教学传统的缔造者（sampradāya-kṛt），以及对教学传统的了悟者，他显然就是这样的老师。从毗耶婆到我们当前的老师，商羯罗被视作该传统中闪亮的链接。

《吠陀经》是智慧之源，消除差异，又包容差异。通过包容所有差异，它能帮助你摆脱错误结论。只有当你领悟实相超越所有这一切，包容差异时，这才可能发生。这并非居高临下态度的包容。这就是为何商羯罗对人类有救赎之恩。人类现在因为问题分歧而陷入困境。我们再次顶礼商羯罗。

1995年5月于印度阿奈卡蒂

寻找问题所在

当寻找问题的解决方案时，我们发现解决方案的性质完全取决于问题的性质。反之，问题的性质决定了解决方案的性质。此外，对于任何问题，解决方案都可以在问题的内部或外部找到。

比如，当我们饥饿的时候，我们会寻找食物。问题的本质是什么？解决饥饿问题的方案肯定是在问题之外找到的。为了缓解饥饿，必须做一些事情，必须获得食物，必须做些工作，否则就没有解决方案。

知识再多也解决不了饥饿问题，我们可能知道食物是解决方案，知道哪种食物最合适，知道很多食谱，知道如何烹饪食物，但除非我们烹饪和食用食物，否则问题就不会得到解决。知识可以帮助我们获得食物，但仅仅依靠知识不能平息饥饿。这是一种问题。

另一方面，假设我们有一个由各种不同形状塑料组成的拼图，为了解开这个谜题，我们必须把这些碎片按特定方式排列。这一问题的解决方案不同于饥饿问题的解决方案，因为解决方案并非存在于问题之外。只有当我们知道每一块拼图的归属时，问题才会得到解决，解决方案就蕴藏在问题自身之内。只要这个谜题不被破解，它就依然是一个问题，一旦破解了它，就有了解决方案。

两种问题，两种解决方案

因此，存在两种问题和两种解决方案。一种解决方案是：答案已经获得，只是我们尚不知道，比如拼图。其解决之道在于知识，在知识中我们认识到解决方案。解决方案是达成已达成的，或获得已获得的（prāptasya prāptiḥ）。解决方案既已获得——存在于知识形式，这是一个既定的、已经达成的事实，仅需承认它而已。没有知识的存在，再多努力也无法产生这种解决方案。知识的产生可能需要一定努力，但是知识本身才是消除问题的解决方案。在知识之光照耀下，这个问题将不复存在。

另一种解决方案是：答案根本不存在于问题里，而是必须获得的，例如饥饿的平息，如果我们不吃食物的话，是不能获得的，仅有知识不足以充饥。尚未获得的解决方案只能通过努力来获得，如果不付出适当努力，知识再多也无法解决这类问题。

我们在生活中追求的大多数目标都是要获得的，比如金钱、权力、影响力、名望、孩子、婚姻以及我们未拥有的快乐，这些都是要获得的，需要我们做出努力才能获得，我们必须创造条件来获得这些目标。如果我们一月待在宾夕法尼亚州，却想要生活在温暖的气候中，我们就必须去别的地方，也许是巴哈马群岛。如果我们生病了，想要恢复健康，如果我们想欣赏音乐或戏剧，如果我们想进入天堂的大门，努力是必要的，因为这些都是必须获得的目标。

想要改变自己也是一件需要获得的事情，可能需要采取一些深思熟虑的行动。例如，消除仇恨需要努力，基于我们改变的意愿，为了摆脱仇恨，唯一需要的努力可能只是保持警惕。在其他情况下，我们可能需要采取行动来消除对他人的仇恨。所有的行动都是基于意志的，只要涉及意志，就会以某种身体或精神活动的形式付出努力。当有了意志，就会有努力，无法脱离对方而独立存在。

任何成就都将与付出的努力相当，因为只有努力才能产生结果。在某些情况下，付出的努力越多，结果就越好。结果（phalam）不会比行动或努力多或少，这就是因果法则的运作方式。如果我们想向前走，并且只迈出一步的话，结果将是我们只向前走了一步。因此，任何行为总是产生与该行为一致的结果。

针对根本问题的解决方案

为了解决不完整和自我不接纳的根本问题，我们需要付出什么样的努力才能产生完整无缺的结果？没有任何努力可以使个人成为完整的人，因为努力只能产生有限的结果，结果总是和产生它的行为一样有限。如果我是匮乏者，我所做的任何努力肯定会产生一些结果，但我仍然是匮乏者。这就像把有限总数和有限总数相加，然后期望得到一个无限总数，这是不可能的，结果只能是另一个有限总数。类似地，一个匮乏者加上或减去任何东西，只能导致匮乏者加上或减去任何被加减的东西。这是一个绝望的处境，因为匮乏自我将永远存在。在匮乏自我的基础上再加上任何东西，或者通过删除某些东西来摆脱某种东西，同样的匮乏自我依然存在。

如果把自己视作匮乏者的问题是以我为中心的，那么解决办法也必须集中在自我身上。如果解决方案就蕴藏在问题之内，那么从我自己之外去找解决方案是行不通的，任何努力也不会产生解决方案，只有知识才能揭示解决方案。

在深入之前，我们需要很好地理解这一点。在问题之外寻找解决方案，就像到别处去找戴在自己头上的眼镜或揣在自己口袋里的钥匙。除非我们从匮乏者这个角度来看待自己的根本问题，否则我们将继续在无解决方案的地方寻找解决方案。我们必须对通过行动变成完人彻底绝望，只有到那时，我们才有可能通过知识找到解决方案。

如果我是问题，我也是解决方案。如果我尚未意识到我就是问题所在，我将继续通过其他方式，如通过行动而非自我知识寻求幸福。在灵性追求上存在很多困惑，因为人们看不清问题所在。要澄清这种困惑，需要一种带着辨识力（viveka）的眼光。既然我不能通过任何活动来解决我的根本问题，那么解决方案必定蕴藏在问题中。如果我是问题所在，那么解决方案就不可能在我之外。既然解决方案蕴藏在问题之中，那么我就需要了悟自己。

获得自我知识无论被视作宗教追求、灵性追求，或简单追求，都是一种强烈追求。为了创造足以利于知识产生的环境，需要付出努力。我们一切努力都必须以获得自我知识为目标，以便消除这些问题。我们只需要找出问题所在，如果我是问题的根源，我所寻求的知识就是自我知识。自我知识不是一种业余努力，也不是投机努力，这是一个以自我知识为目标的强烈努力，其中蕴藏着解决方案。

1989年1月于美国宾夕法尼亚州塞勒斯堡

自我成长和自我发现

有一次，我带着一个教学大纲，负责在一段时间内给一群人上课，教授自我成长和自我知识。我想我可以教授任何人，让他们在追求中获得成功。那是很久以前的事了。

后来，我发现这并非易事。我对自己的沟通能力充满信心，又有整个教学传统作为后盾，道路是现成的，我要做的和我的前任们一直在做的事情一样。

我想，有着这样一个伟大的教师传统的支持，我的工作将变得很容易，因为人们必须发现的只是关于他们自己的一些东西。可是没过多久我就意识到没有人能改变另一个人。

也许，你可以训练动物，在动物的限制范围内，你可以让动物的行为发生改变。但肯定的是，你不能通过训练让另一个人达到让你满意的程度，这样做也不恰当。

作为父母，你把孩子视作你的一部分，认为你可以用任何你喜欢的方式来塑造他。但是随着孩子的成长，你开始意识到他有自己的心智、他的私我、他的个性，他可能会配合或抵抗你改变他的努力。孩子是你生的，但不是你的一部分，他并不完全在你的控制之下。就像一支蜡烛点

069

燃另一支蜡烛，如果一支蜡烛有烛光，另一支也有它自己的烛光，一支不是另一支的一部分。

婴儿来到世上是绝对无助的，但作为一个生命，他享有生存的能力。他必须依靠简单地信任才能生存，完全无助被完全信任所弥补。否则，在创造中将会有一个空白。随着时间的推移，当孩子能够独立时，他想要独立。在二三岁时，孩子发展出一个绝对的自我，因为孩子不认识世上任何其他私我，这就像神（Īśvara）之自我，没有之二。

在三四岁时，孩子发现在母亲身上有一个私我，在父亲身上有一个坚实的私我，在其他人身上也有一个私我，似乎他们都在试图控制他的私我。这对孩子来说不是一个愉快的发现，他想要独立。这种爱和争取独立的斗争贯穿一生。我们发现，在这个世上，每个人都在试图或想要改变他人以符合自己的喜好，同时抵制别人改变自己的企图。

想要改变世界来满足自己需求和欲望的人是利己主义者，如果你需要的只是改变，那就改变你自己。这必须由你自己发起，因为对改变的热爱就在你心中，没有人能阻止你改变。在生活中你需要知道为何你想要改变世界，审视你自己，问问自己是否保留了你曾作为无助孩子所拥有的那种绝对信任，如果没有，你是否能够重新获得那种可以让你放松的信任。这就是成长，这就是发现。

> 你必须质疑那个你自以为是你的人，是否真的是同一个人？如果是这样的话，这个问题就没有解决办法了。如果不是这样的话，你就没有问题了。

1994年于印度阿奈卡蒂

认清你自己

[摘录自斯瓦米·戴阳南达在圣迪菲尼西介绍十五（Pañcadaśī）经典时，对学生们的讲话]

渴望领悟神和世界是一件大胆、美妙的事情。但是，我是谁？谁想知道这一切？如果我不了解自己，如果我对自己的本性感到困惑的话，那么，我对世界和真理的任何探究，都是毫无根据、毫无意义的。所以吠檀多说最好首先认清你自己，然后把你的探究扩展到世界和神。

例如，如果你要使用一种仪器，比如显微镜，来观察一个物体，首先你必须了解该仪器的性质。如果显微镜不被了解，如果它没有被恰当调试或准备好而使用的话，它将是毫无帮助的，用它收集的数据将是错误的、无效的，或不完整的。就像你对将要用来观察物体的仪器的理解一样，在你寻求发现世界和其造物主的本质之前，先探究你对自己的了解。不探究你自己的本性，而探究世界和神之本质，可能会产生各种各样的哲学体系，这些体系是对造物和造物主推测性的、理论性的解释。只有对自己进行有辨别力的探究，才能使自己准备好去探究世界和神之本质。人们发现这也是个人的真相，自己的真相。

因此，吠檀多这样开始：首先，认清自己，认清你的本来面目。然后，当你探究世界和其创造者时，你会更好地理解你所发现的。

1983年6月

沉　默

maunavyākhyāprakaṭitaparabrahmatattvaṁyuvānaṁ

varṣiṣṭhānte vasadṛṣigaṇairāvṛtaṁ brahmaniṣṭhaiḥ

ācāryendraṁ karakalitacinmudramānandarūpam

svātmārāmaṁ mudita vadanaṁ dakṣiṇāmūrtimīḍe

我顶礼室利·达克希那穆提（śrī Dakṣiṇāmūrti）——那年轻的古鲁，他通过沉默来教授梵知，他被精通《吠陀经》的学者的弟子们所簇拥。他是老师之师，他手持知识的标志——秦手印（cin-mudrā），他的本性是圆满俱足，他陶醉于自我，他是永恒的沉默。

我们听说达克希那穆提通过沉默向四个弟子萨拉卡（Sanaka）、萨兰达那（Sanandana）、萨拉塔库马那（Sanatkumara）、萨拉塔苏贾塔（Sanatsujata）开示自我即梵（无限）的真理。这个故事经常被引用来证明沉默而非语言是传达终极真理的手段。这种观念使许多人对经典的学习敬而远之，因此，理解这一观念的真相非常重要。

沉默意味着什么？如果这是对问题的回答，那么等待口头回答的人可以用不同的方式来理解沉默：无知、困难、不愿回答、无法解释、难以界定问题，甚至敌意都可以理解为沉默的含义。换句话说，那些求知者，那些对主体一无所知者，却被晓以沉默！假设问题是："神是什么？"或者"我是谁？"提问者对主体一无所知，却被晓以沉默，缺乏沟通，甚至可能出现错误。

如果自我知识超出了感知和推理的范围，那么它只能通过完全不同于人类被赋予的知识手段来获得。换句话说，它必须来自一个永恒的知识之源。就像世界的无源之源一样，知识之源也不应该有根源。如果神被视作世界的无源之源，那么无源的知识之源就是同一个神，他被视作一切老师之师，根源被显现为达克希那穆提的形态。

各种仪式、赞美诗等的意思必须被揭示，因为它们不是通过人类所拥有的知识手段所获得的。圣哲接收仪式等知识并非由外人所传授，而是由知识本体向他们达显的，所以他们被称为梵咒圣哲（mantradraṣṭāraḥ），知识圣哲反过来又通过语言揭示该知识。同样，主也向四位圣哲达显他自己与他们是不可分离的，而圣哲随后也用语言教导同样的真理。事实上，在《唱诵奥义书》中，有一段从神那里接收知识的圣哲萨拉塔库马那（Sanatkumara）和那兰陀（Nārada）之间的对话，那兰陀只是通过语言从萨拉塔库马那接收知识。我们也看到在《摩诃婆罗多》（Mahābhārata）中萨拉塔苏贾塔（Sanatsujata）通过语言教导。教导传统一直是通过语言进行的。

传统认识到语言的局限性，它小心翼翼地使用似是而非的说法来揭示真理。该传统（sampradāya）一直将语言揭示真理视作暗示（lakṣaṇa）——通过暗示揭示。事实上，关于必须运用语言来揭示真知，而所揭示真意并非语言的直接含义的双重事实，《奥义书》并没有让我们产生任何歧义，而后一个事实也就是我们说它无法言说的原因。当语言的直接含意结束时，隐藏的含意就开始了，因此，隐藏的含意是在沉默中传达的。这并不意味着语言没有任何作用，即使是暗示，语言也是必须的。神之本质（svarūpa）既非沉默，亦非有声，而是沉默和有声两者均与之不可分离的，他是智力和物质根源两者。

> 我们在寻找您之冠……无奈视野长度如此短浅；我们在寻找您之本尊……无奈视野范围如此有限。但它们在这里，您之圣足！愿这成为您所喜爱的供物！

1997年3月于印度阿奈卡蒂

汝即那

整个吠檀多的教导可以精简到一个句子：汝即那（tat tvam asi）。"tvam"是"你"的意思；"asi"是"是"的意思，"是"为动词，指的不是走路、说话或思考等行为，而是"存在"的意思；"tat"是"那"的意思，代表法则，整个造物的根源，你可以称其为主或神，那是你本身以及整个造物的根源。天哪，太深奥了！

我们的有限经验

我不能接受"汝即那"的说法。神在范围、知识和力量上都是无限的，而我在所有方面都存在严重局限。从我身心的角度来看，"我即那"的陈述没有任何意义。仅仅通过重复"我即那，我即那"，我并不会成为"那"。如果我觉得"我即那"，那么我就是在催眠自己。我的行为将不正常，因为我会表现得我貌似无限，而实则有限。有限永远不会通过某种改变变成无限。因此，如果我是有限的，正如我所认为的那样，我就不可能成为无限的。

"你"的转换

显然，吠檀多说我是整个造物的根源，并非暗示身体，身体是一个结果，它本身是由根源导致的，它在特定时间诞生。所以"你"这个词一定别的意思。如果我是神，那么我就需要教导才能明白这个事实，对"你"一词的分析成为首要。

"你"这个词是什么意思？它可以有很多不同含义。当我说："你坐在这里"，我指的是你的身体。当我说："你似乎饿了"，我指的是一种生理状况：饥饿。当我说："你似乎是近视眼"，我所说的"你"指感觉器官：眼睛。当我说："你似乎不安"，我指的是心智。当我称你为医学博士时，我所说的"你"指的是你的智力成就。当我说："你似乎对整个事情一无所知"，我的意思是"你"是无知的。

因此，"你"这个词在不断转换，它可以应用于身体，或生理功能，或心智，或你的知识，甚至超越知识。它也适用于无知。

当我说"你"时，你将其当作"我"，"我"这个词到底是什么意思？有一件事很清楚，"我"这个词，除了指我自己，不指任何其他事物，除了我以外的其他事物，我用其他词来表达，比如"那个"或"这个"。对于任何在时间和距离上遥远的事物，我用"那个"表达；对于那些并不遥远，但仍然是我之外的事物，我用"这个"表达。我用"那个"和"这个"表达的任何事物，都可以视为客体，客体是非主体的事物。当我说"我看见你"时，客体是"你"，主体是我。我所看到、听到、闻到、尝到、触摸的一切都是客体，对于他们任何一个而言，我是主体。

我是谁？

有人问我："你是谁？"

我说："我是某某。"

然后他说："我不是问你的姓名，我问你'你是谁？'"

"哦，我是某某的儿子。"

"我不是问你跟这个人什么关系，我问你'你是谁？'"

根据既定关系，主体成为父亲、母亲和女儿等，但是这个主体是谁呢？我可以说，"我"是身体。因此"我"这一主体，从父亲、母亲等处还原为身体。这意味着无论身体怎样，"我"就是它，如果身体是白的，"我"就是白的；如果它是黑的，"我"就是黑的；身体高，"我"是高的；身体有病，"我"是有病的。

然而，这个身体不可能是"我"，因为当我使用"我"这个词时，我指的是主体，我从来不指客体。难道身体不是我非常亲密的客体，比任何人都亲密吗？我背痛是别人不知道的，只有我知道，我非常了解这个身体，若如此，了解这一切的是谁？

同样，"我"不是感官，因为我意识到我的眼睛，我的眼睛状况，我的耳朵等，它们是我意识的对象，即使感觉器官没有功能，"我"也存在那里。那个"我"是谁？

现在我说那个"我"肯定是心智，因为我的心智意识到感觉器官，我用心智分析。但心智只是我使用的另一种工具，有人在运用那个心智，有人接纳心智中所发生的一切。我能说一个既定念头是"我"吗？如果一个既定念头是我，而这个念头消失的话，那么我也会消失，但这并未发生。

我所拥有的任何特定知识也不是"我"，因为"我"是知识的拥有者，"我"意识到我所知道的。"我"也不是我的记忆，因为记忆可以被"我"客体化。

最后，我不能说"我"是无知，在睡眠中，我意识不到记忆、知识、情感和身体，我对这一切都无意识，仅存无知。"你怎么知道无知存在睡眠中？"好吧，我知道我并没有看到、听到、闻到、尝到、感到触摸，甚至没有想过任何事情。当那个人处于无意识状态时，"我"就在那里。所以，即使是无知也是被认知的事情，是"我"意识的对象。

那么，"我"是谁呢？我意识到无知、知识、记忆、心智状态、感官、世界、时空、星星、天堂和地狱、每件幸福的事情。任何东西，你说得出来的，对"我"来说都是客体。那么，什么是不能用"这个"或"那个"来指代的呢？在造物中只有一样东西是那样的，那就是"我"。

我是单独的人，不仅在数量上，语法上，而且在性质上。只有我才能满足"我"的定义。没有别的办法，因为我是唯一的主体，其他一切都是客体。

你说："斯瓦米吉，你是主体，而我也是主体。"不，你对你自己和我对自己的看法都是客体，对你和我皆如此，只有一个主体，"我"指的是那个主体，那个意识到所有客体者，那个知者，其他的一切都是意识的客体。

我是"意识者"，你是"意识者"，他是"意识者"，每个人都不得不说："我是意识者"。你所意识到的对象是不同的，你所意识到的记忆是不同的，你所意识到的无知，在某种意义上是不同的，某些事情你不知道，而另一些事情我不知道，你和我都意识到这一切。请告诉我，在你"意识者"和我"意识者"之间，有什么区别吗？没有什么区别。有婴儿"意识者"，老人"意识者"，等等。老人的知识与婴儿的知识不一样，但是在"意识者"和"意识者"之间没有什么区别，只有"我"意识到一切者。

无限的"我"

所以我是"意识者"，但是我怎么会是无限（tat），万物的根源呢？我是众多"意识者"中的一个。注意，我们可以发现只有一个"意识者"，并非很多。相对于我所意识到的事物，我是"意识者"；当我思考时，我是思想者；当我做饭时，我是厨师。

现在想象一个罐子，我意识到这个罐子，我去除罐子这个对象，现在有一个"意识者"去除意识的对象。当存在意识的对象时，我是"意识者"；如果对象不存在，那么我是什么？是意识。为什么？因为当对象离开时，意识就在那里，不是作为"意识者"，而是作为其内容，"意识者"的内容是意识。"我"是谁？对于我自己而言，"我"是意识；对于我所意识到的对象而言，我是"意识者"，我意识存在。

我们从哪里开始讨论的？"我"是身体和心智。现在我说，"我"是意识。身体仍然存在，它存在于意识中。因此，空间也是存在于意识中。意识有何大小？它没有大小和形状，它是无限的。"我"就是那无限的意识。因此，要了悟"我"这个主体是无限的并非做某件事的问题，而是发现的问题。

在老师的视野中，你不是你所认为的那个有限的存在。老师说："汝即那。"在他眼里，你是无限的。所以当他说"汝即那"时，他必须揭示出你是无限的真理。这就是吠檀多的教导。

> 唯有神能使某物成其为物而非他物，人自身就是"被造的"，那么什么是"人造的"？人并不是创造者，因为只有全知全能的神自身在秩序中显现。

1979年8月于美国宾夕法尼亚州艾伦敦

小陶罐

当诠释经文时，为了使例子变得鲜活，尊敬的斯瓦米吉运用其独特风格和智慧，以不可思议的精准直击经文要点。斯瓦米吉说道："如果不把例子拟人化，它们就没有意义。"当诠释《唱诵奥义书》时，某一天，斯瓦米吉戴上他的口技艺人的帽子，演绎了与几个陶罐的对话。

斯瓦米吉：（手捧小陶罐问道）：你是谁？

小陶罐：我是罐子。

斯瓦米吉：你是哪种罐子？

小陶罐：我是小陶罐。

斯瓦米吉：你从哪里来？

小陶罐：我来自凯亚巴德。

斯瓦米吉：你是哪年出生的？

小陶罐：我生于1996年。

斯瓦米吉：那么你才1岁。你认为你能活多久？

小陶罐：我随时都可能死掉。

斯瓦米吉：为什么？

小陶罐：因为你用两根手指摇摇欲坠地提着我，我信不过你，你可能会让我掉落下来。

斯瓦米吉：你下来开心吗？

小陶罐：不开心。

斯瓦米吉：为什么不开心？

小陶罐：没有人看我。

斯瓦米吉：如果有人看你，你会开心吗？

小陶罐：希望如此。

斯瓦米吉：（从桌子底下一堆道具中拿出一个大陶罐，另一只手捧着它对小陶罐说）你现在开心吗？

小陶罐：不开心。

斯瓦米吉：为什么不开心？

小陶罐：他们也在看那个家伙（指大陶罐）。

斯瓦米吉：他们也看着你呀，他们看这个家伙你为何不开心呢？

小陶罐：看看他，他那么大，我那么小。

斯瓦米吉：所以你想变大？

小陶罐：是的。

斯瓦米吉：有多大？

小陶罐：大！！！

斯瓦米吉：你为什么不问这个家伙他开心吗？

大陶罐：不，我不开心。

小陶罐：你应该开心，你那么大。

大陶罐：大个鬼！大有什么用？没用！我没有成就感，我总是待在黑暗的桌子底下，斯瓦米偶尔把我拿出来，没人看我一眼。

小陶罐：我看着你呀，我也在桌子底下。

大陶罐：你是个侏儒，一个小人儿，一个无名小卒，你看着我毫无意义。

（小陶罐变得很悲伤）

斯瓦米吉：你想摆脱这种悲伤吗？

小陶罐：你如何能做到呢？也许我应该去美国。

斯瓦米吉：你到那里做什么？

小陶罐：那里会有更多机会。

斯瓦米吉：你知道你的问题吗？

小陶罐：是的，我知道我的问题。

斯瓦米吉：什么问题？

小陶罐：我很悲伤。

斯瓦米吉：这是唯一的问题吗？或许问题有所不同。

小陶罐：没有了，我知道我很小，我很悲伤。

斯瓦米吉：你认识你自己吗？

小陶罐：别操着吠檀多腔调说话！我是罐子，这都是啥问题啊？！

斯瓦米吉：你是谁？

小陶罐：我是谁？

斯瓦米吉：你应该认识到你的实相。

小陶罐：什么实相？我是罐子，这是真的。我很小，这是真的。我随时都可能被摔破，这是真的。在此事发生之前，我得拼命自保。

斯瓦米吉：你是不朽的，这就是你的实相，要认识到这点。

小陶罐：什么是不朽？什么是实相？

（小家伙稍作让步，到目前为止，他一直在否认和拒绝，现在他想知道，这就是求知欲。）

斯瓦米吉：听着，你睡觉吗？

小陶罐：我通常都在睡觉，桌子底下很黑。

斯瓦米吉：睡觉时，你感觉自己是个罐子吗？

小陶罐：没感觉，这就是我喜欢睡觉的原因。

斯瓦米吉：在睡梦中你存在吗？

小陶罐：是的。

斯瓦米吉：你怎么知道的？

小陶罐：因为我在那里，我可以说我睡着了。

斯瓦米吉：好，这意味着不感觉自己是个小罐子，可你依然存在着。

小陶罐：是的，这是真的。其实，每当我感觉自己不是小陶罐时，我就很开心。

斯瓦米吉：也许这就是你——不小，这就是为什么你可以忘记这点，如果它是真的，你就无法摆脱它。

小陶罐：那我是谁？

斯瓦米吉：你是陶土。

小陶罐：什么？

斯瓦米吉：陶土。

小陶罐：对于我们的世界来说，陶土就是神。

斯瓦米吉：陶土就是神？你怎么知道？

小陶罐：他们就是这么说的。我出生于陶土，由陶土维持，然后回归陶土。因此，陶土就是神。

斯瓦米吉：你出生于陶土吗？

小陶罐：是的。

斯瓦米吉：你靠陶土维持吗？然后回归陶土？

小陶罐：是的。

斯瓦米吉：那你就是陶土。

小陶罐：你能再说一遍吗？

斯瓦米吉：告诉我，在你出生之前，你是什么？

小陶罐：我是陶土。

斯瓦米吉：如果你生于陶土，并靠陶土维持，你到底是不是陶土？

小陶罐：是的，我是陶土。

斯瓦米吉：假设这个大个子死了，他将回归哪里？

小陶罐：他会回归陶土里。

斯瓦米吉：回归了陶土，他与陶土有区别吗？

小陶罐：没有。

斯瓦米吉：那他是什么？

小陶罐：他是陶土。

斯瓦米吉：你是谁？

小陶罐：我是一个小陶罐，这就是我的实相。

斯瓦米吉：你现在还悲伤吗？

小陶罐：不悲伤了。

斯瓦米吉：怎么会这样？

小陶罐：因为我知道我是陶土，他也是陶土，像我一样。

斯瓦米吉：你现在嫉妒他吗？

小陶罐：怎么可能呢？他就是我。

斯瓦米吉：在你们的陶土世界里有多少个你？

小陶罐：只有一个。

（小陶罐对大陶罐说，你和我是一样的，我们都是陶土。）

大陶罐：你说什么？你是陶土？那使你变成神！

小陶土：是的。

大陶罐：看这个小人儿！他连两英寸都不到，还自称是神！

斯瓦米吉：（把大陶罐放回桌子底下，指着他说）朽木不可雕也！

> 我想要怎样活着？
>
> 我想永远活着，我想长生不老。
>
> 我需要多少知识？
>
> 我想无所不知。
>
> 我想要多少幸福？
>
> 我想要绝对的幸福，无限的幸福。

1997年3月于印度瑞诗凯诗

吠陀传统的形式和灵魂

在每个社会中，当前需求和旧传统之间的冲突是个永恒的问题。我们必须消除和保留的东西总是一个问题，无论是西欧文化还是印度村民文化，这个问题始终存在。我们发现，我们削减的通常是形式，而灵魂却不能削减。

例如，几年前在这个国家，当你和另一个人打招呼时，你不会说："Hi！"而可能会说："How do you do？"这是英式打招呼的方式，"Hi"是一种新形式，它与"How do you do？"的原来形式没有任何关系，但在

"Hi"问候中有一种精神，一种友情，某种对你光临的欢迎和认可，有一种喜悦被表达出来。我遇见了你，我很高兴，因此，我说"Hi"。无论你说"Hi"，"Howdy"，或者"How do you do？"，其精神都是一样的，而形式一直在变化。

然而，在形式的变化中，我们应该认识到要改变多少，或者保留多少。例如，在今天的城市生活方式中，许多形式已经改变，旧的生活方式已经不复存在了，我们这样做的结果是抛弃了很多东西。我们采用了新的形式，并将继续这样做，形式会不断变化，但在这个过程中，形式的变化有时是如此之大，以至于灵魂本身也遗失了。没有形式，灵魂就无从识别。

当一个人死后，占据着肉体特定居所的灵魂就离开了，该身体不再是宜居的身体，这个没有灵魂的形体变成了尸体，尚存的就被埋葬了，灵魂消失了。如果形式本身不存在，那么何以谈及灵魂？若无形式，就无灵魂；若无灵魂，就无形式。

因此，必须有形式与灵魂，灵魂应该永远不变。不变的只有灵魂，多变的灵魂根本不是灵魂，任何基于某一永恒事实的东西都可以被保留为灵魂。灵魂本身永存，而形式总在变化。

我们已经改变了，就连斯瓦米吉也改变了很多。我现在使用的外语是以前无法接受的，但我使用外国腔调，因为我可以用那种外语和你交流，因此，我变了。而且，以前的斯瓦米从未离开过这个国家。早前，印度教徒从未离开过他们的国家，因为他们有自己的宗教文化和日常生活习惯，等等。他们认为横渡大洋是不可接受的。时代变了，旅行也变了，这些都是必须改变的，不管我们喜欢与否，它们都会改变。你会发现人也会变，只是变得很慢。如果传统的变革太慢的话，人们就会把它们弃之身后。

人总是动态的，事实上，我们的经典说有些事情总是变化的。因此，当你怀疑一个改变是否值得时，你应该咨询见多识广、根植于传统的人。《泰迪黎耶奥义书》说：当你对自己在特定情况下的行为存有疑问时，比如"我要抛弃传统吗？我妥协得太多了吗？"你要追随一个对自己传统了如指掌的博学者，他做什么，你就做什么。如果他和你的情况不一样，就听从他的话。确保你追随的人是公平的，不会从给你的建议中渔利，如果他从中渔利，就不要接受这个建议。那些知晓并恪守价值观的人是你应该追随的人，你甚至可以盲从他们，迟早你也会明白事理。因此，改变是很重要的，但同时你必须确保改变不会摧毁灵魂。

在印度，当我们表达出某种形式的尊重，例如，我们尊敬长辈，这要如何做？当老人走过来的时候，你要起立，这纯属形式，尊重是灵魂，起立是形式。它是一种你养成的东西，对此必须有一个形式。如果你放弃了所有形式，那么把尊重摆在哪里？即使你放弃说"Hi"，友情何以表达？如果你放弃握手的形式，友谊何以表达？它也会消失。人们说："如果灵魂存在，形式就无必要。"我说，若没有形式，灵魂就会死亡，它会完全死掉。如果只有形式存在，灵魂也必须被灌输。

我们现在有寺庙作为形式，它们是必要的，没有形式就没有灵魂。你需要一个寺庙，一个代表宗教形式的地方，但如果不灌输灵魂，这种形式就会过时。孩子们将不知道这个祝福的形式是什么，他们看到了其他形式。当存在其他形式时，肯定就有选择。他们会想了解你选择的原因，而你却无法解释。没有灵魂，形式就会死亡。所有这些寺庙在未来几代将没有香客，如果你不灌输灵魂，谁会去这些寺庙呢？

另一方面，如果有一种崇拜形式，那就是灵魂。这种形式是必要的，但同时，它也可以是一种简略形式，一种实用的形式。一种基于实用主义的形式将永远存在于每个社会中。但每建造一个形式，就必须灌输灵魂，否则它将是一个无用的死形式。因此，灵魂是重要的，你可以一种特定的形式灌输灵魂。

一个人走过来对我说："斯瓦米吉，我讨厌我办公室的那个家伙。"我问他："为什么？""因为他升职了，后来他变得太傲慢，我恨他。斯瓦米吉，我不喜欢这种仇恨，因为我听了你的课。"所以我问他："你想消除这种仇恨吗？"他说："是的。"我告诉他："那么，每天送他一份礼物，坚持41天。""什么？""每天一份礼物，坚持41天，送他一份礼物。""斯瓦米吉，我愿意听你的建议，但我怎能给这个家伙送礼物呢？他会怎么看待我？"

这是另一个问题，别人会怎么看待我？人们甚至为别人的想法而结婚，人们经常为别人的想法而负债。现在他问我，另一个人会怎么想？我说："这对你来说当然会很尴尬，我知道得很清楚，所以我告诉你一件事，你首先告诉他：我遇到了这个斯瓦米，我告诉他我恨你，真的恨你。然后我告诉斯瓦米，我想摆脱这种仇恨，因为我不想生活在仇恨之中。斯瓦米要我送你一件礼物。所以请接受我的礼物。"

现在谁会拒绝你的礼物呢？当你如此坦诚，即使敌人也会接受。当你第一天送礼物的时候，这仍然是个问题，"如何给这个我讨厌的家伙送礼物？"所以，你给他礼物后扭头就走，因为你的行为只是形式，没有灵魂。怎么会有灵魂呢？你恨他，从他的脚指甲到他的头发。但是，送礼物并不是个人仇恨的象征行为，当你给某人送礼物的时候，要么你爱这个人，要么你尊重这个人，要么你愿意为这个人奉献，送礼物绝对不是一种仇恨或不喜欢的行为，而永远是一种爱的行为。但当你送出礼物时，爱或尊重不在那里，更不用说奉献或友谊了，仇恨却存在着。因此，灵魂不在那里，只有形式在那里。

你必须坚持一段时间，所以我说41天。接下来4天就像头一天一样，到了第6天，他的脸上可能会露出笑容。发生了什么？他微笑是因为你不能在没有爱的情况下以这种特殊方式送花，形式灌输灵魂。如果你不断付出，灵魂就会被发现。41天是多余的，即使10天后，仇恨也永远不会存在你的心里。

是什么带来了这种灵魂？爱不是靠意志得来的，你必须提供发现它的条件。这就是为何没人会请求你"请爱我"。爱本身不是一种行为，也不是一种意志，这是一种你发现自己的状态。你必须提供发现爱的条件，你可以爱任何人。

这完全取决于你如何表现出来，如果你提供了有利条件，爱就在那里。同样，灵魂也总是被灌输给个人，它必须被个人发现。个人必须为此提供有利的条件。在憎恨的情况下，你怎么能发现爱呢？但这是爱的行为，即使没有灵魂。假以时日，如果没有灵魂，你就无法完成那件事。这是因为在付诸行动的时候，你的脑海中会发生一些事情，这种行为本身就会产生一种相关的情感。你现在明白了，这是多么重要。

　　印度人见面时，双手合十，并问候道："向你致礼
（namaste）。"这纯属一种形式，但如果你仔细观察这种
形式，你会发现其中蕴含着伟大的灵魂。这里面有一个视
野，如果你了解灵魂，形式就会变得更有意义。否则，这
种形式就会消亡，并慢慢成为一种形式训练。"namaste"
有两个词"namaḥ"和"te"。"te"是"向你"的意思，
"namaḥ"是"致礼"的意思，合起来是"向你致礼"的意
思。这是口头问候，也是一种形式。然后，有一个身体形
式，它背后一定也存在某种灵魂。

　　什么是灵魂？我有两只手，左是左，右是右，这两只
手完全不同，但它们从不打架，因为两只手均属于同一个
人。这就是为何每当你咬自己舌头的时候，你就会变得如
此有耐心。你对牙齿的态度怎样？这就是所谓的耐心，即
所谓宽恕。同样，你在那里，我在这里，我们同根同源。
没有真正的区别，一切皆是一，合二为一，这就是我们所
谓合十礼。关于合十礼，我可以教授你整个吠檀多怎么说
的。在这个简单的词汇里，一切都是结晶。在每个人不知情
的情况下做出的一种无伤大雅的行为，一种普通的行为背后
隐藏着灵魂。因此，合十礼不仅仅是一种形式，灵魂也存在
于其中。如果你灌输灵魂，形式就会活下来。如果你失去了
形式，你也将失去灵魂。

　　阿萨·韦迪亚古鲁学堂（Arsha Vidya Gurukulam）的

角色是在现存形式中复兴灵魂。考虑到目前情况，有些形式是引进的，有些是修改的。形式不可能总是相同的，它们必须改变。改变一种形式没有错，但是当我们这样做时，就失去了灵魂，一切都失去了。因此，无论我们拥有或希望拥有何种现有形式，都必须予以保留。这种灵魂也必须被引入，这就需要教育。我们不仅需要灵魂，也需要形式。

今天我们正在为一座寺庙奠基（或称破土）。什么是寺庙？它是一种形式，但是，与此同时，它并不仅仅是一种死的形式，因为它里面有很多学生，它是古鲁学堂，在里面有教学。有形式，有灵魂。这种灵魂必须被灌输，这需要很多的理解。

当你走进传统的印度寺庙时，你会发现密室、主神殿总是保持在黑暗中，他们有条不紊地制造了那种黑暗。这并不是说他们不知道如何建造窗口，事实上，他们创造了这种黑暗。所以当你进入密室时，你会发现它变得越来越黑。这样，在主之神殿中，一片漆黑。在黑暗的神龛里，有一尊石雕的神像。在南印度，它是一块黑色的石头。事实上，它必须是一块黑色的石头。根据经典（śāstra），它必须是固体的，一整块石头。经常涂油后，其颜色就会变深。在漆黑一片中，仅有一个火焰在闪烁。

当你进入寺庙后，你会经过一个微缩世界，在那里，你会发现各种舞蹈形式和乐器的雕塑，神像有着各种不同面相。当你进去的时候，你会发现寺庙变得越来越暗，神供在最黑暗的地方。为什么？因为我们不认识神，尤其是我们的眼睛没有受过训练或教育，不能看见神。你们从外面来，并没有看见神。你站在一块漆黑的石头前，什么也没看到。你所需要的就是足够的知识，足够的光，以便让你看到存在一尊雕像、存在神。神以宝石为装饰，在那盏油灯火焰照耀下，所有的钻石、红宝石和绿宝石都在闪烁。因此，你知道，神就在那里。但是要知道他是什么，他的本质是什么，仅有光是不够的。

要领悟神之存在，靠我们的智性（buddhi）就足够了，它就像一盏油灯，作为信徒，你具有足够的光来认知神的存在。要领悟神是什么，你需要更好的光，那就是燃烧樟脑的光。当祭司挥舞着燃烧的樟脑主持仪式时，他会请你注视神之达显（darśan），他挥舞燃烧的樟脑，从神之足部往上挥舞直至头顶。在知识之光中，你必能看见主。你可以看到整个形式，它不再纯粹是一种信仰，它就像日光、知识。一个简单的信念变成了知识的火焰，变成了知识的光芒，这就是灵魂。你必须灌输灵魂，否则形式就没有意义。使用樟脑是因为它是一种完全挥发的物质，当它烧尽时，什么也不留下。同样的，当我站在神的面前，神的知识吞灭那无知的人——即我。所有这一切，仅靠一束知识的火焰。知识应该是全面完整的，不应该留下任何无知残余或错误观念。因此，我们燃烧樟脑。

我们在这里展开的教导是必要的，因为这是一种将灵魂注入每种形式的教导。只有了解形式所蕴含的寓意，形式才会变得有意义；否则，它就是一个死形式。

在印度，有一个传统的优点：我父亲属于那个组织，我母亲属于那个组织，我沿袭了他们所有的东西。你虽拥有你父母给你的东西，但你不可能是在一夜间改变一种文化，这是不可能的。假如我们变成一个等级森严的组织，它就变成了权力。你可能需要一种有组织的形式来传递信息，那是另一回事。但这种灵魂总是从一个人传到另一个人，古鲁学堂就是延续这一传统的机构，因此它将保留灵魂以及修改的形式。谨记修改形式，有时，教师必须能够修改形式，这就是印度教能够保持至今并将继续流传的原因。

> 人类在这个星球上的特权是过一种负责任的生活。生活充满了挑战，没有挑战，生活什么都不是。

1988年6月于美国宾夕法尼亚洲塞勒斯堡

古鲁学堂的学习传统

在印度，我们拥有一种未受破坏的教学传统，涉及学习《吠陀经》、语言、逻辑、音乐、舞蹈、雕塑、寺庙的建造，等等。这一传统也涉及吠檀多的学习，尽管吠檀多是《吠陀经》的一部分，但它是单独的学习，因为它的主题是人、世界和神。这种教学的传统是在古鲁学堂中进行的。

在某一学科中求索知识的学生与该学科的老师一起生活一段时间，以学习和掌握该学科。在教育完成后，学生自己也成为一名教师。因此，该教学传统一直保持至今。

在这类教学中，老师具有了解学生的优势，因为学生在整个学习期间都与老师生活在一起。无论这类学习涉及的主题是什么，老师都要让学生成长为一个有文化的、担当起一生责任（dharma）的人。

吠檀多的学习事实上是自我的学习，若无古鲁学堂的教育帮助，该学习永远不会成功完成。如果某事超出了已知范围，就不可能用语言进行沟通。属于已知范围内的事物，可以借助其他已知事物进行沟通。凡未知的事物，就不能通过已知事物和言语与人沟通，它是超越已知的、未知的、是不能沟通的，在这种情况下，如果老师告诉学生他只能通过个人经验来了解，那么老师在教学中并未起到任何作用。

世界各地都存在着神秘主义者，他们谈论的是一种深奥的东西，但没有一个人能够让另一个人经历同样的事情。因此，没有人创造师徒传统。神秘主义没有教学传统。事实上，神秘的体验是孤立的，更多的是为了激励和依靠，而不是停留在一个神秘的生活中，这是因为经验本身并未被知识所吸收。

吠檀多被老师当作一种知识手段，而不是一种思想体系。作为一种知识手段，它分析了觉醒、梦境、睡眠的共同经历，快乐和悲伤，认知对象、认知、知者，旨在证明它们的相对性质和依赖状态。当学生能够接纳这些经历的相对性质和依赖状态时，一个绝对交流的环境就产生了。在语境的帮助下，教师可以使用某些保留基本意义的词语，放弃相对意义，展开绝对意义。因此，教师能够与学生交流，并保持学习的传统。

> 生活不过是一系列的决定，在生活中你每时每刻都要做出决定，这些决定必须来自一个清晰的心智，而非混乱的心智。因此，你必须常常祷告，这样你就会做出明确的决定。

1979年于美国加州

问题的本质

人类的四大追求

人类视自己为匮乏者，他不断的、强迫性的追求，使其匮乏感愈发凸显。为了摆脱这种匮乏，他为生活中诸多事物而努力奋斗，这些为了获得渴望事物的奋斗分为四大主要类别：居于价值观的生活，也即正法（dharma）、安全（artha）、快乐（kāma）、从一切不安全中解脱。

这四种努力统称为"puruṣārtha"，即"人类（puruṣa）所渴望的"。这些是人类所渴望的、努力奋斗的目标。

人类的四种基本追求可以细分为两类：第一类，追求安全和快乐，与其他众生一样；第二类，努力捍卫正法，追求从一切不安全中解脱，这是人类所特有的。第二类追求的出现，是由于人类是具有进化心智的自我意识者。自我意识者是有能力得出关于自己结论的思想者，此能力使人类普遍得出这样的结论："我是一个有限的、匮乏的人，必须为某些事物而奋斗，希望自己借此变得完整。"

无休止地寻求安全

安全是人类与其他众生共同的两种追求之一，它代表着生命中所有形式的安全：财富、权力、影响力、名声、关系。众生皆以某种适合自身的形式寻求安全，动物、鸟类、鱼类、昆虫，甚至植物和微生物都寻求安全，寻求庇护所。动物囤积食物，狗埋藏骨头，蜜蜂用蜂蜜填满蜂窝，蚂蚁挖掘粮食储存库。众生都有不安全感，它们也想要安全，但是，它们的态度和行为受到内置程序的控制，其不安全感迄今未变，动物为了安全的努力是被控制的，有尽头的。但是，对于人类来说，渴望和奋斗永无止境。

通过分析经验可以看出，人类为满足匮乏感而进行的奋斗是无止境的。如果我追求金钱，无论我存多少钱，似乎永远不够；无论我有多少钱，我都不感到安全。我可能会在权力和影响中寻求安全，花掉努力积攒的金钱去购买权力，并非钱对于我而言已无任何价值，而是我现在赋予权力更高的价值，我正在通过权力寻求安全。为财富、权力和名声的奋斗是无止境的，所有这些都是为了安全而奋斗，因为我感到我是不安全的。

因为我是一个有自我意识的人，我能够感到不安全，我囤积财产，但囤积并未使我感到安全，获取永远不够，我总是被迫寻求更多不同种类的安全，徒劳地试图创造某种我认为自己安全的条件。

快乐的善变本质

快乐指诸多形式的感官愉悦，众生皆借由其感官器官来寻找快乐。对于非人类的生灵来说，追求快乐是由其本能来定义和控制的。这些生灵直接简单地追求它们被本能控制去享受的东西，其享受有始有终，它包含在符合本能的活动中。

人类对快乐的追求更为复杂，本能和个人价值体系皆驱动着人类的欲望。作为生命体，人的本能欲望由于人类有能力满足广泛的、多变的个人欲望而变得复杂。我和其他人一样，生活在一个私人的主观世界里，在那里我把事物看作是渴望的、不渴望的或中性的（既非渴望，亦非不渴望）。当我审视自己对这些事物的态度时，我发现我所渴望的并不是我在任何时候、任何地方所渴望的，我所渴望的也不一定是别人所渴望的。渴望总是在变化的，时间限制渴望，地点限制渴望，个人价值限制渴望。

这些价值观的变化导致事物被视作渴望的、不渴望的或中立的，会产生并影响人们对待人、观念、意识形态、情况和场所的态度。所有这些都受制于渴望的、不渴望的或中立的。旧车、老房子、旧家具，从一种状态转换到另一种状态。这种互换一直进行，主观价值观并非一成不变，当价值观发生变化时，好恶亦随之改变。好恶决定人们所寻求的快乐，决定着所避免的不快乐，寻求快乐部分是为了避免不快乐。

动物和人类都努力获得快乐，避免不快乐，但不同之处在于，人类的努力并非是由任何既定模式决定和限制的，而是由波动的价值观决定的，这些不断变化的价值观使人不断奋斗。

人类选择需要特殊的标准

因为安全和快乐而奋斗，并非由变化的个人价值观所本能控制的，故人类有必要拥有一套特定的价值观来支配他主观的、不断变化的价值观。个人必须有一套独立的标准，而不屈从于决定好恶的主观价值观。

既然我有选择的能力，我必须具有一定的规范来控制我的各种行为，以获得我渴望的东西。不被预先设定，目标不能证明我的手段是正当的，不仅所选的目标必须是允许的，而且获得该目标的方法必须符合某些价值观，这种控制我们行为选择的特殊价值观被称为"正法"。人类为了获得安全和快乐的奋斗必须符合道德选择，道德标准引导人们考虑邻居的需求。在选择实现我想要实现目标的方法上，我也必须考虑到我邻居的需求。我不能利用我的邻居，无视他的需求，来达到我的目标，我必须视其需求如同己出。

动物不需要道德

对动物来说，并不存在道德问题，它们在行动上几乎没有选择的自由，其行为由本能控制，不受选择的控制，不会产生道德问题。但是，具有选择能力的人类，必须首先选择他希望追求的目标，然后选择达到这一目标的手段。我们运用我们的力量，以无尽的方式选择我们的目标。有诸多不同手段和目标可供选择，这是好事，它使选择丰富多彩。然而，冲动的选择，或仅仅因为简单方便而选择某个手段，会导致践踏邻里，破坏其安全并导致其痛苦。

正法的根源：常识

人们通过观察一个人，希望他人行为如何顾及自己，来发现道德价值观的根源。价值观是建立在个人希望如何被对待的常识上。"我不希望别人用欺骗手段或其他讨嫌的手段剥夺我想要的东西。"因此，当我追求自己的目标时，"不欺骗"成为无顾及他人的价值观。我想要的目标和手段或那些我不想别人选择的、影响到我的东西在心中建立一个标准。根据这个标准，我判断我选择的目标和方式是否合适，这也建立了一个标准，考虑到我的选择对他人的影响。这些价值观包含了一些常识性的道德，这些道德在更全面的道德教义经文中得到了认可和确认，被称为"正法"。

常识道德是"做和不做"，基于个人想要自己如何被对待。当审视该道德基础时，显然，可能存在合理解释或不再遵循某既定标准的情况。

"我希望你对我讲真话，而不是对我撒谎"，"说真话，不撒谎"，这是普世价值的基础。但是，对于重症而康复未卜、精神状态虚弱且抑郁的患者，医生认为如果让他充分了解自己的病情严重程度可能会危及其康复，那么医生是否必须遵守讲真话的道德要求？可能不会。在此情况下，讲真话受制于解释，并考虑到所有涉及的因素。同样，"不伤害"的道德要求不应该禁止外科医生拿起手术刀或牙医举起钻头。

有道德就是完全的人性

道德与宗教无关，道德标准是建立在常识基础上的，它规定了获得安全和快乐的正确和错误方法。一个无宗教信仰的人可以完全符合常识标准，有道德的人是完全人性的，不受本能所控制。一个具有高度发达自我意识的人，有能力做出未被程序化的选择，并反思其选择的后果。这种能力导致了他的道德准则，完整的人性就是在选择的过程中运用这些准则。

在道德上"犯错"也是人之本性，动物不会犯道德错误。似乎没有一个道德范畴控制着动物对好恶的追求。但是个人可以选择错误的方法来达到他的目标。有了理性的头脑，个人总是可以滥用给予他的选择自由，可以无视常识道德标准。当他如此做的时候，他并没有履行他作为个人在社会中的角色。社会制定规则以防止和减轻这种滥用自由所造成的痛苦，刑法和民法都试图控制选择的滥用。

有时，个人可以足够聪明地滥用自由而不违反人为法律，至少不被抓住，此时，宗教道德介入。要正确区分常识道德和宗教道德，宗教道德证实了常识道德。可以有更多的道德考虑，但绝对不能有不同的基本道德。

宗教道德一般认为，你也许会欺骗你的同胞，你也许能逃脱法律的制裁，但你肯定无法摆脱你行为的结果，你迟早会得到结果的。宗教道德还增加了特别职责和更多禁令，不仅基于常识，还基于一些宗教传统或经文启示。成为圣人不一定要遵循这些特殊的宗教道德，遵守常识道德就足够好了。

宗教道德称为"正法"

宗教道德被称为正法，见于《吠陀经》中，确认了常识标准。它还试图进一步指出宗教的"做与不做"，并增加现在或以后的善行或恶行罪孽所产生后果的观念。

根据正法，人类的行为既有可见的结果，也有不可见的结果，行为的不可见结果以微妙的形式积累到行为者的"账户"中。随着时间的推移，这些结果将明显地为他带来快乐或痛苦的经历。善行的微妙结果产生快乐，恶行的微妙结果产生痛苦。恶行可被定义为罪孽，罪孽是在追求一个可接受的目标时，选择了错误目标或错误方法，这一选择将带来意想不到的结果，行为者想要避免的结果将会出现。错误的行为是以不良经历为代价的，"puṇya"这个词没有英语等义词，它指善行，以后会带来好的经历，一些令人愉快的事情。

四类奋斗的排列

在人类追求的四类目标中，正法居于首位，因为对安全和快乐的追求受到道德标准的制约。争取安全是次要的，因为每个人的首要愿望是生活，被赐予生命，然后人们想要快乐，人们追求快乐。争取安全和追求快乐，都必须受到正法的约束。

从不安全中解脱是排在最后的，只有当个人意识到前三种追求的内在局限性时，它才变成直接的追求。解脱与道德一样，是人类所特有的追求，其他众生没有。即使在人类中，它也不是普遍流行的，只有少数人有意识地关心解脱。这些少数人认识到，他们想要的不是更多的安全或快乐，而是解脱本身，从匮乏中解脱。

当个人似乎"安于现状"的时候，每个人都享有一些解脱的时刻。当我"安于现状"时，我是解脱的。在稍纵即逝的瞬间，这种"安于现状"的解脱是所有人的共同经历。有时音乐使人安于现状。在其他时候，它可能是一种强烈愿望的实现，怀着对美好事物的强烈欣赏，个人就会安于现状。

在当前的情况下，不希望有任何不同，这就证明了一切都已安于现状。当我不想让任何事情有所不同时，我知道我已经安于现状。我领悟到俱足，我不需要做任何改变就能满足。此刻，我不需要为环境或自身的某些变化而奋斗。如果我能永远安于现状，不再需要任何改变，那么我的生活就完成了，我的奋斗也就结束。

当一切都安于现状时，我们每个人都短暂经历过解脱的直接追求。如何才能获得这种解脱？什么样的束缚剥夺了这种解脱？

最根本的问题

当你看到某物但不认识它是什么的时候，可能把它当作别的东西，而非其本质。未能看清一个东西的本质并把它当作别的东西，会导致对该东西本质的错误认识。如果一个东西完全没有被察觉，那就只有无知，没有错误。一个完全无法感知的东西，一个完全未知的东西，永远不会成为关于其本质的错误理由。

例如，在暮色苍茫中，我看见路旁有一个黑影，却没认出那是一个树桩，我断定那是一个潜伏在阴影里的人，我变得惊慌失措，取道另一个方向，我对路旁某物的感知给了我犯错的理由。我看见了什么东西，但没有认出它是无害的，我对所看到的东西有一个错误的认识，这个错误让我偏离正道。

几分钟后，我的近视眼邻居和他眼尖的妻子沿着同一条小路走着，他们没有遇到任何问题。他甚至看不见老树桩的轮廓，所以他没有弄错，没有理由让他在这件事上犯错。他的妻子即使在暮色中也睁大了眼睛，看得清清楚楚。于是，两个人都高兴地沿着小路走着。一个是完全不知道东西的存在，另一个是清楚知道东西的本质。

动物很少有机会犯关于自己的错误，因为它对自己作为个体的意识是非常有限的，它们似乎没有太多的能力来批判自己或他人。奶牛不会因为不能像她旁边牛棚里的姐姐挤出那么多牛奶而哀鸣，野猫不会因为它想成为一只斗牛犬而沮丧，马不会在草地上花几个小时试图飞翔。由于没有自我认知来比较和评判自己，动物没有理由在其本质上犯重大错误，因此，动物似乎摆脱了困扰人类的众多纠结。然而，一个人确实有能力犯这样的错误。他对自己非常敏感，所以他有犯错的理由。如果他在审视自己的时候，没有认识到自己的本来面目，那么他就会对自己做出一个判断，那将是一种不同于他的自我的东西。

匮乏的自我判断

很明显，人类对自己的一个判断就是："就像我现在这样，我是一个匮乏的存在，我缺少某些东西，我是不完整的。"这一判断的证据表现在人类对安全与快乐的追求的强迫性和持续性上。人们作为有意识的存在，意识到实现目标的正确和错误的手段，却经常忽视这一知识，选择不道德的方式。即使手段得当，人们对好恶的高度重视也可以从每个人对自己所得的过分关注中看出。安全感和快乐的获得是如此重要，因为正是通过获得它们，人们才有希望摆脱匮乏、不足和不完整。人们想成为一个自由的、俱足的人。

"我想成为一个完整的人，我不像我希望的那么完整"，是每个人的共同经历，这种想要变得完整的冲动是由于人类缺乏完整的判断。因此，生活中所有奋斗都是渴望完整的表现。

认为我是一个不完整的人，要么准确地反映了我的本性，要么就是错误的，这必须被确认。如果它反映了我的真实本性，那么就没有必要为了改变我不完整的结论而进一步寻求；如果这是一个错误的结论，那么我需要更多地了解自己，以便发现我似乎被隐藏的完整性。无论我是什么，完整的还是不完整的，都必须确认。但在确认之前，我认为自己是一个不完整的人。

通过改变来实现完整的尝试

如果你仔细观察你想给自己生活带来的各种变化，你会发现你做出了改变，这样你就能在变局中感到俱足。你试图改变现状，其实就是试图改变你自己。你不会试图去改变你安于自我的状态，但是当你认为自己匮乏的时候，你会带来新的东西，或者把某些东西从这种状况中消除，这样你就会感觉好起来。

个人价值观决定了改变的类型

人们在特定情况下试图带来的改变类型取决于个人价值体系。个人价值观是主观的，它取决于个人的性情，受他自己的快乐和痛苦所制约，这些经历使他对某些事物产生偏爱，而对另一些事物产生排斥。例如，如果我在积极的追求中有愉快的经历，并且寻求更好的教育或培训，我很可能会被吸引去学习那些我觉得愉快的活动，我的道德标准也会影响我的选择。在某些情况下，这可能会让我选择一个不太理想的选项，或者避开一个更理想的机会。我的道德价值观是那些考虑到他人好恶的指导标准，我接受道德准则，因为我不抗拒社会、文化或其他权威强加给我的准则。或者因为独立，我看到了它们对我的价值。无论

哪种情况，我都会遵循它们，因为我的结论是，这样做比
只受个人好恶导向更能让我感到满足。因此，道德标准也
与追求快乐和避免不快乐的愿望有关。

对待改变的态度

改变本身没有问题，改变是无法避免的，生活经历不
断变化，生活是一个变化的过程。我们的主题并不简单，
只是因为特定情况需要改变，才做出实事求是的改变。它
也不是个人为了变化而做出的没有结果的、随意的、偶然
的改变。正在讨论的是一种以改变为中心的期望。我们所
谈论的改变是为了改变现状而被迫做出的改变，期望变得
更舒适、更充分和更完整。

我们谈论的改变是人们对自己有一定的期望，这些期
望与他对自己的结论有关。例如，准备和享用食物是每天
发生的一种普通的、实际的行为。在一个愉快的日子里，
带着食物到花园的野餐桌上吃是一种偶然的、随意的改
变。这样的改变没有问题，它们不是为了改变自己而寻求
的改变，而是自然的或偶然的改变。然而，吃东西是为了
让自己更快乐，为了安慰自己，为了缓解受伤的感觉，为
了逃离当下，为了感觉更俱足，我是寻求自身的改变。同
样，我把食物搬到外面的花园里，因为想让环境消除我的
沮丧，振奋我的精神，让我感到更完整，这是一种寻求我

自身的改变。

　　人们寻求的大多数改变不是出于改变，而是出于自身。当我感到舒适时，就不再寻求所有强迫性的改变。在寻求改变的过程中，我实际上对改变自己感兴趣。我真正想要的改变是让自己在我的处境中感到舒适、俱足和完整，这样就不会有任何情况困扰我，那么，为了完整性而改变环境对我来说就没有必要了。寻求强迫性的改变出在自己身上，希望通过改变，个人可以成为一个不匮乏的、俱足的人。

通过改变获得的总是伴随着损失

　　每个人都有摆脱不足的迫切需求，每个人都具有感到不足、缺乏和不完整的问题。因此，个人试图摆脱自己不足的尝试是一种基本的冲动，而这种尝试普遍以改变的形式出现，人们通过改变获得安全与快乐。然而，努力所带来的任何收获都不是绝对的，每种通过努力获得的安全都伴随着损失，所获得的收益总是被所花费的时间和精力、所承担的责任、所放弃的其他选择所抵消。

　　例如，当我为了感到更俱足、更完整、更少缺憾而购买了一所宽敞的、令人印象深刻的、位置优越的房子时，我所获得的快乐和安全使我感到俱足和舒适，但却被我所花的钱、所欠的债、所需清洁人员、所承担的维修费用和保护责任所抵消，所有这一切都剥夺了我俱足和舒适的感觉。

从改变中获得的总是有损失，有了收获，起初的匮乏感可能会得到释放，但随后你会发现原来的问题并没有得到解决。获得或消除一件或另一件东西并不能解决匮乏的问题。俱足、从匮乏中解脱，是一切强制安全追求背后的追求，但没有任何收获或消除能实现这一目标。人们不能通过获得或放弃任何东西来获得解脱或俱足。不足者享受获得渴望的东西，仍然是不足的；不足者享受抛弃一些不需要的东西仍然是不足的。所以人们似乎是不足或匮乏的存在这一人类的问题，永远不能借由获得或抛弃以寻求更多安全来解决。

易变的快乐

为俱足而追求快乐并不比追求安全更令人满意，快乐的获得取决于三个不断变化的因素的汇合，而它们是永远无法完全预测或控制的。快乐时刻需要具备以下三种有利条件：渴望对象的可获得、享受对象的适当和有效工具的可获得，以及适当心境的存在。即使存在对象和适当的工具，由于缺乏适当的心境，也不能享受。

快乐是短暂的，因为任何因素都可能而且确实在改变。我们依赖于这三个变化因素的配合，确实不时地获得片刻的快乐，而它总是瞬息即逝的。享受的对象是有限的，受时间的限制。在享受的过程中，有些东西会被消耗掉，所有享受都会随着时间的流逝而改变。享受的工具也是受时间限制的、有限的，不能持续地发挥作用。心智本来就是异想天开、反复无常的，一旦对曾经热切渴望和追求的东西感到厌倦了，就会变得无聊。心智容易发现对象的单调。因此，试图保持片刻的快乐就像把毯子扔在三匹野马身上，然后跨坐在三匹马上，试图引导它们朝一个方向前进。

认识到根本问题

从个人的生活经历中，我们可以看到，一个人不断奋斗的真正原因，是想要完全摆脱一切缺乏，想在一切情况下变得完整和完全俱足。但是，除了稍纵即逝的瞬间，人们似乎总是不足的。人类的根本问题是不足，采取的解决办法是获得安全和快乐。这样做的结果如果有的话，也只是暂时的释放，而不会终结这种不足感，安全和快乐都不能终结不足。因此，如果一个人审视自己为安全和快乐而奋斗的经历，他会发现，他所希望获得的俱足和圆满只是偶尔或短暂的，奋斗永远不会结束。

《蒙查羯奥义书》中说道：

parīkṣya lokān karmacitān brāhmaṇo
nirvedamāyānnāstyakṛtaḥ kṛtena

tadvijñānārtham sa gurumevābhigacchet

samitpāṇiḥ śrotriyaṁ brahmaniṣṭham

（I.ii.12 Muṇḍaka Upaniṣad）

一个成熟的人，在分析了世俗经历和获得后，会变得冷静下来，认识到行动不能产生未创造的无限。

要领悟"那"、无限，他应该手持小树枝去师从博学并对自己的知识十分坚定的老师。

《蒙查羯奥义书》（I.ii.12）

《奥义书》说：当一个成熟的人分析自己的生活经历，审视他通过努力所获得的，他就会对所有努力的结果都无动于衷。冷静意味着他明白，努力解决人类基本问题的结果是失败的。他的世俗经历，包括通过努力带来的变化，并没有给他的不完整带来持久的解决方案。虽然这个问题不能通过世俗经历解决，但经历对他仍然有用，有助于形成分析的基础，引导他发现他真正的问题的本质。只有看清问题的本质，才能找到解决问题的真正办法。每一项分析都依赖于对问题或数据的识别。

对经历进行分析是非常重要的，个人在自己生活中的经历构成了分析数据，使人能够发现人类的根本问题。只有通过分析个人经历，他才会变得成熟。通过分析我自己的经历、我的努力和行动、我的得失，我发现我一直认为自己是匮乏者。无论我得到了多少渴望的东西，或摆脱了多少不想要的东西，我仍然是匮乏者。尽管我具有各种快乐和安全，但我是一个不圆满、不俱足的人。当我用这种眼光看待我的经历时，我变得成熟了。成熟不是通过寻求更好的经历，而是通过对这些经历的分析发现人类的根本问题。人们最终想要的是成为不匮乏的和俱足的人，经历并不会使人不匮乏和俱足。

不足以自我为中心

对自己经历的分析表明，追求世俗的东西并不能解决人类的问题，也不能通过放弃世俗的东西来解决问题。行动总是会涉及得失，要么你得到了你没有的东西，要么你摆脱了你拥有的东西。无论得失，发现都一样，我仍旧是不足的。得到某物，我并未变得俱足；抛弃某物，我也并未变得俱足。我发现不足是我内在的东西，而非占有或抛弃的某种东西。我不足，因为我不足，不足不取决于我之外的任何因素。通过分析自己和他人的经历，人们可以很容易地看到这一点。

成熟者是这样的人，他在分析了自己的经历后，发现他所追求的完全俱足单凭其努力是无法获得的。他知道，无论他如何努力，他发现自己总是一个匮乏者。他认识到，他真正想要的是自己的巨大改变，而非情境的改变。

他想要的改变，将使他成为不匮乏者、完全俱足者。他看
到他想带来的一切改变都无法帮助他成为俱足者。

自我判断的标准

因此，每个人都想摆脱以自我为中心的不足，人们不
接受自己的不足。我们只能说，似乎有一种对俱足的洞察，
我对什么是俱足有一些见解，因此，我不能忍受不足。

每当我体验到从不足、匮乏者中解脱的经历时，这种
对俱足的洞察就会出现。这样的经历发生在每个人的生活
中，每当人们获得片刻快乐时，他就会暂时把自己视作俱
足者，无论快乐时刻多么短暂，是由于一个滑稽的玩笑，
还是一些微妙的幽默，无论是源于突然发现的奇妙的东
西，还是通过获得一个非常渴望的东西，他认为自己在那
一刻是不匮乏的、快乐的人。在生活中，每个人都有这样
的时刻，然而它少之又少。人们具有自己是不匮乏者，圆
满俱足的经历，不匮乏的经历成为一种标准，通过这种标
准，缺乏的经历被判断为人们不想要的东西。只有知道什
么是好的，才能判断什么是坏的。如果没有满意的标准，
就没有不满意。我们并不缺乏这样的俱足标准。

每个人都有着俱足自我的经历，这就是为何人们要努
力做到俱足。就经历而言，人们具有俱足自我的洞察力，
暂时摆脱所有限制，摆脱所有潜在匮乏。因此，人们为了

安全和快乐而奋斗，借此，人们有时似乎能够获得俱足的时刻。但是，奋斗往往是失败的、徒劳的和没有成果的，成功的时刻是短暂的，俱足的经历不会持久。

直接从不足中寻求解脱

当个人意识到，在他为安全和快乐而奋斗的背后，是想变得俱足、摆脱一切匮乏的基本人类渴望，解脱就变得有意义。再多的安全或快乐也无法满足这种渴望。"mokṣa"是解脱的意思，从不足中解脱。当你意识到你真正在寻找的是一个解决你不足的方法，一个以你为中心的问题时，你就会成为睁大眼睛的探索者，知道自己在寻找什么。探索者是渴望从一切限制中解脱的人，他知道他的前三个人类追求目标（puruṣārthas）不能解决他的问题。他以道德为导向，以正法为基础，对安全与快乐的追求，并不能解决他不足的问题。因此，他已经准备好直接寻求自身的俱足，这种俱足就是解脱。因为它是探索者认为可以实现的东西，所以它被视作人类的第四个目标。我们将在后面看到，解脱不是通常意义上的"获得"。

当成熟者分析他的经历时，他会发现，在他追求安全和快乐的背后，是一种基本渴望，即从一切缺乏和匮乏中解脱。这种洞察力带来了对安全和快乐的某种冷静，成熟者对他以前的追求变得冷静，并准备直接寻求解脱。

徒劳的解决方案

成熟的思考者在分析自己的人生经历时，发现安全与快乐并不能解决他的基本问题，他想要变得俱足、摆脱一切局限。他认识到，尽管他享受过快乐或获得了安全感，不足者仍然是不足的。快乐，总是依赖于变化因素的有利结合，是不会持久的。安全受时间的限制，本质上是有限的，损失抵消获得，安全不能提供持久的保障。不足者抓住不安全的东西，不会变得安全，不圆满者收集快乐的时刻不会变得完整。无休止地追求安全和快乐，暴露了追求者持续的不安全和不完整，通过获得安全和快乐来追求俱足是徒劳的。同样徒劳的是试图通过放弃这些追求来获得俱足，不足并不取决于事物的存在与否，它是以自我为中心的。

俱足的经历

寻求俱足归因于我认为自己是不足的判断，除非我对俱足有一些概念，否则这样的判断是不可能的，我的概念来自经历。我曾有过体验俱足的片刻，那个片刻，我不需要改变世界或我自己。当我暂时俱足时，我不寻求别的东西，我安于自己，什么都不寻求，什么都不需要，我也不渴望现状或我自己的任何改变。

这种快乐的经历，幸福的时刻，在任何人的生活中都不会缺少。快乐和不足不能同时存在于我的内心，当我快乐的时候，我是俱足的，无法再进一步地俱足。俱足并不以程度来衡量，除了俱足，其他都是不足。

因为有时我觉得自己俱足了，所以我并不是完全没有俱足的经历。但我的大多数经历似乎都证明我不足，我发现我无法接受这一点。我不断地追求俱足，难得的俱足时刻给了我一个标准，让我在其余的时间里判断自己是否匮乏。

区别知识和经历

如何调和俱足和不足的对立经历？在这里，有必要把知识和经历区分开来，知识是对真理和真理是什么的把握，经历是对事件的直接或感性的参与。经历可以导致知识，但经历的印象不一定是知识，经历必须被吸收才能成为知识，这是因为人们可能经历了一些事情，但仍然对它一无所知。经历是一回事，了解我所经历的是另一回事。当我有了认识，它包括感知和经历，但是经历并不一定包括知识。对于知识，所经历的必须了解它是什么，经历可能与知识相符，也可能不相符，知识是既能与经历相矛盾，又能解决经历矛盾的东西。

知识不会是矛盾的

从经历中获得的任何特定的感性印象，可能符合也可能不符合知识。要有资格成为知识，就必须经受探究的考验。例如，世界上大多数国家的经历是，太阳每天从东方天空升起，然后它到达西方天空落下。在极地地区，在一年中的特定时间，人们的经历是太阳绕着一个圈运行，没有日出和日落。到底哪个经历应该被视作真实的？这两种经历都是真实的吗？分析是必要的，调查必须考虑到所有可能的因素。

从绕轨道运行的行星某一特定点绕轴旋转的角度来看，太阳似乎是绕着一个圆圈升起、落下或移动的。经过探究和分析，在真正理解地球与太阳的关系后，矛盾得到了解决。太阳虽然貌似运动，但相对于地球是静止的，认识到这个事实就是知识。这些经历只是表面现象，有些事情貌似如此，但实际上并非如此。看到日出或日落可能是一种美丽的经历，但就知识而言，这是一种幻相。经历可能相互矛盾，但知识包含并调和这些矛盾。

探究自己的本质

关于自己，有两种相互矛盾的经历。经历上，我发现自己大多数时候都是不足的。然而，有时，我发现自己是俱足的、不匮乏、充实和完整的。然后问题就来了，"我是俱足还是不足？"两种结论都有经历支持。也许，我的结论是：我现在是俱足的，然后又是不足的；或者我现在是不足的，然后变得俱足。如果这些是结论，那么我必须调和两者。如果我已经俱足，怎么又会变得不足呢？或者，如果我是不足的，怎样才能变得俱足呢？这种调和需要探究。解决自我俱足这一特定问题所必需的探究被称为自我探究。

自我探究是必要的，因为我对自己有两种相互矛盾的经历。我不断地追求让自己变得俱足的东西，这表明我觉得自己不足。我通常有一种匮乏感，由于这种持续不断的匮乏感，我得出"我是不足"的结论。但有时我确实经历了俱足的时刻，正是通过这样的时刻，我得以知道什么是俱足。这些偶尔的俱足经历使我得出结论：我是不足的、不成熟的。这个问题必须保持公开。当经历互相矛盾的时候，下结论说个人不足是不成熟的。要解决这一矛盾，探究是必要的。我必须检查和分析我的经历，看哪些真实的反映事实，哪些是虚幻的。

分析对俱足的寻求

当我审视我对俱足的寻求时，我发现俱足对我而言不是一个对象，不足是存在于我之中的，我是个不足的人。

我寻求的俱足是我自己，除了我自己，我寻不到俱足。我通过安全和快乐来寻求它，这是我所知道的寻求俱足的唯一方法。通过这些事物，我不断地寻求，直到最后我看到这些追求并未给予我俱足。我变得成熟，我认识到，我所追求的是俱足本身，不是由获得安全和快乐而产生的俱足，我成为俱足的直接寻求者。

当你认识到人类问题的本质，并明白它无法通过追求安全和快乐来解决时，你似乎处于无助的境地。你还能做什么？无论是得到想要的，还是放弃不想要的，都不能解决不足的问题。也许解决办法就是简单地接受不足。

然而，当人们探索接受不足的可能性时，却找不到解决问题的办法。人们不可能接受不足。寻求俱足不是一种被教化的渴望，它不是人们在人生道路上拾起的渴望，不是由环境和条件所催生的。被教化的渴望可以放弃，但自然的冲动不能放弃。成为一名宇航员的雄心壮志是一种后天获得的渴望，之后会因为各种原因而被迫放弃。但是，像呼吸或吃东西这样的自然冲动永远不会放弃。人们可以屏住呼吸，但呼吸的冲动依然存在。人们可以拒绝食物，但吃的冲动仍然存在。

想要俱足的冲动是普遍的，不是人们能放弃的，人们也不能接受不足而快乐。我明白，在我安全和快乐的一切追求背后，是变得俱足的基本冲动，而这些追求并不能使我俱足。无论是追求，还是放弃追求，都不使我俱足。看到这一切，我成为一个从不足中解脱的直接寻求者。然而，我似乎没有办法获得我所寻求的。

获得的本质

生活中的获得可以分为两类。我们非常熟悉的第一类是获得没有的。第二个并非不常见，但鲜为人知，即获得已有的。没有的东西通过努力将在时空内获得，例如，房子、配偶、孩子、金钱、名誉和健康。你没有的，你需要在一段时间内付出适当努力。到一个不同于你现在所处的地方是通过努力来实现的，你可以步行、跑步、开车或"飞"过去。一种潜在形式的产品，比如陶罐，是用一块黏土经过一段时间的适当努力而制成的。

这些都是我们所知道的获得，是通过努力获得在时空上远离我们的东西。由于依赖于努力，这些获得受到努力本身的限制。一个既定的努力，不管它是什么，本质上是有限的。它开始，它结束，仅此而已。努力是有限的，努力的结果也是有限的，努力所产生的必然是有限的。通过努力产生一种新的状况，同时也引起旧状况的变化。例如，一个人想要从一个位置移动到另一个位置，为了达到这个目的，他需要轻快地走五分钟，其结果是，位置2达到了，而位置1失去了。位置1和位置2是互斥的，一方获得等于另一方损失，新状况导致旧状况的变化。

显然，依赖于努力的结果在本质上总是有限的，因为努力是有限的。因此，依赖于努力获取没有的东西必然是有限的。因此——人类的第四个目标是解脱。俱足的获得，不能归入未获得的目标之列。人们所追求的俱足不过是无限，人们寻求发现自己是圆满俱足的存在，没有任何限制的迹象，没有任何挥之不去的匮乏，这个发现不是也不可能通过"变成的过程"产生。

有限的存在通过有限的行动获得有限的结果，一系列有限的结果加起来并不等于无限。一个有限的存在加上一个有限的结果，加上一个有限的结果，再加上一个有限的结果，无穷无尽，还是等于一个有限的存在。通过"变成的过程"，不足的存在，有限的存在，永远不会成为无限。人们在时空上没有拥有的一切，包括天堂，都将归类于未获得的。任何在时空上与个人分离的东西都是有限的、匮乏的。有限的、匮乏的将仍然保持有限匮乏。个人不可能在特定的时间或地点从不足中解脱出来，也就是说，个人以后不会去别的地方获得解脱，这不会发生，状况的变化、地点的变化和时间的流逝都只与有限的事物有关。

获得已有的

第二类获得是获得已有的东西，如果俱足不是未获得的结果，也许它可能是获得已有的东西。有没有一件事是获得已有的东西？这貌似荒谬，个人怎么会寻求获得已有的东西呢？在一种情况下是不可能获得已有的东西，例如在已经有一个头的地方获得另一个头。已经存在的物体，一个头，挡住了第二个物体，另一个头的获得，它处于相同的时空轨迹上。

然而，在另一种情况下，获得已有的东西似乎是可能的。当你拥有某样东西却不知道自己拥有它时，那么对所拥有东西的无知导致你去寻找已经拥有的东西。你可能拥有某样东西，但仍然没有意识到你拥有它，对某物的无意识会导致人们去寻找他所拥有的东西。

当人们对已有的一无所知，无法享受它时，他就有可能获得已有的。例如，当我寻找戴在自己头顶上的眼镜时，我，这个寻找眼镜的人和眼镜之间没有时空距离。头上戴着那副被遗忘的眼镜，我想成为我眼镜的主人。我是我的眼镜的寻找者，因为眼镜戴在我的头上，我是目标和我的眼镜的拥有者，寻找者和被寻找者之间的距离纯属无知。

从不足中解脱——一个已获得的目标

人类的前三个目标，即合乎正法的对安全和快乐的道德追求，属于获得没有的东西，它在时空上与寻求者存在的距离，必须通过努力来获得。努力，由于其本质是有限的，产生有限的结果。人类的第四个目标，从不足、有限中解脱出来，不可能通过有限的努力实现。从不足中解脱不可能是一个通过努力获得的尚未实现的目标，也许，解脱可能是一个已经实现的目标，由于无知而被探索者所忽视。对俱足本质的探究表明，这是我们可以赋予解脱的唯一类别。

如果源自俱足的解脱归属于已获得的东西的类别下，就像眼镜的拥有者想找到他的眼镜一样，那么我就是那个想变成俱足自我的俱足自我，我就是俱足自我，但我仍在寻求俱足自我。这只能说明无知以某种方式把所寻之物对我——寻求者隐藏起来。

明智的寻求者

直接寻求者已经发现，人类的基本问题，潜藏在所有追求之下的基础，是渴望彻底摆脱不足。他或她已经意识到，追求安全和快乐不能带来这种解脱。当解脱的直接寻求者进一步发现他所寻求的目标必须归属在已获得的类目下时，他的理解就增加了另一个维度。然后，他或她就能够发现实现其目标的可行方法。

我，作为直接从所有不足中寻求解脱的寻求者，发现我所寻求的并非远离我的东西。它不是一种可以获得的东西，而是一种仅仅由于无知而与我分离的东西。因此，我的目标就是消灭这种无知，所以我寻求知识。当你知道你和你所寻求的没有什么不同时，你就会成为一个明智的寻求者（jijñāsu），你知道你所寻求的是知识。

一个寻求者，如果他没有发现知识是其所需要的，不会变得明智，那么他在寻求解脱的过程中可能会做许多徒劳无益的事情。一个寻求者可能有足够的观察力认识到他寻常的追求并不能产生俱足。但他也不明白，任何形式的努力都不能产生俱足。这样的探索者可能会采取严苛苦修，希望获得通过寻常努力无法获得的解脱。在几乎所有的宗教中都可以找到许多例子，一个寻求者为了从限制中解脱而进行严苛的、痛苦的，有时是奇怪的修习。

每个寻求者都将成为明智的寻求者，当他或她了解问题的本质时，将不再寻求做什么，而是寻求了悟什么。问题是要消除自我无知，解决办法是获得自我知识。我想成为的那个俱足存在，永远不可能通过"变成的过程"获得。事实必定是，我已经是俱足存在，即使我寻求成为俱足存在。我和俱足的分离一定是由于无知。因此，自我无知必须消除。要消除自我无知，就必须有自我知识，自我知识即所谓解脱。

要获得自我知识，自我探究是必要的。探究是必要的，因为我的经历让我对自己有了矛盾的认识。我有两种经历，一种使我得出我不足的结论，另一种表明我是俱足的存在。我需要经历这两种类型的经历，以便看到我是一个俱足存在的事实。为了实现这个经历，我必须进行自我探究（ātma-vicāra）。这种对自我的探究，导致了对自我本质的发现，吠檀多即是这样。

> 你之内的"我"（自我）是存在于当下的而
> "如此这般的我（私我）是存在于过去某处的。"

探寻者和被探寻对象

"sādhana"这个词有几个意思，最常见的一种是"实现某事的方法"，最终达到的期望被称作"sādhya"。因此，方法带来光明的结果，试图达到渴望目标的人是探寻者（sādhaka），探寻者总是将目光锁定渴望的目标，他或她通过方法将自己与目标连接起来。当目标实现时，探寻者变成圆满者（siddha），当探寻者实现了所渴望的目标，他或她就不再是探寻者了。

生活是探寻

生活可以视作一系列已经实现和尚未实现的目标，通常，有多种方法可以达到任何既定目标。当探寻者遵守道德和伦理行为准则时，这些方法可能是公正的。当探寻者践踏他人的权利和要求时，这些方法可能是不公正的。作为人类，人们被赋予了选择的能力，所以，人们选择他认为最合适的方法。我来这里参加会谈，有我自己的选择，你也可以选择来这里。每个目标皆如此，我可以选择以一种方式付诸行动，我可以选择以另一种方式行动，或者，我可能选择完全不行动。

当我分析我生活中的追求时，我发现目标或被探寻对象总是不同于探寻者，我想要的不同于我自己。目标可能是金钱、家庭、权力，等等。这些是我现在没有的，但却是可以得到的。当目标不同于我自己，在时空或种类上与我分离时，目标就像方法一样可以自由选择。当生活的目标不被理解时，目标就会不断变化。尽管我取得很多成就，我还有一长串的事情需要完成，因为生活的目标还未被发现。暂时的，每个小目标都占据着最终目标的比例，但当这一目标实现后，它就会让位于另一个目标，如此继续下去，目标变得无穷无尽，直到我生命的尽头。在临死的时候，我没有那种大功告成的感觉，我好像走进了死胡同，却没有到达任何地方。那么，说"我已经走了很长一段路"就毫无用处。

被探寻对象

我所探寻的似乎一直在逃避的真正的目标是什么？一定是使我从一切欲望中解脱出来的目标，因为没有欲望是为了欲望而存在的，所有欲望都是为了我，我只想摆脱欲望。没有人会满足于自己的欲望，我们的愿望不是延长它，而是尽快实现它。我们在此不讨论诸如财富、名誉等那些使欲望永存的有限目标。我们只对那个可以称为终极的目标感兴趣。对于该目标，人类没有选择，这是我们祖先一直在追求的目标，这是我们同时代人所追求的目标。

这也是未来几代人将探寻的目标，这是每个人在任何时候、任何地点、任何情况下都希望达成的目标。即使个人似乎在追求各种各样的目标，这就是背景中的目标，这是一切目标背后的目标。实现这个目标的方法就是我们所讨论的"sādhana"。

生活应该是有意义和有目的的，我应该看到生命的意义，然后整个生命就变成了达到那个目标的手段。当目标明确时，生活就有了目的。如果我领悟那个目标，那么生活中的其他目标就能从正确的角度来看待，它们都可以变成达到终极目标的方法。如果生活的目标不明确，我就会发现，尽管已经取得了所有成就，但我并没有真正取得任何成就。

正如我们先前所看到的，所有目标背后的真正目标是终结欲望。有三种方法可以终结欲望：人们可以获得渴望的对象，放弃不合需要的欲望，或者，可以超越欲望而成长。遵循第一种方式摆脱欲望的人被称为世俗者（saṁsārī），遵循第二种方式的人是放弃者（tyāgī），遵循第三种方式的人是弃绝者（sannyāsī）。

当欲望在个人心智中出现时，他就去满足它们，而更多欲望在一个欲望尚未满足前就已经出现了。他总是觉得自己匮乏，似乎没有一个目标是令人满足的，因为他发现当一个目标达到时，它就失去了意义。他发现自己依赖于欲望的对象，欲望越多，依赖的程度就越大，似乎没有什么特别的目标能让他摆脱依赖。发现自己依赖于欲望满足的人是世俗者。

放弃者是放弃对象或欲望的人，不是为了理想，就是为了得到更好的东西，但这样的人仍然对对象心存不舍。以玩弹珠的男孩为例，弹珠对他来说是最珍贵的东西，他不会满足于其他任何东西。如果父亲要求他停止玩弹珠，可能是因为他重视父亲的愿望，或者因为他得到了更好的东西，比如板球棒。在这种情况下，孩子放弃的是弹珠，但不会放弃内心的玩味和价值，这个孩子是一个弹珠放弃者。我们中的许多人放弃了某些乐趣或放弃对象，他们可能是放弃者，因为内心对事物的渴望仍然存在。这不是一种成熟的摆脱欲望的方法，因为依赖并没有完全消除。

随着时间的推移，同一个孩子不再对弹珠产生欲望和渴望，他对它们既不执念（rāga）也不厌恶（dveṣa），他摆脱了对弹珠的执念，他是一个弹珠弃绝者！《薄伽梵歌》描述弃绝者为没有执念或厌恶，他超越了欲望，因此享有真正的自由，他的快乐不依赖于任何外部环境。每个人都是一些东西的放弃者，针对一些东西而言，因为我们不情愿放弃它们，对它们仍然存有保留价值，所以我们是放弃者。有些其他东西我们不能没有，我们依赖于它们，针对它们而言，我们是世俗者。

在我们的生活中，方法和目标不断变化，但有一件事始终不变，那就是探寻者。我们是否总想保持探寻者的身份？我们是想依靠事物和环境来获得幸福呢，还是想要自由？毫无疑问，每个人都想既快乐又自由，自由中有幸福，依赖中有不幸。因此每个人都希望像桑雅士那样，其幸福不依赖任何事物。甚至在一个孩子身上，我们也看到了对自由和独立的渴望。孩子们只有在必要的时候才会依靠援助、父母、老师等。所以，每个人都想完全自由。

这种完全的自由称作解脱，从依赖中释放意味着解脱。这种对自由的渴望是每个人与生俱来的，在每件事情上，我们都想独立。我们想从欲望中解脱出来，所以我们应该自由地去满足我们希冀的任何欲望。我们的生命不应该依赖于欲望的实现，只有当我们发现俱足、圆满、丰盛正是我们自己，而非其他外物时，我们才会感到满足。它不是远离我们的偶尔满足，然后又让我们陷入困境。它应该是我们与生俱来的自由，和我们自己一样。方法应该是这样的，即达到每个人内心所渴望、努力和奋斗的目标、自由，或持久的满足。

一个方法

问题自然产生，"实现这一目标的方法是什么？"没有人会去追求他知道不会达到他预期的目标。灵性领域的问题是由于目标不明确，导致任何非常规的方法都被当作方法。只有当目标明确时，方法的选择才变得明确。如果我想看到一种颜色，睁开眼睛就是方法。如果我想听到一个声音，我所要做的就是使用耳朵，把心智置于耳后。方法的性质取决于目标，因此，在决定适当的方法之前，必须先确定目标，所以在《薄伽梵歌》中，克里希那首先向阿周那指出目标，而不是方法。克里希那首先描述了目标的实相，然后谈论各种方法，比如行动瑜伽等。

每个人都想要的是绝对的自由、圆满和无限。但我发现，在我们获得和享受的追求中，每个获得都必然伴随着损失。如果我获得了权力，我就失去了用来购买权力的金钱或资源。从我获得的角度来看是有收获的，但从我花费的角度来看是有损失的。这就是每次获得的本质，没有付出就没有获得。即使是获得了天堂、一切享乐领域，却损失了在世间积累的功德（puṇya）。即便当人们在天堂享受天堂快乐时，那么地球的小快乐也不可得了，人们不能同时享受天上地下的快乐。

在这个相对的世界里，每个获得都是相对的，或受限于时间和地点，因为获得的东西是通过行动或手段获得的，而这种行动或手段受限于时间和地点。没有绝对的或无限的获得，一系列有限的获得加起来不等于每个人所渴望的绝对获得，似乎没有办法通过满足一切欲望来得到绝对获得或内在自由。

那么，人们能放弃探寻吗？不，因为探寻像饥渴一样是一种自然冲动。一种教化的或后天的欲望可以通过理智的推理而放弃，而一种自然冲动不能通过深思熟虑或强迫而放弃。对获得完整或内在自由的追求不是后天的欲望，而是我与生俱来的欲望，所以我发现自己想要变得完整。在这种冲动的推动下，我努力通过各种方式达到各种目标。但是，一切努力都是有限的，所以获得也是有限的，这就造成了相应的损失。通过有限的努力，一个不完整的存在不可能变得完整。因此，对我们所知的各种手段和目标的分析，只表明形势完全无望，但在这种无望中，我们认识到，在所有行动中，我们只寻求实现那个目标。

当人们在生活中发现这种无望时，他就会变得不再执迷。如果此时没有适当的指导，人们可能会失去对生活的热情，因为他既没有继续做他一直在做的事情的目标，也没有任何其他的方向来引导他的努力。如果没有其他选择，一个人可能会拖着沉重的步伐前进，但这只会产生挫折感。

如果你意识到生活中有问题，通常的手段和目标都不能满足你的需要，那么你就是一个成熟的人。但这会导致一种沮丧的情绪，然后你会变得容易受到任何貌似灵性的奇怪事情的影响。在这个阶段，你想要做一些奇怪的事情，因为所有正常和可以接受的事情都已经尝试过了。如果有人说，"继续做你一直在做的事情，只要你改变对事情的态度。这样做，你会成长，有一天你会了悟实相，"这是你不能接受的。你想尝试一些不寻常的东西。直到目标明朗，你将会一直摸索。你认为这种圆满，所谓的开悟，是当你做一些奇怪的事情后，会发生在身上的事件。

让我们分析一下，看看是否可以通过做一些事情来获得这种完整。正如我们之前所看到的，每一次获得都伴随着损失，所以，通过做一些事情，我不能变得完整，因为完整意味着绝对的获得，没有损失。我不可能通过一个"变成的过程"而变得完整，因为任何"变成"都涉及改变，而改变意味着放弃以前的状态，到达一个新的状态。因此，在改变中也有得有失。一系列的改变涉及一系列的损失，也不能使我完整。一个不完整的存在不可能通过一个改变的过程而变得完整。通过改变，我获得了新的品质，但在这个过程中，旧的品质丢失了，我仍然是不完整的。

我们在生活中的经历是，改变不会带来完整或自由。一个孩子想要成为成年人，这样才能完整，但成年人失去了孩子的自由。任何尝试，无论是身体上的、情感上的还是智力上的，都是有限的，不会使一个人完整。例如，在身体层面，通过体育锻炼，个人可以减少身体脂肪、强壮肌肉，但是这种身体上的变化不能使人完整。同样在情感层面上，可恨之人通过改变的过程变成了可爱之人，但这并不能使他变得完整。毫无疑问，这是一个受欢迎的变化，因为他现在对其他生命是敏感的，但这本身并没有使他完整。智力成就亦如此，它只会使人更敏锐地意识到他或她无知的领域。任何人做的任何事情都受到时间、地点和种类的限制，因此是不完整的，任何达到目标的手段都只能落在时空框架内，所以，没有改变可以让一个人变得完整，"变得"完整是不可能的。

由于我喜欢完整，由于我发现自己想要并努力变得完整，所以剩下的唯一可能就是我必定已经是一个完整的存在。如果我已经完整，并且还想要完整，那就意味着我不了解自己，由于自我无知，就有了对自我的否定，从而导致困境。

事实上，我否认自己，然后寻找自己。越过每个目标的肩膀，我只在寻求我原本就是的完整。我已经得出结论，我是不完整的，所以任何自我的增加或改变只会让我不完整。什么方法可以消除这种不完整的假定，消除这种自我否认、自我无知？方法只能是自我知识，因为只有知识才能消除无知。了悟我的真实本性是消除自我无知，以及由此产生的否认或假定不完整的唯一方法。因此，获得完整、自由和圆满的主要手段是自我知识。

罐子空间先生的解脱

曾经有一个5升的罐子，罐子里面的空间——5升罐子空间先生，感觉他渺小而有限，他开始嫉妒碰巧在他旁边的50升罐子空间先生。通过做一些事情，他变成了一个50升罐子空间。然而，这种局限感仍在继续，因为他现在嫉妒100升罐子空间先生。随着时间的推移，他意识到自己真正想要的是无限。他发现，无论他变成什么有限的尺寸，他仍然是有限的，因为增加有限的量是无法达到无穷大的。他既不能摆脱自己的局限，也不能满足于自己的局限。所以他感到绝望，他很沮丧。

一天，另一个罐子空间探寻者把他介绍给一个外貌奇怪的罐子空间，他被视作最聪明的人，事实上，他是罐子

空间古鲁。他走近古鲁说："啊！我是有限的。我尝试了
所有可能的方法，获得了不同的经历，见过世面，但我仍
然是有限的。有没有办法摆脱这种局限呢？你能教我度过
这段悲伤的方法吗？"

古鲁说："通过一个改变的过程，你不可能变得无
限，你的问题是你想变得无限。你可能会变得苗条或肥
胖，但你仍然保持有限，有限不能变成无限。但每种自然
冲动都有一种缓和的手段，你的追求是自然的，因此，必
定有出路，有一条出路。没有任何改变，你应该发现自己
是无限的、完整的存在。由于你存在自然冲动，你一定已
经是完整的存在，但你对它却一无所知。"

50升罐子空间先生问："如果像你说的，我已经是无
限的了，为什么我感觉不到呢？"

古鲁回答说："那是我的问题。你是无限的空间，你
怎么会感到有限？这只能归咎于无知。一个5升的罐子空间
会说：'我是一个5升的罐子空间。'一个500升的罐子空
间会说：'我是一个500升的罐子空间。'这些表达的共同
点是'我是空间'，所不同的是数字5500或500万。'我
是空间'，却不为人所知，这种无知本身就会让你感到有
限。你的意思是说，'我是50升罐子空间'，此时你只从
罐子的角度看待自己，但从'我是空间'的角度看，你有
多大？你，空间，没有形式。上面有空间，下面有空间，

周围有空间。事实上，在你——空间里，所有的罐子，大的或小的，都有其存在的位置。你是无限的空间。"

50升的罐子空间先生现在明白了他的真正身份，他确实是一个无限的空间。他得到了解脱。

罐子空间先生经历了什么改变从而变得无限？他是如何变得无限的？他发现了自己的实相。他知道从罐子的角度来看，他是50升的空间，但是从他自己的角度来看——从空间的角度来看，他是无限的空间，对于罐子空间而言，这称为知识。教导帮助罐子空间发现他自己是无限的空间，自我知识是手段。

> 当两人之间存在真爱时，寻找者—被寻找对象，渴望—被渴望对象之间的分歧就化解了，存在一种不依赖于任何人或任何事的无缘由的快乐。

"我"的自我证明本质

每个人都想摆脱悲伤。你可以通过转移注意力来暂时消除它，我们大多数人都是这样做的。然而，要永久地摆脱悲伤，你必须认识到"我是悲伤的"并非问题所在，真正的问题是你认为自己有悲伤的能力，你说"我容易悲伤"，只要你认为自己有能力变得悲伤，你迟早会变得悲伤。在《薄伽梵歌》中克里希那开始教导阿周那，告诉他悲伤不存在的原因，世界上没有什么能成为你悲伤的理由。让我们通过分析主体（你）的本质，以及构成世界的客体，来看看这是怎么回事。

这很奇怪，但却是事实，除非你迫使，否则世界就不会向你揭示它的存在。我们稍后再看这个世界是否会给你带来悲伤，现在，你只需要明白，即使世界要揭示它的存在，你也必须将世界客观化。你对世界的认识就是世界对你而言所存在的东西。当你说太阳存在、月亮存在、星星存在、人存在等，在任何情况下，都涉及一种认知手段。说斯瓦米站在你面前，你需要一种认知手段。我可以大喊大叫，但没有眼睛和耳朵，你根本无法感知我。你必须看着我，听着或摸着我。你必须使用一种认知的手段来认知我的存在。你看到了斯瓦米，在那个程度上了解他，并不是说你对斯瓦米了如指掌，因为你必须和我生活在一起，对我这个人有一定的了解，然后你才能明白斯瓦米到底是怎样的人。

因此，一个人就是你了解他的程度。如果一朵花存在，有一种你可以闻到的香味，花瓣摸起来很柔软，这些是你能感觉到的。但是关于这朵花，还有许多事情是你不知道的。任何关于花的特别之处因你有认知才为你而存在，只有当你认识的时候你才可以说"存在"。

即使"不存在"也只有当你认识它的时候才有可能。人没有角和尾巴，因为你认识到人是没有角和尾巴的，他可能表现得好像拥有它们，但你发现它们并不存在。不存在的事物也为你所知，你是那个接纳不存在的人。零，是一个你接纳的概念。因此，任何存在或不存在的东西你必定知道，否则世界就无法自我证明。无论你是否感知到某种东西的存在与否，甚至相信或想象有某种像天堂一样的东西存在，存在或不存在都必须得到你的承认。

如果你说天堂或地狱存在，它是通过知识的方式被你认知的。你接受经典的陈述而赋予其权威，你相信这本书是经典，书中对于天堂的描述似乎很吸引人，所以你也相信它所说的。你能死里逃生并进入天堂是一种信仰，而你将会喜欢天堂是另一种信仰。

因此，世上的任何东西因为你意识到它，而为你存在。时间存在，因为你意识到它。空间存在，因为你意识到它。空间存在，因为你接纳空间。在时空里，你会发现自己通过认知方式面对各种情况：无论是直接地通过感知，还是间接地通过推理或信仰。我们开始认知事物，是因为我们有各种各样的认知手段。我们也把经典作为一种认知的手段，我们说存在天堂、地狱，等等。总而言之，世界无法向你证明它的存在，除非你把它客观化。

当你说"这是我的身体"，你怎么知道？你怎么知道你的身体是黑的还是白的，男性还是女性，年轻还是年老，健康还是不健康？你的身体具有某种性质，因为你看到它是这样的。在睡眠中，你的身体不在那里，因为你没有感知到它，这就是为何你早上在地板上醒来，即使晚上你睡在床上，当你从床上摔下来的时候，你未意识到身体的存在。因此，甚至身体的存在，它的性质和品质，你也可以通过知识的方式认知。身体不是自我揭示的，你必须感知它。

你看到你的身体是一种感官感知，还有另一种感知叫作目击感知，你的眼睛看见与否，你的耳朵听见与否等，这些都是一种直接感知，它不是感官感知，而是你作为目击者所感知到的。同样地，在一个特定的心智状态中，也存在目击感知，因为你能说出你的想法，你不是通过感官，而是通过你—— 目击者，来感知内心发生的事情。感官将感官之外的感官世界客观化，而你作为目击者客观化感官本身和心智的状态。因此，心智的不安被你客观化了。它存在，因为你意识到了。爱存在，同情存在，知识存在，甚至无知存在，因为你意识到它们，记忆存在是因为你意识到了它。因此，一切始于无知的事物，包括知识、记忆、心智状态、感官及其本性、身体及其状态和物质世界，都为你而存在的，因为它们是通过认知手段被你认知的。

现在如果我问你："你是否存在那里？"你必定说"我存在"。你怎么知道你存在？你运用什么认知手段来得出"我"的存在？知觉？你是通过眼睛看到了"我"，还是通过声音听到了"我"？你闻过、尝过、摸过"我"吗？不。感官是"我"手中的工具，"我"通过感官客观化事物，但"我"自己并没有被感官客观化。"我"之所以存在，不是因为感官或目击的感知，而是因为目击者就是"我"，目击者不能目击自己。"我"见证心智里所发生的事，"我"自己却不被任何事物见证，来认知这个"我"，任何感知都不能有效地得出"我"的存在。

那么你能推断出"我"的存在吗？要推断你的存在，你必须有一些数据，即使是抽象的数学推理，其基本数据也只有在简单的感知中才能得到。你需要什么数据来推断"我"的存在？有人说："我结婚了，所以'我'存在。如果'我'不存在，一个聪明的女人怎么能嫁给我呢？既然她只会嫁给一个活着的、存在的男人，所以我必定存在。"我提出这个愚蠢的论点，是因为你提出的任何论点都一样愚蠢。推理是我使用的一种认知手段，分析思维掌握在我手中，我是通过演绎或归纳来认知事物的人，因此，我必定在做出任何推断之前就意识到我的存在。"我思故我在"，笛卡尔就是这样开始他的哲学的。但这不是一个很好的推论，因为如果这是真的，那么当思想离开时，你也必须离开。然而，思想不在，你还在，思想的本质就是不断前进，它从来不会卡住，它暂时获得，又离开了，让位给另一个思想。如果我是因为一个思想而存在，那么当这个思想消失时，谁会在那儿去想下一个思想呢？

你怎么知道"我"存在？有人说："我在经文上读到的。"这意味着在你读经文之前，你并不知道你存在那里。事实上，经文并没有说你存在，关于"我"，它有更多的东西要说。因为你存在，所以你去读经文，看看它是怎么说"我"的。你对自己感到困惑、悲伤，或害怕死亡，因此寻求确认"我"将在死里逃生，但你的存在是你已经知道的。

事实上，你不需要证明"我"的存在，因为"我"是自我证明的，而一切对自我来说都是证据。这是一个非常重要的事实，许多所谓的吠檀多讲座达不到目的，因为某些重要事实未被认知，只有当这些事实被指出时，这种教学才会变得有用。你不能证明"我"的存在，如果"我"需要一种证明，一种认知手段，那么就必须有第二个"我"承认第一个"我"的存在，要认识第二个"我"，需要第三个"我"，然后是第四个和第五个"我"，一直到无穷。因此，试图证明"我"的存在，就会导致无限回溯谬误，这是一种逻辑上的荒谬。为什么不让"我"回溯到无穷？毕竟还有很多其他的回溯。树来自种子，种子来自树，树来自种子，等等。然而，如果"我"也趋于无穷，就永远不会有结论性的知识发生。如果"我"必须由"我"的无限回溯来证明，那么你将永远不会看到我出现在你面前，因为那个感知永远不会被你（主体）而客观化，因为没有最终的主体存在。这只能说明"我"的存在是一个自我证明的事实。

任何对自我来说存在的事物都是被自我证明的，因为你看到它、认识它、推断它、推测它，或者相信它是这样的。另一方面，你的存在不需要另一个"我"来证明，因此，你是自我证明的，是自我存在的，没有什么等同于你，你就像自己的孤本。这不仅仅是独特性，独特性仍然接受某些遗传因素，但这里没有这样的因素。你是唯一像你自己的人，因为其他的一切对你来说都是证据，而你是自我证明和自我存在的。当世界因为你所拥有的知识手段而发光时，你却自我发光，不需要任何其他手段。因此，在世界和你之间，没有什么共同之处可以拿来比较。

然而，悲伤源于你与这个世界进行的比较。这种思维方式下，悲伤是你所具有情结的结果，这些情结不是身体的，身体没有情结，你可能对你的鼻子有一种情结，这是另一回事。心智也没有任何情结，它只是一种工具；思想没有情结，我对某些想法有一种情结。我拿自己和一些标准作比较，拿自己和别人作比较，从而产生一种优越或自卑情结。比较总是在相像物之间进行的，从不在不相像物之间进行。你不会坐在石头旁边而嫉妒它，拿起一块石头说："石头啊，你不为太阳或雪而烦恼，不管有人坐在还是站在你身上，你是如此的宁静，而我是如此的焦躁不安，因此，我嫉妒你。"

拿自我与世界进行比较，你会有什么情结？"我"就是"我"，其他一切都不像"我"，因为其他一切都不是自我存在的，其他一切对自我来说都是证据，你是唯一自我证明和自我存在的，哪里还存在比较？你可以拿什么东西来比较，然后给这个"我"加上情结呢？没有任何东西。这既不是心理鼓励，也不是哲学思考。我说的是一个自我证明的"我"，没有这个"我"，你永远不会看到我在你面前。你将某个对象客观化，然后该对象将使你产生情结，事实上，这是不可能的。只有当这个世界像你一样存在的时候，这个世界才可能是悲伤之源，并把一种情结加诸你身上。但它不像你，因为你是自我存在的，而世界不是。在这两种不同事物之间，无法比较从而产生导致悲伤的情结。除非你对自己感到困惑，否则这个世界不会让你感到悲伤。你必须认识到你自己是自我证

明的存在，一个独立于世界而存在的存在，而世界的存在
实际上取决于你。

1993年于美国宾夕法尼亚州塞勒斯堡

不二论吠檀多的教导传统

我称自己为吠檀多传统老师。吠檀多老师就够了，
为什么还要加上形容词"传统"呢？我觉得有必要使用
这个词，理由如下。不二论被许多现代学者以及一些印
度教斯瓦米作为思想流派，承诺个体灵魂与神合一的体
验。对于这种承诺的体验，有人认为需要进行特定修
行，而这些修行又因人而异。在这几页里，我试图分析
其中一些论点，更多是帮助你们看到什么是传统吠檀多，
并非批评任何人。

吠檀多的主题

《蒙查羯奥义书》（Muṇḍakopaniṣad）说："不被创
造的不由行动创造"（nāsti akṛtaḥ kṛtena），"akṛtaḥ"
即"不被创造"，一个不被创造而存在的对象。同一个对
象出现在《奥义书》中，作为实相或真理（satyam）的本

质。在《唱诵奥义书》中我们看到："在创世之前，这个世界只以'存在'（sat）的形式存在。"由于"存在"在这个世界创造之前既已存在，它包括时间，又超出时间范畴，因此永恒、不朽。由于既已存在，存在并非由实施行动而产生。自我、阿特曼等同于该实相，因此，你是实相。若如此的话，除了由于无知，还有什么能让你错失该实相呢？因此，《蒙查羯奥义书》建议探寻者为了认知他／她自己，要师从精通经典的老师。

真理作为自我知识是最理想的目标，因此也是终极目标。在《唱诵奥义书》中，相同的知识被表现为从当下悲伤和轮回中永远解脱。《奥义书》非常清楚地指出了尘世和天堂经历的局限性，自我知识是解决悲伤问题的方法，它们所展现的主题自然成为人类最渴望的目标。

吠檀多是思想流派吗？

思想流派总是个人或人们的论点，不论是什么，作为论点就会受到争议。争议者的认知手段，比如感知和推理，必须找到切入争议对象的途径。争议者的自我，是吠檀多的主体，不能作为争议者的认知手段，如果它是，那么使用该认知手段的主体又是谁呢？假设我是主体，我怎么能成为争论的对象呢？所以，吠檀多永远不是思想流派。

任何关于自我的想法都是推测，《奥义书》本身就表明，"你认知那即梵，阿特曼不被心智客观化，心智因为它而认知一切"。毗耶婆根据他那个时代流行的各种思想流派，分析吠檀多的主题，提出吠檀多作为认知梵（brahmātmā）的一种认知手段（pramāṇam）。因此，将吠檀多与数论派（sāṅkhya）、胜论派（vaiśeṣika）一起，视作一个思想流派是不合理的。市面上有题为《六个哲学流派》的书在发行，吠檀多被包括为其中之一，这个包含是不合理的，因为吠檀多不像一种思想流派，它不属于推测的范围。

整个《吠陀经》的主题是一个，对于它，各种认知手段比如认知和推理都无法触及。没有办法证明或驳斥好运（puṇya）、厄运（pāpa）的存在。所以，也不存在关于天堂、重生、仪轨和它与目标的联系等的认识论。因此，《吠陀经》必须视作独立的认知手段（svataḥ-pramāṇam）。《奥义书》构成《吠陀经》的最后部分，也有一个主题，是无法为人类感官认知和推理的。因此，把吠檀多标榜为思想流派，只表明对主题本质缺乏了解，人们要么完全无视吠檀多，要么把它作为一种认知手段。

罗摩努阇（Rāmānuja）、摩陀婆（Mādhva）、瓦拉布（Vallabha）和其他人对吠檀多的诠释，并不被视为不同思想流派，而被视作吠檀多的不同诠释。有人可能会合理地

问，"这些诠释到底多有效？"这个问题的答案将会导致
对各种《奥义书》句子的分析，在这个分析中，我们应当
采用推理（yukti）、语法（vyākaraṇa）和其他因素，构成
诠释学，通过探究，吠檀多的视野将会变得清晰。

如果吠檀多是一种认知手段，那么如此看待它，就
是我们所谓的信仰（śyaddhā）。要验证一种认知手段，
不需要另一种认知手段。如果吠檀多所说的与另一个认知
手段相矛盾，那么整个吠檀多的主题必须被视为无效，或
它必须被再审视。同样，我关于世上各种事物的认知或推
理，不会与吠檀多所展开的视野有任何矛盾。认知手段的
有效性在于其本身，要认识到我的眼睛能看见，我必须使
用我的眼睛去看；要认识吠檀多是一种认知手段，我必须
冷静地、满怀信心地把自己袒露给吠檀多，并发现其所展
现的是否属实。

吠檀多的视野

不二论吠檀多（Advaita Vedānta）的视野是指个体自我
与神等同，这种一元论视野是无法认知或推理的，吠檀多
所展开的一元论也不与认知和推理相矛盾。因此，一元论
纯粹是对该等同的理解。吠檀多并不承诺对灵魂的救赎，
在它的视野中，灵魂已经摆脱了任何限制，这种从限制中
的解脱是事实，把个人从其局限感中解脱出来，是领悟该

等同的结果。因此，整个吠檀多可以用一个句子来表达，"汝即那"，《奥义书》中所有其他经文只是证明该等同，这个证明包含很多方法（prakriyās），被《奥义书》采用，通过这些方法，传统的教师传达出"揭示自我"这句话的视野。

吠檀多不是证明自我存在的认知手段，世上唯有自我是自我存在、自我证明的。整个世界，包括我的身体、心智和感官，变成对于我——知者的证据。自我是自我展现的，因此是自我证明的，而其他一切都变成自我的证据。任何证据都是基于认知的，任何认知都包含着其本质——意识。在所有形式的证据中不变的因素就是这种意识。因此，意识不受任何证据的支配，因此意识的存在不需要任何证据，所以吠檀多是揭示自我与神一元性的一种认知手段。

为了展现自我与神的同一性，吠檀多采用某些方法。如果一个哲学体系基于这些方法，吠檀多揭示实相（梵）之真理的整个目的就落空了。

因果方法论（Kāraṇa-kārya-prakriyā）

· 主要方法之一：万物的实相——梵表现为因（kāraṇa）；经文中表现的世界存在于五个基本微妙和粗糙的元素形式，是果（kārya）。

yato vā imāni bhūtāni jāyante yena jātāni jīvanti

yat prayantyabhisaṁviśanti tad vijijñāsasva tad brahmeti

一切元素均源于那，一切元素均由那维持，一切元素均回归那，了悟那即梵。

——《泰迪黎耶奥义书》（3.1.1）

世界，作为果，既非真的存在，亦非不存在，而是表面上的。个人的身心和感官都在世界中，因此是表面上的。但是个体自我不是被创造的，其本质是无限的意识，那即一切的实相（satyam、jñānaṁ、anantam）。

《唱诵奥义书》开篇声明："通过了悟一件事，也就了悟了一切。"通过证明果与因是分不开的，从而使这个声明成立。陶罐只不过是黏土而已，虽然陶罐形式很多，但黏土只是一个。如果元素世界（jagat）是由梵创造出来的，那么世界（果）就与梵（因）分不开。承认我即无限梵的事实，是寻求吠檀多教导的结果，那即终极目标，称为解脱。《奥义书》说：认知自我即一切者，没有生死，因为他是不受制于任何改变的实相。无论是在创世之时，还是在当下，实相，自我都不会有任何内在的变化，即使世上事物不断发生变化。

"三种经历状态"方法论（avasthā-traya-prakriyā）

　　另一个重要的方法是分析三种经历状态：清醒、做梦、深睡眠。在该分析中，经文运用推理来达到自我的真实本质。在梦中或深睡眠状态中，清醒者和清醒的世界是不存在的；在深睡眠和清醒状态中，做梦者和梦境世界也是不存在的；在深睡眠状态中，做梦者和清醒者的状态是不存在的。如果主体的状态是真实的，人们在任何时候都不会放弃这种状态；只要客体存在，客体的本质就应该存在于该客体中；如果它不存在，那么它就是偶然的。

　　关于这点引用的著名例子是：在有颜色的物体映衬下，透明的水晶呈现出颜色。如果颜色是水晶固有的，那么只要水晶存在，颜色就会存在；但当彩色物体被拿走后，之前在水晶中看到的颜色就消失了。因此，水晶所呈现的颜色是偶然的。在睡眠经历和清醒状态中，在两个连续思想之间，没有主客体关系，自我就没有主体地位，世界也没有客体地位，因此，主客体状态必然是偶然的。通过分析这些经历，经文将自我呈现为一个不受所有属性影响的个体。它们是纯粹偶然的而不是固有的。如果自我是无属性的，它是否不存在？这是不可能的，因为"不存在"的概念本身就是一种认识，隐含着一个主体。自我的本质是认知、见证、意识，等等。所有这些词都指主体的内容，即知者，我们可以称之为意识。

意识在所有经历状态中都是不变的，而意识本身是不受任何属性影响的。因此，当经文使用"无属性的自我"这个词时，它的意思是自我的本质是纯粹意识。所有其他属性，比如行动者身份、享受者身份等，是纯属偶然的。

该方法在《唵声奥义书》中提出，以呈现自我即梵的事实，世界是梵的偶然属性，因此，其存在是表面的。

五鞘方法论（Pañca-kośa-prakriyā）

另一个众所周知的方法是鞘（kośas）或壳的分析。在著名的绳蛇比喻中，鞘对自我的掩盖，不像剑鞘罩住剑，而像绳子被误当作蛇一样，看见却不认识的东西，纯属被无知所掩盖。由于自我无知，自我被视作五鞘中的一个或多个。这五个关于自我普遍错误的观念是：粗糙身（anna-maya）、呼吸身（prāṇa-maya）、精神身（mano-maya）、智能身（vijñāna-maya）、喜乐身（ānanda-maya）。这些实体的属性貌似属于自我，"我是凡人""我很高"与粗糙身有关；"我饿了""我病了"与呼吸身有关；"我生气""我难过"与精神身有关；"我做决定""我是行动者"与智能身有关。我也是事物的享受者。自我作为一切事物的实相，它存在于一切事物之中，但它自身又超然于一切事物。它不是隐藏的东西，现代吠檀多诠释自我被掩盖了，有些老师谈到了某种超越这些掩盖的超越性体验，这是将方法作为体系的典型例子。

方法的目的

如上简述，《奥义书》采用的方法，旨在揭示自我作为无属性、无限梵的实相。由于梵不经历任何变化，因果方法论除了揭示自我是无限的，世界与自我是分不开的这一事实外，并没有起到任何作用。吠檀多的视野不是呈现梵和世界之间的因果关系，因为它揭示世界与梵是分不开的。对三种经历状态的分析，并不是为了呈现第四种经历状态，而是为了指出在三种状态中不变的意识就是梵，它是整个经验世界的实相。五鞘法并没有呈现出一个隐藏的自我，只是指出了在五层经验中所犯的一个普遍错误。

古鲁的角色

古鲁是获得自我知识的一个重要因素，因为教导方法的恰当运用是揭示真理所必须的。一些老师所教授的吠檀多是理论和实操，比如冥想，以图得到自我的体验。但是理论和实操都不能带来自我的体验。自我是一切体验的内容，在本质上是意识。如果自我成为体验的对象，谁会成为体验对象的主体？一定会有另一个自我。

未能领悟这一主题，以及经文所采用的方法的性质，已在教师和学生的头脑中引起了诸多混淆，让我们来分析其中一些混淆。

阿特曼喜乐混淆

至上梵（Brahmātmā）在经文中被表达为阿南达（喜乐），该经验性词汇似乎是导致许多混淆的原因。《泰迪黎耶奥义书》将梵表达为真理、知识、无限（satyam、jñānaṁ、anantam），这三个词等同于"sat、cit、ānanda"。"ānanda"是指无限；"satyam"通常指存在于时空中事物的属性，与"anantam"意思相反；"anantam"意味着不受时间、空间和对象三方面的限制。梵，作为万物的根源，是万物的实相，它也是"jñānaṁ"，即"知者""认知"或"认知对象"的意思。但是，在"anantam"这个词定义下，"jñānaṁ"的有限意思被消除，存在于所有三者中的不变意识变成其意思。认知、被认知对象、知者的不变内容指意识——即"satyam"。真理、知识、无限、意识（即自我）被断定为梵，即世界的根源。

如果阿南达是体验性的话，可以译作喜乐；但是当它用作揭示自我本质时，绝对不会翻译成"喜乐"。一个特定的喜乐体验不会宣布"我是阿特曼喜乐"，以便它可被视作不同于任何其他喜乐体验，即使像他们承诺的那样，存在一种喜乐体验，这种体验也只有在人们解释它时才有意义，再怎么解释也只取决于个人的认知，认知需要一种认知手段。因此，我们必须求助于经文，如果这是理论，探索者最初的混淆就会更加复杂。

那么使用体验性词汇"喜乐"有何必要？这个词有两个用途：

1. 它表明自我知识是可取的，因为自我的本质是阿南达。

2. 阿南达的所有形式之源不过是无限的自我。

如果阿南达被译成"喜乐"，而不是无限或圆满，那么就导致探寻者相信存在一种迄今为止尚未体验过的特定喜乐。事实上，经文上说，任何形式的喜乐，无论是源于感官体验，还是源于某种发现，甚至是通过瑜伽训练获得的，都不过是自我的本质。因此，阿南达这个词旨在将探寻者的注意力转到他自身———一切喜乐之源。这意味着探寻者是无限的圆满，在有益的心智状态下被体验为喜乐。他对意识是时间、空间和任何事物的基础的认识，消除了把自我视作不快乐、无知和凡人的错误。所以sat、cit、ānanda对于帮助探寻者认识到自我不受世俗影响非常重要。

认知和觉悟的混淆

现代吠檀多中另一个混淆的词是用"觉悟"代替"认知"。"自我认知"和"自我觉悟"的区别是什么？根据现代吠檀多，"自我认知"是智力性的，而"自我觉悟"是经验性的。正因为这个区别，对经文的学习是自我认识的手段，而其他则成为自我觉悟的手段。当经文是认知始终存在的自我的认知手段时，怎么可能存在必须通过某种独特方法转化为直接觉悟的，自我的间接认知呢？

区分认知与觉悟的错误，是由于没有认识到自我是在所有情况下均不变的存在，亦未理解经文是认识自我本质的认知手段，所以我们经常听人们说，他们从经文中获得的只是智力认知。一切形式的认知只发生在智力中，认知可以有两种类型：一个是直接的，另一个是间接的。当自我始终存在时，它的认知只能是直接的。直到我们认知，我们可以有信念或相信自我即梵的可能性，这种信念并非智力认知。

多路径混淆

另一个流行的现代观念即：自我认知，即解脱可以通过四种不同的瑜伽——智慧瑜伽（jñāna-yoga）、行动瑜伽（karma-yoga）、虔信瑜伽（bhakti-yoga）、哈达瑜伽

（haṭha-yoga）获得。我们被告知，这四种瑜伽针对四种不同类型的人。智慧瑜伽适合于知识分子，行动瑜伽适合于性格外向者，虔信瑜伽适合于情感者，哈达瑜伽适合于上述三者以外者。当我们探究自我认知的本质时，这种观点的荒谬就变得显而易见了。现代吠檀多论者知道人类的目标是解脱，但他们认为这可以通过行动获得，他们没有看到，没有适当的认知手段，认知就不会产生。

经文揭示了致力于解脱的两种生活方式，一是弃绝的生活（sannyāsa），致力于追求自我知识，排除任何其他目标，这是智慧瑜伽。另一种致力于追求知识连同行动。弃绝者不承担社会义务，要求人们承担义务的吠陀免除了这些弃绝者的义务，以便让他们探寻知识。行动瑜伽士也探寻知识，但他在探寻知识的同时也履行其义不容辞的职责。这两者都是虔信的（bhakti），如果有第三者称为虔信瑜伽士，他是否有义务职责？如果他有，那么他就是行动瑜伽士。他每天的崇拜涉及仪式、念经、冥想等形式，这不是别的，就是行动。在《薄伽梵歌》中，克里希那说："只有两种致力于解脱的生活方式。"一种生活方式是弃绝，另一种生活方式是行动，两者都涉及追求知识，哈达瑜伽作为一门学科也可能被两者所追求。

人们可能会争辩在《薄伽梵歌》中，有名为虔信瑜伽的单独一章，那怎么可能只有两种瑜伽呢？《薄伽梵歌》

每章给基于其中的主要话题定一个题目，每章都被称为"瑜伽"，用一个形容词来区分每一章。这又是关于瑜伽的错误理解，我们有18个瑜伽，从"阿周那悲伤的瑜伽"开始。这是由于对梵文"瑜伽"一词缺乏了解，它有不同的含义，"瑜伽"在这里的意思是主题。人们查梵文同义词典会发现"saṅgati"这个词，是连接或主题的意思，是瑜伽的同义词。第一章的主题是阿周那的悲伤，第二章的主题是知识，第三章主要论述行动，等等。

第十二章的主题是虔信，这里并不指虔信瑜伽，即使在这章中有一处提到虔信瑜伽。根据上下文的意思，它指的是行动瑜伽、智慧瑜伽。克里希那声明，只有两种致力解脱的生活方式，与《薄伽梵歌》其他地方是不矛盾的。这就是为什么商羯罗在《薄伽梵歌注释》（Gītāmentions）中介绍两种生活方式为行动和弃绝。无论个人是过弃绝的生活，还是过行动的生活，他都必须拥有内在成熟，以获得清晰的知识，不留下任何念想。因此，行动生活成为获得成熟的必要条件，不成熟的弃绝并非《薄伽梵歌》建议的。对于无知和错误的问题，唯一的解决办法就是知识，在此没有选择，认为有许多路径到达解脱的目标是错误的的想法。将四种瑜伽整合为解脱的一种手段也是没有意义的，因为哪里存在四条道路让人整合？

当经文说知识本身即是解脱时，这并不等于狂热。如果我说眼睛能看到颜色，我不是狂热分子。只有当我传播一种可能出错的信仰，把它作为唯一真理，或者当我在有许多同样有效的选项时，却坚持一个是正确的，才会有狂热。

"无念心智"的混淆

另一个混淆是：自我觉悟是对心智中所有念头的否认，该混淆源于"自我是不分开（nirvikalpa）"的表述中对"nirvikalpa"错误的理解。在深度睡眠状态下，以及在清醒状态下两个念头之间，不存在念头，没有人称之为"自我认知状态"。如果开悟存在于无念状态下，它将在念头产生不久后就会消失。因此，开悟者为了保持开悟，就必须永远无念。如果思想者不能了悟，那么无念者好不到哪里去。

正如我们之前所说，经文把自我表达为不分开的。虽然知者、被认知对象和认知与自我分不开，而自我却独立于它们所有之外。在《唵声奥义书》中，做梦者被引用来证明在做梦者、做梦、被梦对象之间不存在真正的分开，即使在梦境中分开貌似真的。梦境例子旨在让我们看到，清醒者的二元性体验并无不同，虽然两者在各方面的（viśeṣas）区别是公认的，根本的无区别也有详细描述。

在《大林间奥义书》（Bṛhad ā raṇyakopaniṣad）中，不变的自我在做梦和清醒状态中显现为意识之光（jyotisvarūpa）。该自我的本质不是做梦者、做梦或梦境；它不是清醒者、清醒经历、清醒者经历的对象；而知者、被认知对象和认知的区别是与自我分不开的，因此是表面的。很明显，自我是分不开的，尽管貌似可以分开。《由谁奥义书》说，"在所有形式的认知中，自我被区分为不变的。"因此，"自我是分不开"的认知，尽量存在分开的经历，这与无念的状态是完全不同的。

在阿斯汤加瑜伽（aṣṭāṅga-yoga）中，旨在实现"不分开—三摩地"（nirvikalpa-samādhi）——一种不存在主客体关系的状态。即使它是一种理想的成就，该状态本身是惰性的，因为它没有能力摧毁无知。在三摩地状态，和存在念头时，所谓不变的是自我的本质，即分不开的。"当无念时，即有开悟"的观念暗示着自我与念头的二元性，当念头存在时，自我就不存在；当自我存在时，念头就不存在。所以两者变得同样真实，因为一个存在于另一个的缺乏之中。但事实并非如此。

不论一个存在与否，另一个都存在，两者都享有相同的现实秩序，比如桌子和椅子。如果另一个不存在时，一个才存在的话，它们也属于同样的现实秩序，比如疾病和健康。两者都是同样真实的。这否定自我吗？是否思考者无自我？是否念头存在就无自我？事实上，念头即自我，但自我不仅仅是念头，这即《奥义书》努力展开的罐子和黏土的例子。自我是实相，存在于所有境况中，而境况是表面的，它们依赖于自我而存在。无实相就无所谓幻相，幻相的本身定义就是"与其根源不分开"。如果思想者、念头和思考的对象都依赖于自我，即存在（satyam）和意识（cit），你就不需要消除它们任何一个来认知自我。认识到这三者都是自我，而自我不是这三者中任何一个。为了看到水，你不需要消除波浪。

VĀSANĀ–KṢAYA混淆

有一个流行的概念即：由于先前行为（vāsanās）在心智中留下了微妙印象，自我即已变成了个人。印象常常被等同于行动的结果（karma-phala），比如善行和恶行，被认为是由无起始的个人所积累的。通过四种瑜伽中的任何一个，使印象枯竭，从而达到自我觉悟。自我觉悟者没有更多的印象来延续其生命，即使在活着的时候，也可以继续作为一个活着的解脱者（jīvan-mukta）而存在。

如果印象导致自我变成个人，印象就变成与自我平行的实相，那么自我就不再是非二元的，任何人认为它是非二元都会犯错。如果印象不是一个独立的实相，那么它们就是表面的，它们的存在依赖于自我。如果领悟到这点，耗竭印象就没有必要。任何人在特定的一生中，不可能穷尽在从无数个前世中收集到的印象。事实上，它们只能在无数来生中耗竭！所以，活着的时候获得自由的可能性是零。不依附的自我不可能从集体印象中吸引任何东西，如果存在一个核心个体，那么他就有印象要耗竭。

经文确实提到印象的耗竭，但只相对于心智准备而言。对事物的迷恋使人们认为它们可以提供安全感和幸福，但实际上，这只是一个叠加，你会看到那里没有什么。通过探究，个人必须消除这些，才有资格获得自我知识。同样，"我是身体"等观念也必须加以探究和消除。渴望学习吠檀多以外的经文，会在追求中摧毁个人。这个问题也必须通过对吠檀多的探究来解决。这里要强调的事实是，自我从来没有变成个人。由于无知，个人仅仅是自我的叠加。因此，我们的追求是为了认知自我的本质，从轮回中解脱出来。

行动瑜伽的混淆

关于行动瑜伽的一个定义是：付诸行动而不期望结果。另一种说法是：无私服务是行动瑜伽。再一种说法是：行动技巧是行动瑜伽。事实上，行动瑜伽是最令人混淆的话题之一。

没有人可以付诸行动而不期望结果，掌握行动技巧的人也不能视作瑜伽士，有许多罪犯也很有技巧。"为一项事业服务就是行动瑜伽"的概念也不完全正确，因为事业可能不过是私人团体的私我，它与小我一样虚假。当个人的好恶服从正法而履行职责，那么他就不会被好恶牵着走。以牺牲正法为代价来满足自己的好恶，这就是所谓的对行动成果的执念。只要其行为符合法律和秩序，不论其好恶，他就是行动瑜伽士。

这在《薄伽梵歌》中得到了很好的阐述。即使个人付诸行动出于满足其好恶，只要不违反规则，对结果秉持接纳态度的话，个人依然是行动瑜伽士。如果这种态度是真诚的，并贯穿个人一生，相对于任何以及所有成就，无论是失败还是成功，个人也是行动瑜伽士。行动瑜伽的生活，是一种关于行动及其结果的态度，将个人从好恶的控制中解脱出来。这样个人就为自我知识做好准备，并在其中获得稳定。

价值布道

甚至价值观也没有得到被正确理解。没有人不知道价值观，根据常识，每个人都知道什么是普遍的对与错，问题在于个人对价值观的理解。如果个人明白了任何价值观的价值，他就不会为了任何事情而妥协，因为他知道损失有多大。事实上，对于这样的人来说，妥协是一笔糟糕的交易。因此，老师不需要宣扬价值观，而是应该帮助学生发现价值观的价值。这里又涉及一个展开的过程。

当我为了认知自我而师从老师时，我被告知自我是永恒的，这是一个典型的沟通问题。老师只能用他和学生都熟悉的词汇来交流。"永恒"这个词听起来像一个老师和学生都知道的词，因此学生认为他认知了自我，却没有对永恒的体验！事实上，学生并未认知，学生所认知的一切都是非永恒的，永恒不同于他所认知的一切，整个教导就是让学生明白什么是永恒。永恒这个词只意味着自我不是非永恒的，它是永恒的。这必须通过否定的过程来展开，个人意识到时间，通过质疑，就退化为意识，在时间的概念中得到了解决。该意识是时间的本质，就时间而言，叫作永恒。同样的，每一个关于自我的词汇都要由老师来展开，而不会在学生的心智中留下任何概念建构，甚至意识的意思也必须被揭示。当个人听到"苹果"这个词时，他就意识到"苹果"这个词的意思。当一个人听到"意识"这个词时，"意识"这个词的意思并没有成为意识的对象，它是自我。教师在展开这些词汇时必须意识到这一切，一个合格的教师能够轻松地处理这些词汇，因为他具有清晰的吠檀多视野。

吠檀多是认知的一种独立方法，该方法必须被仅仅作为方法对待。自我认知不是经验的另一种状态，而是对错误的修正，认识到不变自我是一切经验的实相和基础。

1990年于美国宾夕法尼亚州塞勒斯堡

古鲁的视野

有两种知识需要获得：在这个宇宙中，有两种知识由被赋予充分发展的心智能力的个人所获得。

主体知识（parā vidyā）是最至上的，因此获得这一知识也就获得了所有其他知识，它是在心智中获得的知识，而不是由心智获得的知识。它赐予梵知。梵知不是世上客体之一，它是独一无二的。

"aparā vidyā"是指世间的客体知识，因此它是无穷无尽的，它是由心智获得的知识。当一个客体处于感知状态下时，心智就有能力通过调整自身，使其变成适合于该客体的模式来照亮该客体。

在主体知识中，感知的对象只是自我，心智能照亮自我来获得关于自我的知识吗？不，在这里被认识的对象不同于世上任何其他对象，这是自我，每个知识的内容。正如在《由谁奥义书》所述，自我是 "耳之耳"（śrotrasya śrotram），自我是主体而非客体。

我们的心智介于身体和自我两者之间，获得自我知识的问题既不属于身体，也不属于自我。身体是惰性的，不能获得任何知识。自我是意识，是知识原则本身，根本不存在它获得知识的问题。正是由于无知，心智才感到束缚而寻求知识。

是同一个心智认知到主体和客体知识吗？因为这两类知识是如此完全不同。在这里，我们应该注意到，把世上客体知识称为知识是可以的，但是既然自我不是一个可以被认知的客体，那么自我知识又如何被称为知识呢？它怎么会被照亮，以便获得它的知识？那么，什么是自我知识呢？所有的问题始于此也终于此，我们需要专注和认真倾听古鲁传授的吠檀多教导。

在《大林间奥义书》中阐明："自我应该被看见。"被看见的是自我，见者也是自我。所以自我知识是一种特殊知识，不同于世上任何其他知识。自我是知识，它是光，不需要其他光源来照亮自我。它必须客观化，但要做到这一点，不需要其他自我。自我就像多孔罐子里的光，光束被比喻为通过感觉器官的认知，自我是作为单独的主体而被认知的。

同样，在《大林间奥义书》中还说道，"自我只能由自我心智看到"。心智是主客体两种知识的工具，自我是心智之光，它应该被心智看到。这确实很奇怪，这意味着什么？

在认知某个既定对象时，心智会假定该对象的形式；所以，如果我们要认知自我，自我就落入心智假定形式的窠臼，而自我是没有形式的。心智融入自我之光中，就像烛光融入阳光中，在强烈的阳光下，烛光摇曳。因此，在自我的光辉中，当试图通过心智认知自我时，心智之光就融入自我之光中，因为古鲁的教导已经否定了什么是"非自我"。心智捕捉那自我证明的自我，或者更确切地说，心智认知自我——既已存在，自我照亮的自我。这即自我知识。

举个例子可以清楚地说明这一点，假如在一个月夜，我在繁星之间认不出那颗北极星。有人说："从那棵树枝的分叉处看过去，右边最亮的那颗就是北极星。"然后我认出来了。同样地，自我以及与自我合一的体验就存在于清醒和熟睡的喜悦时刻，但对自我的认知并不存在。当古鲁指出它被包含在"汝即那"的视野中，那么，在自我之光中对自我的认知就产生了。因此，当自我在心智中被认识时，主客体就变成同一个自我。

在客体知识中，思维或认知的对象只是客体。除了心智和认知对象之外，为了使认知成为可能，也需要改变心智。

在主体知识中，思维或认知的对象是主体，自我。心智的特别改变是必要的，在其中，知者、被认知者、认知融合成一个意识整体。就粗略的客观化而言，它不是一种精神活动，也不依赖于任何精神上的努力。

没有心智的改变，就什么都不可能知道，倾听古鲁的经文教导创造了这一切。在这种聆听和获得自我知识的过程中，不存在无理智的臣服。这是一种开明的接受，而不是接受批评。如果心智是平静的、清醒的、活跃的，就没有怀疑和批评的余地，因为对自我的认知是随着教导而自发产生的。如果它是获得客体的知识，那么批评或验证是可能的。但在这里，验证是指一致性或识别方面。

拥有该视野的古鲁，出于慈悲，通过吠檀多的教导，将其传递给够格的学生。

> 慈悲可能只是停滞在你自己心中，它没有表达出来。但商羯罗的慈悲是动态的，总是流淌的，该慈悲造就了商羯罗。

教导的奇迹

在《薄伽梵歌》中，克里希那向阿周那传授自我知识说："认知这点：自我是坚不可摧的、永恒的、未出生的、不会衰退的。"阿周那似乎对他老师的这番话和下述话感到困惑：

indriyāṇi parānyāhurindriyāṇi paraṁ manaḥ manasastu parā buddhiryo buddheḥ paratastu saḥ

他们说感官优于（身体），心优于感官，智力优于心，而"它"——自我——优于智力。

——《薄伽梵歌》（3.42）

"由于反应的心智"使阿周那搞不懂此番话，克里希那说。"你的心智被关于你自己结论所引起的焦虑所占据，因此我建议你用行动来净化心智，而不是放弃所有行动。首先培养一个能够承认所领悟东西的心智，毋庸顾及弃绝。由于心智未做好准备，故该知识对于你而言貌似陌生和奇迹。"

关于该"奇迹"，克里希那在《薄伽梵歌》的第二章说，一些人将此知识视作伟大奇迹，因为没有人怀疑自我是超越时空的快乐。对于听闻此教导的任何人而言，它确实是一个奇迹。他不能相信他即是快乐，因为他有那么多不洁、问题和局限。即便这个人领会了，它仍然是一个奇迹，因为他一直被局限于自己是有罪、有限的想法。每个宗教都给予"你这样做就会得到这个"的承诺，如果有人现在告诉他"你什么都不必做，你就是存在、知识和俱足"，这真是一个奇迹。

克里希那告诉阿周那："不要认为我谈论的是私事；它也不是私自的、个人的真理。真理不是私人的。关于自我、世界、神的知识，不是任何人的私人财产。它就像造物一样古老，我并没有发现该知识，它源自师徒传承（guru-śiṣya-paramparā），是由老师传给学生的知识。有兴趣获得这些知识的学生师从老师、侍奉他、向他请教，然后古鲁教导他。"

tadviddhi praṇipātena paripraśnena sevayā upadekṣyanti te jñānaṁ jñāninastattvadarśinaḥ

要领会那个将被认知的，通过臣服、提出恰当问题、侍奉那个具有这个真理视野的智者，他们将教导你这个知识。

——《薄伽梵歌》（4.34）

这些知识你不能指望某一天能发现或凭直觉认知，它不像你能够认知的物体，必须有人来告诉你，你到底是谁，这是关于你自己的知识。要认知这一点，你需要一位老师。

第十个失踪者的故事

该问题的本质更像第十个失踪者的例子。一次，十个人一起去旅行，他们游过一条河流，当抵达对岸后，领队开始清点人数，只有九个人。不论他怎么数，他只数到九人。他们全体出动搜寻那第十个失踪者，但是搜寻徒劳无功，领队惊慌失措，坐在那儿哭了起来。一位智者路过，问他们为何悲伤，他们解释道：他们失去了第十个人。智者看到这群人和领队在一起，他笑了，他立刻明白了问题所在。"不要担心，第十个人活着，他确实存在。"他补充说第十个人就在那里，他能把他变出来。

领队很高兴，叫来其他人，对他们说："第十人活着，他存在这里！"之前，当领队说"第十个人不在了"，他是"不相信者"，现在他变成了"相信者"。虽然他还没有见到第十人，他从不质疑那位老人，没有理由不相信他，因为老人并没有说第十人在别处（比如天堂），那就是虚张声势了。因为如果人死了，他就不能回到这里告诉人们他到哪里去了，如此将不会解决眼前的问题。但是智者说第十人此时此刻就在这里，没有理由不相信。因此，领队对老人言听计从。

智者要求他们所有人排成一行，没人知道他如何从他们中变出第十个人来，但是他们都听从了。这就是信仰，不是近乎迷信的盲目信仰，而是近乎坚定的信仰，没有理由不相信。然后，那位老人请求领队清点人数，领队数到"1、2、3……9。"智者指着领队说："你就是第十个人。"领队立刻明白了，他是怎样意识到自己就是第十个人的？只有通过教导。智者的话揭示了领队就是第十个人这个事实。

第十个寻找者就是被寻找者，只要他还在寻找，他就找不到第十个人。他可以做任何事情，但是第十个人仍然"失踪"。不论任何行动，他都不能找到第十个人，寻找本身就是在否认第十个人，寻找者存在本身就是对被寻者的否定。如果他认为他能找到第十个人，那就完了，他永远也找不到他。他不可能怀疑自己就是第十个人，因为他已经得出结论，他必须去寻找到第十个人。因此，另一个人，老师，必须向他揭示他就是第十个人的事实。

需要一位老师

同样，你已经得出结论，你是一介凡人，一个有限的和悲伤的人，你怎么可能认为你就是被寻找的人，一个没有一切局限的人。你不能。必须有人教导你，让你明白，你的一切努力都是徒劳的。你必须认识到你到底是谁，这样，所有找寻将会结束。因此，你必须去拜师，他将教导你发现你是谁，你生命中的一切找寻止是你自己，他会运用"语言镜子"，让你立足自己，看清自己。假如有人问你何时何地发现你自己，你将笑而不答，因此知者是谦卑的，就像第十个人一样，他意识到自己曾多么愚蠢地去寻找自己。

阿周那已经在克里希那身上发现了自己的老师，他对克里希那说："我是您的弟子，请指导我。"出于其他缘故，克里希那说："通过侍奉老师，请教他该知识，愿你获得该知识。"正如我们所见，无论一个人多么聪明，他必须有一位古鲁。

谁是第一个古鲁？

虽然你从未见过你的曾祖父，但你不会质疑他的存在，你存在本身就证明了他的存在。因此，你曾祖父的存在不是一个信仰问题。同样，自我知识现在是可以获得的，这一事实表明它在过去就存在，并由老师传给了学生。这不是一个信仰的问题，而是一个看到、认识、理解的事实。

问"谁是第一位老师？"就像问"谁是第一位父亲？"每个父亲都是自己父亲的儿子，父亲的父亲也是自己父亲的儿子。那么谁是第一个父亲？你可以回溯进化过程，但是你仍然无法确定谁是第一位父亲。你只能说他像造物一样古老，或他必然和造物一起诞生，第一位父亲就是克里希那自己。第一位老师的情形亦如此，每个老师也曾是学生，所以第一位老师一定是神自己。克里希那说：

imaṁ vivasvate yogaṁ proktavān ahamavyayam
vivasvānmanave prā ha manurikṣvākave'bravīt

我向韦瓦萨万传授这个永恒的瑜伽，韦瓦萨万传授给摩奴，摩奴传授给甘蔗王。

——《薄伽梵歌》（4.1）

evaṁ paramparāprāptamimaṁ rājarṣayo viduḥ sa
kāleneha mahatā yogo naṣṭaḥ parantapa

就以这种方式世世代代传承下来，国王及智者都知道它，但是经历了长久岁月的变迁，阿周那啊，那个知识在世间失传了。

——《薄伽梵歌》（4.2）

赞美该知识

克里希那赞美该知识道："没有任何东西比得上它，因为获得它，就获得了一切。"经文说认知这知识，也就认知了一切，这怎么可能？并不意味着所有知识一并降临智者，它只意味着也就认知了一切。如果认知了一滴水，也就认知了整个海洋。同样，如果存在无限的东西，在其中存在太阳、月亮、星辰和万物，我认知我就是那个无限，那么，我也就认知了万物。通过这种知识，我获得俱足，完全摆脱了局限。没有什么比得上这种知识，因为这种知识使我完全摆脱了我是有限的、无知的观念。

任何其他知识体系打开了无知的新领域，因为你知道得越多，你越觉得你不知道；你探索和知道得越多，你越不能确定。我们所积累的一切知识不过是实用知识。迄今为止，我们在客观世界所搜集到的任何一门学科的知识，都没有最终定论，这种知识总是被修改，这意味着无知依然存在，因为需要修正的知识不是究竟的知识。而自我知识可以使你彻底摆脱无知。你是无限意识，了悟这点，你将从所有局限的概念中解脱出来了。因此，没有什么比得上自我知识。

1982年4月

《奥义书》——一种有效的知识手段

吠檀多是一门知识，其来源是《奥义书》，《奥义书》是古代经文《吠陀经》的一部分。有四部《吠陀经》，每部《吠陀经》包含许多《奥义书》，通常来说共有108部《奥义书》，每部采取老师与学生之间对话的形式。《奥义书》见于每部《吠陀经》的最后部分，因此，他们被称为吠檀多。

upaniṣad一词指梵知，或自我知识，它由词根"sad"衍生而来，前缀"upa"和"ni"。词根"sad"有三个意思：消磨、摧毁、达到或知道。"upa"表示"非常接近"，"ni"表示"确定"，这两个前缀表示对非常接近的事物的明确认知。

什么是"非常接近"？"近"总是参照某个遥远的东西来理解，太阳相对于星星来说是近的，但相对于月亮来说是远的。但是月亮比喜马拉雅山脉还要远，喜马拉雅山脉比你家还要远，家比你的身体还要远。

"我"的意思

那么，什么是最近的？不论我们相对于什么，"我"是最近的。如果身体是最近的，那么它是"我"。但相对于心智而言，身体更远，心智更近。从心智的角度而言，身体是思想的对象，而该对象比思想更远。但思想本身相对于认识它的主体而言也是一个对象，因此，思想更远，而主体更近，所以主体是最近的，用"我"这个词来表示。

主体是自我，它是阿特曼。而阿特曼也不能真正说是最近的，因为它不是某种可以客观化的东西。最近的只能意味着它从未远离、从未遥远。因此，前缀"upa"表示一个不受限于距离或被客观化的存在，那个存在就是自我，阿特曼，"我"一词的终极意思。

如果对"我"一词不存在模糊或困惑的话，那么就不需要进一步探究。但是，如果存在任何模糊或困惑的话，那么，就需要知识。不论我们是不是哲学家，我们皆有关于"我"，关于"阿特曼"的概念。要居于我们的生命，我们必须认知我们是人，我们是男人或女人，我们有一段特殊经历。即使狗也必须知道它是狗，它可能不会说"我是狗"，但是它的行为表明它也具有自我认同感。

我们对自己的看法形成了一个自我形象，那是我们与世界互动的基础。我们知道有些东西属于我们，有些人是我们家庭的成员，我们属于某个人种，等等。然而，在该自我形象中，貌似存在一些困惑。所有人都可以认识到这种困惑。

自我知识

那么，我是谁？我真的会死吗？我仅仅是构成我身体的细胞吗？我只是我的思想吗？或者我是更多的？这是一个需要探究的问题。除非我分析我是什么，否定我不是什么，否则就不会产生清楚、明确的自我知识。只有当我否认了所有关于自己的错误概念，我才能看清自己的真实面目。这个探究的过程包含了大量的分析和自我知识。这种知识被"upaniṣad"这个词的前缀表明，"ni"指确定，"upa"指那个最接近的知识。

这种知识的结果是什么？我们是务实的、注重结果的人，我们只寻求在某些方面上对我们有益的知识。清晰的自我知识消磨和摧毁一切不想要的东西、一切悲伤。消磨和摧毁是"upaniṣad"词根"sad"的前两个意思。

现在可能出现一个疑问，"即便自我知识可以摧毁悲伤，悲伤还会回来吗？"当你睡觉时，所有悲伤都消失了，但是在早上醒来后悲伤又回来了。头痛和饥饿反复出现。如果一棵树被砍掉，它可能会重新生长，从它的根部发芽。同样的，悲伤可能暂时解决了，很快又会回来。如果自我知识只是暂时消除悲伤，它就不可能是减轻人类苦难的终极答案。但是词根"sad"表示"完全摧毁"。如果一棵树被连根拔起，而不是仅仅被砍倒，它就永远长不出来。自我知识确实会摧毁悲伤及其根源，该根源即自我无明（ajñānaṁ）。

自我知识的力量

《奥义书》认为所有不可取之处是自我无明的结果，无明可以被自我知识摧毁。当自我无明被摧毁时，所有因自我无明而产生的悲伤和困难也都被摧毁了。

　　如果自我知识摧毁悲伤，自我必定是非常可取的，是悲伤的反面。因此，自我不会是有限的、匮乏的。它必定是整体、梵。词根"sad"隐含第三层意思，即"达到"或"知道"。当清晰的自我知识完全摧毁了自我无明，自我被视作与梵是相同的。

　　因此"奥义书"一词被理解为非常确定的自我认知的手段，它通过引导个人认知梵，摧毁俗世生活（saṁsāra）的苦难。因为这个知识摧毁了一切苦难，每个人都渴望得到它，即便人们并不清楚自己究竟想得到什么。每个人都想成为整体，而我们正好就是整体，这就是为何人们不缺什么就满足了。我们试图证明自己是特殊的，是基于渴望成为真正的整体。

　　自我知识，我是整体的知识被称为《奥义书》，因此upaniṣad一词指标题和经文主题两者，比如一本关于地理的书标题为"地理"一样。一些话题可能会在一本《奥义书》中被强调，而不同话题在其他《奥义书》中被强调，而主题总是一样的，即自我知识，或换句话说——《奥义书》。

　　为了区别一部经文与另一部经文，人们对《奥义书》添加形容词，例如《六问奥义书》（Praśnopaniṣad），有六个问题，故此得名。《伊沙奥义书》如此命名，因为它开始于"Īśa"这个词，意思是神。同样，《由谁奥义书》得名于经文的第一个词"kena"，意思是"通过什么"，或"通过谁"。

在108部《奥义书》中，其中10部被视作非常重要的：《伊沙奥义书》《由谁奥义书》《羯陀奥义书》《六问奥义书》《蒙查羯奥义书》《唵声奥义书》《泰迪黎耶奥义书》《爱多列雅奥义书》《唱诵奥义书》《大林间奥义书》。这10部被视作主要《奥义书》，并不因为其他是次要的，而是因为这10部有商羯罗阿查雅和其他传统老师的注疏。这些老师希望他们对这10部的注疏能够使学生准备好，以便正确学习其他《奥义书》。事实上，正确学习一部《奥义书》就足以理解全部《奥义书》说什么，因为全部《奥义书》有着共同的主题。

《奥义书》采取师生对话的形式。师生对话指自我知识是通过老师获得的，学生必须师从老师，并恳请老师赐教。在一些《奥义书》中，可发现老师和学生的姓名。例如，在《唱诵奥义书》中，斯韦塔克图（Śvetaketu）师从他的父亲乌达拉卡（Uddālaka），恳请赐教。在《由谁奥义书》中，未提及老师和学生的姓名，然而，此书从学生的提问开始，显然，这部经文是对话。

天启的知识

考虑到《奥义书》的主题，它们不是普通的。所有其他经文都是作者的心智产物，因此，每部经文的主题基于作者掌握的知识、认知和推理。一部关于亚原子粒子的书基于作者通过科学方法、基于感知和推理的方法所学到的知识。同样，历史、地理、心理学和其他学科，甚至哲学，最终都是建立在那些可以通过感知和推理了解的事物之上的，图书馆里所有教科书都包含了通过感知和推理来理解的主题。

然而，还有另一种主题，它不是基于感知和推理。该主题是基于在世界宗教经文中发现的启示。天堂和恩典的存在不能通过感知和推理来领悟，它们只能通过经文启示来领悟。《奥义书》的主题，真我，同样不能通过感知或推理来领悟。我们将看到，自我不是感知的对象，而是感知的主体。同样，自我也无法进行推理，是它做出每个推断。因此，在《奥义书》中所展开的自我知识不基于感知或推理，它必须理解为天启知识。

有很多经文被视作天启知识，而《奥义书》是不同的。其他经文可能会对未来、天堂、来生和其他无法证实的事情做出承诺。另一方面，《奥义书》揭示的东西你可以认知，可以在当下证实。它们揭示你即整体，没有什么是与你分离的。通过分析，你可以否定你所不是的，但是你不能发现你究竟是什么，因为你没有知识的手段来认知自己。有了感知和推理，你只能获得关于客体的知识，而不是关于主体自我的知识。

同样，你无法否认《奥义书》的"你即整体"启示。

一切证据和逻辑基于感知和推理，两者均不能赋予自我（阿特曼）的知识。如果你的感知似乎与《奥义书》相矛盾，那么在仔细分析后，你会发现结论是不合逻辑的，因为阿特曼在感知和推理的范畴之外。当你的结论被发现是错误的，"我即整体"这句话的真相就会变得清晰。你即整体，这是一个显而易见的事实。

吠檀多——认知的手段

《奥义书》中的吠檀多教导，是一种认知手段（pramāṇa）。就像我们运用眼睛和耳朵作为视觉和听觉的手段，我们运用吠檀多作为认知自我的手段，词汇形式的认知手段。在你用它来获得知识的时候，它所提供的知识是不能被否定的。

将吠檀多视作一个独立的认知手段是非常重要的，这样做的人据说能获得某种承诺（śraddhā）。在这个传统中，信徒不一定是信神者，信徒是接受经文作为认识手段的人。同样，不信者并非否认神，而是否认该经文的有效性。除非你接受吠檀多作为一种认知手段，否则你将无法检验它所说的，你不会把它作为一种认知手段。

在吠檀多视野中，你即整体。当《奥义书》说你即整体，你必须看到那个视野。没有其他方法可以获得这种知识，只有《奥义书》有方法让你发现那个事实。作为认知手段，它们引导你发现你自己的实相。

> 吠檀多不消除任何局限，它只使你领悟到你
> 已经摆脱了所有局限。

1987年5月于美国宾夕法尼亚州塞勒斯堡

什么是自我的本质？

以下梵语摘自《由谁奥义书》：

梵咒1

keneṣitaṁ patati preṣitaṁ manaḥ

kena prā ṇaḥ prathamaḥ praiti yuktaḥ

keneṣit ā ṁ v ā cam im ā ṁ vadanti

cakṣuḥ śrotraṁ ka u devo yunakti

出于谁的意愿，或由于谁的存在，使心智归属于客体？在谁的推动下，使最重要的生命力量运作？出于谁的意愿，使言语器官产生语言？谁是那个有意识存在，因其存在，眼睛和耳朵得以运作？

在这个老师和学生的对话中，第一个问题由学生提问"出于谁的意愿，或由于谁的存在，使心智运作？"有两种方式导致活动，一种是出于意愿的行动，另一种是仅仅通过存在来推动活动，而非采取有意的行动，就像磁铁使铁移动一样。因此，学生问："出于谁的意愿，或由于谁的存在"，试图理解心智活动的原因。

灵性追寻者不认知真我（阿特曼），他们想要知道在心智背后是否有人；如果有人的话，他是思想者还是非思想者？思想者可以故意让心智按照某种指定方式行事，但是心智背后的思想者必定有其心智，那个心智将会需要另一个人在它背后，以此类推。这样混乱将会出现，除非有一个非思想者，心智在其存在中运作。

在生命力（prāṇa）、心智和感官这三者中，生命力是最重要的，因为没有它，心智和感官均不能运作，生命力为心智和感官供给能量。"什么使生命力运作？"是学生的第二个问题。

学生进一步问："语言器官是由谁来支配的？由谁，或由于谁的存在而使语音被说出？谁是智力、有意识的存在，他的意愿或存在使眼睛和耳朵运作？"老师在第二段回答所有这些问题。

梵咒2

śrotrasya śrotraṁ manaso mano yat

vāco ha vācaṁ sa u prāṇasya prāṇaḥ

cakṣuṣaś cakṣur atimucya dhīrāḥ

pretyāsmāllokād amṛtā bhavanti

他是耳之耳，心之心，言之言，生命力之生命。因
此，智者离开这个世界时，将从无明中解脱，成为不朽。

这段经文将通过整部《由谁奥义书》展开。耳朵是
一个感觉器官，一个特殊工具，旨在收集声音。"耳之
耳"指那个人，出于他的意愿，或由于他的存在，耳朵得
以运作。一个感官，比如耳朵，不会自己运作，因为它并
非有意识的，它需要别人，一个有意识者——他即"耳之
耳"，来实际听到耳朵所采集的声音。

眼睛也是一个感觉器官，旨在看见形式和颜色。"耳
之耳"的同一个有意识者也是"眼之眼"。有意识者感知
到眼睛所收集的信息，它也维持生命力（prāṇa）。就像
生命力使身体具有活力，有意识者维持那个生命力。最后
作为"心之心"，有意识者意识到所有思想、意识，它的
存在使所有精神活动发生并被认知。

眼睛、耳朵、生命力、心智各司其职，但是若没有

意识者的话，它们无一能运作。你的眼睛能看，但是要
感知什么，你必须是有意识的；你的眼睛单独不能运
作，如果它们能的话，它们就会自行看见，然后它们就
会变成"我"，那个主体，那个意识者。同理，所有其他
器官和心智也可能是有意识者，但事实并非如此，它们都
只是工具。

　　你的感官由你的心智支持，而心智由有意识者支持。
当一个感觉产生时，或当一个思想出现在心智中，意识就
存在。它存在于你、我、甚至蚊子之内。该意识是"耳之
耳"、"眼之眼"，即学生所探索的。它是所有器官的共
同根源，器官由于它得以运作。

　　这里会产生一个误解。假如某人说，"在感官和心
智后面，存在着一种你应该意识到的意识"，你可能错误
地得出结论：意识只是世上众多事物中的一件，它与世界
有着同样的实相，就像香蕉肉和香蕉皮之间的关系，你
所扔掉的香蕉皮和果实一样真实。如果你认为扔掉的香
蕉皮不是真实的话，那就踩上去看看会发生什么情况！
因此，如果某人说意识不是身体，不是感官，也不是心
智，然后，你可能得出这样的结论：意识不过是它们之
外的另一个东西。

　　这并非经文所说的。意识并不像心智超越身体那样超
越心智。意识不是另一个东西，它存在于万物中。你所有

思想，你所见到或听到的一切，均发生在意识中。意识存在于眼睛和心智背后，但是它没有颜色、形式或思想。接纳意识为无形、无念的存在，就是承认它的超越性。

声音取决于耳朵，耳朵取决于意识，因此，声音和听觉，总的来说，整个感官对象和你的感官都依赖于意识，而意识却不依赖于它们。任何可以物化的事物都依赖于意识，这涵盖了整个造物。这整个宇宙都存在的意识，就是学生问题的答案。

那些认知实相者被称为智者（dhīra）。他们认知私我——那个他们曾自视为自己的"我"不过是另一种思想。他们认知其意志也只是另一种思想。他们先前对自己的认知都被对意识的认知所取代，这种意识存在于清醒、做梦和深睡眠的所有三种体验状态中。在该意识中，万物皆有其存在。认知该意识是自我，智者放弃了他们错误的"我"的观念，从见者、听者、思想者等错误认同中解脱出来。了悟自我（阿特曼）的本质，他们成为不朽，从时间、死亡、出生中解脱。

梵咒3

na tatra cakṣurgacchati na vāggacchati no mano

na vidmo na vijānīmo yathaitadanuśiṣyāt

眼睛、言语、甚至心智都无法触及它。我们不认知它

（不能客观化它），也不知道如何用不同的方式解释它。

眼睛无法触及的意识是自我，感觉器官不能"看见"，语言也不能接近自我，因为它不是一个客体。任何可以用语言表达的东西，都可以通过语言表达出来。但是，自我不能成为任何语言的对象，语言表达我们在知觉或概念上所了解的事物。对于我们所知道的事物，存在着指示性的语言。但是对于我们完全不知道的事物，我们却无话可说，完全未知的仍然是无名的。

自我——阿特曼是意识，借由它，语言器官运作。它是意识，在其中客体的知识随着这些客体的语言而产生。语言揭示客体，但是自我不是客体，因此它不可能是任何语言的客体。语言可以揭示四类东西：种类，比如树；特性，比如高或老；行动，比如生长或弯曲；关系，比如森林中的一棵树。自我有种类吗？如果有，就有很多自我，很多"我"。但是自我没有种类，因为它是唯一的；没有别的自我可以与之比较，与之区分。自我也没有任何特性。意识是思想的本质或内容，因此它可以没有任何特性。自我也不付诸任何行动，行动因为它的存在发生，但是它不行动。自我也没有任何关系，虽然它存在于万物中，但它保持不变、不受影响、无关联。因此，自我超越言辞、超越一切语言的范畴。

假如语言不能触及它，心智可以做到吗？有些东西无法用语言表达，但却很容易被心智领会，比如爱的情感。其他东西，比如味觉差异，可以通过感官来感知，即便它们无法用语言来描述。

心智无法触及自我，因为后者是"心之心"。意识本身不是一种思想，它是意识，由于它，思想被认知，没有意识就没有思想。每个思想都存在于意识中，每个思想都依赖于意识，但是意识不能成为任何思想的对象。心智不能客观化自我，因为它是意识的主体，因此它不能被客观化。自我不是任何思想或概念的对象，因为所有思想和概念存在于自我中。因此，经文说"我们不认识阿特曼"，因为我们不能客观化它。

我们不能真正地说自我（阿特曼）超越心智和智力，因为它是它们存在的意识。一些无知者困惑，他们怎么可以超越心智来触及自我。一些人说需要特殊的经历，另一些人就相信了。但是《奥义书》说不是这样。把自我称为"耳之耳"是揭示自我（已自我证明）的美妙方式。没有必要揭示其存在，因为没有什么是远离自我的，万物皆依赖于它，而它又超然于万物。

经文上还说："我们不知道它怎样解释才能不同。"除了"耳之耳，眼之眼"，还能怎么教导呢？没有其他方式揭示自我之实相，自我证明的意识即是自我。

梵咒4

anyadeva tadviditād atho aviditād adhi

iti śuśruma pūrveṣāṁ ye nas tad vyācacakṣire

确实，它不是已知的和未知的，我们从古代圣贤那里
听到过这样的诠释。

世间万物都可以用两个词来概括：已知的和未知的。
那个存在，即自我，是已知的还是未知的？它不是已知
的，因为它不是一个客体。它也不是未知的，因为它是自
我证明的意识。

这两个词，已知的和未知的，指出了认知手段，比如
感知和推理的运用，通过它可以获得认知。只有参照一个
既定的认知手段，才能确定某个特定对象是已知的还是未
知的。但是，由于自我是你自己的意识，它是自我揭示、
自我证明的，它的存在不依赖认知手段来确定。事实上，
任何认知手段的运用依赖于意识（那即自我）。如果自我
是认知手段的对象，那么，它可以是已知的，也可以是未
知的。但是，由于它是自我证明的，不被任何认知手段揭
示，那么，它既不是已知的，也不是未知的。

这就是老师们世代传承的教学方法，通过该传承，

《奥义书》指出为了获得这方面的知识，拜师是必要的。

> 有很多人在传授"主体"（vastu）。但
> 是，一个人之所以被记住，是因为在历史上，这
> 个人有一个重大贡献，而这个贡献恰好是对后代
> 的一种祝福。

你是独一无二的

世上有些人会说人类的问题没有解决方案，人类的问题就是自我否定的问题，总有人试图证明自己与众不同。因此，我寻求家庭、社区、人类中我自己的人民，甚至可能是神的赞同。我寻求他们所有人的赞同，这是因为我没有自我肯定。

在这种寻求解决方法的过程中，可以说没有解决方法。在这个世界上，我是一个非常渺小的、微不足道的人，甚至路边的石头都有数百万年的故事要告诉我，我活一百年不过是时间长河中的一点涟漪而已。在普遍性方面，我在这个世界上也是微不足道的，在整个宇宙范围内，我甚至连一个点都不是。

就知识而言，我对任何学科的了解都是微乎其微的。在力量上，我不过是一个普通人。作为一个渺小无助的人，我开始了我的人生，甚至连翻身都需要帮助，虽然我不知道父母意味着什么，我把自己交给这些人，来补偿我的无助。人们相信他们是强大的巨人，他们看上去全能而可靠。那时，我不知道我长大后会成为像他们那样的人。因此，自我判断是不可避免的，我是渺小和微不足道的。当我长大后，我发现父母是靠不住的，而我依旧是无助的。无助和无绝对可靠的支持，是一个核心问题。

存在主义者告诉我，人类的问题没有解决的办法。我很无助，没人能帮助我。我屈服于悲伤，我不得不尽最大努力进行尝试。最自私的人最幸福。别人出现并声称他有办法解决这个问题，尽管我是个罪人，他承诺给我天堂，在那儿我可以放松。我无法证实这个承诺，也许正因为它是无法证实的，所以我才可以相信它，相信至少不会被否定的东西。这就是为什么人们相信天堂，他们坚信人类的问题在这里没有解决方案，但在天堂里有一个。另一个人说："上天堂不是解决办法。像你一样，天堂里还有很多其他人，你必须和他们打交道。那里生活水平可能更好，但你还是你，你会有很多问题需要解决。"

"你把你的身体、心智、财富和其他一切都交给我，我将救赎你。""不要放弃你自己，继续前进，达到目标。"对于那些关注此事的人来说，这样的口号听起来响亮有力。

　　现在，你可以理解独特性了，说你是独一无二的人，并不能保证你任何东西。他不需要承诺或指示，也不需要控制或操纵。他所问的是：为什么你没有看到关于你自己的真相？你的真相是：你是自由的，这是关于万物的真相，而你就是万物的真相，你是中心，而其他一切事物都不像你一样。

　　即使是对语言的简单探究也能揭示这一点。在语言中，存在第一、第二、第三人称，单数和复数。正如你所见，第三人称代词可以指任何人和事物，第二人称代词"你"也指不同时间的不同人，但是你所说的"我"总是指一个人，你。"我"在数量和本质上是单数。

　　"我"和"非我"之间的关系就是你所说的关系，它是困扰的关系，意味着那个唯一的"我"被其他无数的"非我"所困扰。如果你不了解问题根源，即你自己，你就无法开始解决生活中的问题。这些是寻求认可，不满、不满的"你"的问题。要解决生活中的问题，你需要质疑自己是不是你所认为的那个人。如果你是，那就真的没有办法解决这个问题。如果你不是，你就没有问题，吠檀多说你没有问题。

　　它不是一个你将获得自由的承诺。承诺你将获得自由就是假定你现在是受束缚的，吠檀多说你就是自由的。这是一个挑战。

1995年1月于印度阿奈卡蒂

你照亮世界——比喻

世界无法干扰你，因为你照亮世界。事实上，你施惠于世界，世界因你而闪耀。《羯陀奥义书》（Kaṭhopaniṣad）说：

na tatra sūryo bhāti na candra tārakaṁ

nemā vidyuto bhānti kutoyam agniḥ

tameva bhāntamanubhāti sarvam

tasya bhāsā sarvamidaṁ vibhāti

在那里，太阳不闪耀，月亮、星辰也不发光，火更不燃烧。你独自闪耀，在你的光中，整个世界闪耀。

在南印度寺庙中，当人们在神面前挥舞樟脑火焰时，这段经文被复述。神的黝黑神像，貌似比他所处的神龛内殿更暗，油灯很难照亮那个地方，装饰神的饰品折射出一两道光线，幽幽地发光。但是随着樟脑火苗的挥舞，一切开始耀眼闪烁，你能够注视到神的光彩壮丽。这就是达显（darśanam），这就是知识。"存在"被遮蔽在无明的黑暗中，在知识之光的唤醒中，无明被驱除。你，阿特曼，照亮世界。

该梵咒被复述，不是为了照亮"存在"，而是为了驱散笼罩着他的无明。奉献者说："在那里，太阳、月亮、星辰、闪电和火焰因你而闪耀，我握着这盏小灯，貌似以绵薄之力来照亮你，但事实上，这不是为了照亮你——那一切光之光，而是为了驱散我心中的黑暗。"

这是一个绝妙的比喻。物体，比如身体或者鲜花，处在暗室中，不能显示它们的存在，但是它们能被灯光反射。在另一方面，一盏灯的火焰、火、太阳和其他发光体，是自动发光的。但是，如果你的眼睛是盲的或者闭上的，就连它们也看不见。世上一切物体因谁而发光？它们在那一束光的出现后才闪耀，在那一束光的出现中，心智成为心智，感官成为感官，世界被认知为世界。

商羯罗在《达克希那穆提颂》中描述一种影像：

nānāchidraghaṭodarasthitamahādīpaprabhābhāsvaram
jñānaṁ yasya tu cakṣurādikaraṇadvārā bahisspandate
jānāmīti tameva bhāntamanubhātyetat samastaṁ jagat

tasmai śrī gurumūrtaye nama idaṁ śrī dakṣiṇāmūrtaye

顶礼室利·达克希那穆提，他显现为我的导师形式，他的知识就像一个多孔陶罐里明亮的灯光，透过感官（比如眼睛等）而发光。当他以"我知道"的意识闪耀时，整个造物因他而闪耀。

在一间暗室内，一盏小灯被置放在一个多孔陶罐内。灯只有一个，透过多孔发出的光线照亮了其前面的各种物体。同样，这个世界的声音、触感、形式、颜色、气味被感官照亮。没有感官背后的心智，感官不会发光。但是，如果心智在别处，眼睛即使睁着也看不见。因此，心智必须被唤醒，才能让感官运作。你，阿特曼，是光，照亮一切。

《潘卡达西》（Pañcadaśī）第十章给出了一个美妙的比喻。一位舞者来到一个圆形舞台，舞台被一盏灯照亮（a nāṭaka dīpa），灯照亮了表演者、观众和舞台。舞者表演各种情绪，比如多情的爱、大笑、勇敢、悲伤等等，但是那盏灯并不受到舞者情绪变化的影响，甚至在表演结束后，它继续照亮舞台和剧院。

这里，舞者被比喻为心智，舞台是身体，观众是感官世界——为心智设置情绪和模式。当剧院坐满时，当有活动时，"我"的意识之光照亮精神的舞台。当剧院空时，当精神舞台上没有活动时，在那个宁静、静默或深睡眠的时刻，意识依然存在，意识之光继续闪耀。

自我闪耀和自我证明的意识之光是你的本性。这是生命的根本实相。

吠檀多用于日常生活

包容他人

吠檀多是关于自我的教导，是个人内在的探索，人们在其中发现"我"一词的真意指不变的"自我"，那从童年到青年到老年未曾改变，其本质是纯粹的意识，是绝对的满足和爱，从任何感官局限中解脱。为了接纳无限完整的你自己，你需要一个准备吸收该知识的心智。吠檀多之于尚无准备的心智，就像微积分之于正在学习基础数学的人。在吠檀多中，这种准备指：当寻求绝对意义发现时，需要一种与之相对的心智，如果自我是绝对满足的，那么探寻者的心智必须是相对满足的；如果自我是绝对的爱，那么探寻者必定是相对有爱的人，一个乐于接纳人和事物本来面目的人。

为了获得这样的心智，要培养特定价值观和态度，并在了解其重要性的同时，对它们保持清醒。包容他人就是这样一种价值观。事实上，愤怒是由于缺乏包容。如果你期望世界符合你的愿望，那么，是你自己的愿望给你带来了愤怒。包容是理解他人的所作所为，因为他不能违背自己的本性行事，你无权为了迎合自己的需求而期望他变得不同；如果你认为你有权要求他改变，那么，他也有权要求你让他按自己的方式活着。

事实上，只有通过包容他人，让他们做自己，你才能在日常生活中获得相对的自由。在很多方面，每个人都会干涉别人的生活，每个人的行动都会产生广泛的影响。通常，你只是从一个小的角度看待事情，你发现那个让你生气的人在你面前若隐若现。事实上，你永远无法摆脱任何人的影响，或宇宙中所有力量。你也不可能在不影响到别人的情况下付诸行动，即使你的言论也会影响到别人。因此，我们的自由需要考虑到我们都是相互关联的这一事实。

即使是斯瓦米也不是自由的。当我待在植物园的时候，有几个人经过，一个人对另一人说"你检查那个新来的人了吗？"人们经常这样评论。我试着不去打扰别人，但似乎我的衣服，一件弃绝者的传统袍子，确实引起他们的反应。我已经做出了一个决定，它肯定会影响到其他人。如果我被别人的评价打扰，那么，我只能得到他们给我的那么多自由。但是，如果我逆转这个过程，如果我给予别人自由，让他们成为他们自己，在某种程度上，我是自由的。所以，我不与他们争论。我的自由是我给予他们的自由，容许他们对我有任何看法，即便这些看法可能是错误的。

因此，包容人们的真实面目是有益处的。如果有人对你做出评价，请允许他这么做。如果该评价不属实，你通常试图证明你的行为是正确的，并证明他是错的。如果你是客观的，你就会看出他对你的批评是否有道理。如果他出于自我安全考虑，把你击垮，你便给他那个自由，然后，你就自由了。当没有螺母时，螺栓怎么可以拧紧？同样，世界也只能在你允许的范围内打扰你。如果你给予世界在社会规则容许范围内行事的自由，你就不会让世界干扰到你。以这种方式完全改变自己，根据你的价值观，你获得包容、相对持久的满足和自由。

练习包容，你会在心理上接受自己，接受自己的个性。这就是我们所谓的瑜伽修行。它不是印象的耗竭（vāsanas），而是对某些现实的理解。回顾那些曾经困扰过你的情况、人和事件，它们不只是记忆，而是反应的残余。反应不是你有意识地去做的事情，你不能有意识地生气，因为生气不是一种行为，而是发生的一种反应，是你无法控制的事情。反应会对你产生极大影响，变成你的心理的部分，它们是个人个性的各个方面。事实上，它们是错误的，因为你缺乏警觉性。记忆本身并不会令人不快，由于挥之不去的反应和情绪，不愉快存在于你的心智中，变成就像真的一样。因此，回忆那些让你痛苦的人和事。或者，也许你因为自己造成了对别人的伤害而感到内疚。在冥想的时候，把它们全部回忆起来，然后将它们都放下。给予耐心，你就能从所有反应的残余中解脱出来。

当你注视着蓝天和星星，或者鸟儿和山脉，你对它们没有抱怨，你是开心的。你看见河床里的石头，它们没做任何事来使你开心；然而你乐于接纳它们本来的样子，因此你是开心的。河流兀自流淌，它不会打扰你。你不期望它涨满成为大河，或流向不同方向。事实上，你找到一个自然环境，因为它们不会激起你看起来不高兴的人，那愤怒、难以取悦的样子。你内心那苛刻的神经不会被它们撞击。你与环境合一，一个宽容的自我，无须世界做任何事情来取悦你。

因此，只有涉及一些事物时，你才是开心的人，你必须在你的内在创造这种契机。当你去到山里，山脉没做什么来取悦你，但是你会发现是你在取悦自己。看看你能够多么愉悦，把那个开心者带至所有让你不高兴的情况和人身上。然后，以看待自然的方式来看待你自己，接纳他人，就像你接纳星星那样。如果你认为你或者他们需要改

变，请为改变祈祷，并尽你所能促成改变。但是，首先请
接纳他人。只有这样，你才能真正改变。完全接纳他人，
你就自由了，然后你将发现爱，那就是你自己。

> 你想通过改变他人，获得自由，但事实并非
> 如此。完全接纳他人，你就自由了，然后你将发
> 现爱，那就是你自己。

1985年7月于加拿大多伦多

行动—反应

在有知觉的生命中，只有人类是有自我意识的、未被
设计的。他们意识到自己和其环境，自由选择他们的态度
和行为。自我意识和自由意志是人类的"人性"。所有其
他生物被他们的本能所束缚；人类也有本能，但是他们不
受本能的束缚。事实上，拥有自由意志的人不能依赖本能
来指导自己的行动，而必须根据道德标准审慎选择自己的
行为。如果他放任行动任意发生，被本能的冲动或某种条
件"机械性"地触发，那就不是在行动，而是在反应。

所有的反应都是偶然的，人类的选择是行动，而不

是反应。一旦我采取行动，就没有能力选择反应。我可以选择拍手或不拍手，但是，当我的手掌以一定速度相互接触时，我就无法判断是否发出了噪音，反应亦如此。任何反应都是由规则和环境的总和决定的，一旦一个行动发生了，就会使特定的反应发生。

如果我不能有意识地、有意地选择我的行动，而是任由它们发生，它们将是反应，要么是本能产生的冲动反应，要么是条件反射产生的机械反应。在这两种情况下，我都没有运用那使我成为人类的特殊能力，即基于理性思考的行动选择。

那又怎样？为什么我是否运用这种特殊能力很重要呢？为何我要有意识地选择我的行动呢？让冲动或条件反射来引导我有什么错？我的冲动是正常的，父母、老师、社会对我的教育是好的。

这可能是真的。但是，在任何时期，基于冲动或机械行为的生活都会遇到问题。当我的"行动"是真正的反应时，我的心智将会混乱，因为

经验教训不了我。

思想和行为间的冲突将困扰我。

痛苦的情绪会累积。

心情是我的主人。

当我有意识地、理性地选择我的行动时，我就能从过去所发生的事情中获益。经验是我的老师，吃一堑长一智。但是，当我放任我的行动发生时，我并未有意识地从经历中学习。

此外，这些"发生的行动"会导致我的分裂，不论我的条件反射多么有建设性，我的冲动并不总是与我的道德标准一致，导致行为与价值观的冲突。在冲突中采取行动会导致心智分裂，就像《摩诃婆罗多》中的难敌，我将发现自己说：

jānāmi dharmaṁ na ca me pravṛtti

jānāmi adharmaṁ na ca me nivṛtti

我知道什么是对的，但是我做不到，

我知道什么是不对的，但是我不能不做。

难敌已经失去了理智选择自己行动的能力，他的心智处于价值观和冲动的冲突和分裂中。矛盾的心智总是痛苦的心智。

事实上，痛苦是诸多反应的结果。当我分析那些宗教都谴责为"坏"的态度和行为时，我发现坏的行动确实是痛苦的行动。普遍谴责的情绪，比如嫉妒和仇恨，是由反应导致的，这些都是困扰心智的令人不安的情绪。没人会有意识地选择嫉妒或仇恨，这种行为从被许可发展为冲动，冲动源于欲望／渴望愉快和愤怒／厌恶不愉快。在《薄伽梵歌》中，克里希那说：

śaknotīhaiva yaḥ soḍhuṁ prāk śarīravimokṣaṇāt

kāmakrodhobhavaṁ vegaṁ sa yuktaḥ sa sukhī naraḥ

（在这个世上）能够掌控愤怒和欲望所致力量者，在离开肉身之前就是行动瑜伽士，他确实是快乐的人。《薄伽梵歌》（5.23）

最后，在某种程度上，我的行动是冲动的结果，我会被情绪控制。心情是我的主人，我将成为自己和他人的问号。没人知道我在什么时候是理智的、敏感的、合作的还是固执的。

因此，分析表明，冲动或条件所产生的轻率行为会给我带来痛苦和问题，如果我看到了这一切，却发现自己陷入反应和机械性之中，我该怎么办？我可以采取警戒的计划。

我让自己有意识地关注我所有的思想、言语和行为，不论它们有多小、琐碎或微不足道。意识到所有的思想、语言和行为在梵语中被称为苦修（tapas）。这个词被用来形容许多宗教苦行，比如斋戒、遵守沉默和类似戒律。所有这些训练旨在让个人更有意识，当个人在做一些不同于日常的事情时，警觉性和意识就会增强。

有了敏锐的觉知，当我变得机械时，我就可以意识得到。如果我意识到我是机械的，机械性就会停止。意识和机械性不能共存。随着机械性消失，我的行动服从于我的选择，我可以有意识地选择调整我的思想、言语和行为，这样它们就不会相互冲突。对小事的掌控带来对大事的掌控。通过机警和慎重，我可以把自己从冲动和条件反射中解脱出来。

一个没有反应的心智是安静的、接纳的、客观的、有能力的、平静的。这样的人享受着相对的快乐，他能从经验中学习，而不被冲突严重伤害，他能处理负面情绪，控制自己的情绪。一个这样的心智，已准备好借由吠檀多的教导来发现自我之实相。

> 接纳事实是行动的先决条件，不接纳是反应的理想条件。

活动与内在休闲

休闲有两种，一种与时间有关，另一种与时间无关。

与时间有关的休闲涉及无行动，当你无事可做时，你享受休闲———一种身体上的休闲。这种休闲只有当你有一段时间空隙时才有可能，休闲地放松，闲暇地打个盹儿，休闲地读报纸。

但是，如果你为了赶报告，必须阅读报纸上每一篇文章时，休闲就不存在了，然后，它就变成了工作或苦差事，不再是休闲。

休闲不一定总是与无所事事联系在一起，它与态度或心态有关。假如你匆忙地穿过开满美丽鲜花的花园，需要多长时间才能够欣赏到鲜花的美丽？它与时间无关，只与你的性情、你的心态有关。如果你的精神状态能够暂时忽略其他关注和问题，不论状态可能多么紧迫，你仍可以，即便只是短暂地欣赏大自然的深刻之美。问题和担忧会逐渐消失，你的心会被眼前的美景所吸引，这只不过是内心的休闲，这种休闲与时间无关，因此，它不能被计时。它是一种内在的气质，它取决于你在这个时点上是什么样的人。

我们每个人偶尔都有能力成为这样的人，在某一天，某个时刻，你能看到自己是一个不同的人，一个似乎没有任何顾虑的人，这样的时刻是不受束缚的，不受你的焦虑、不安、雄心勃勃导致的问题的束缚。如果没有这些问题，你就会很休闲。

因此，在你之内存在两种人。一种人能够享受当下，内心休闲似乎以自己为中心。一般来说，这种休闲是属于心智的，但事实上，它与心智无关。当心智忙于阅读或听音乐时，它是活跃的，内心可能没有休闲。由此可见，它更多取决于你个人的放松程度。这种把休闲归结到心智上的倾向，导致了适应或改变心智的手段的发展。

因此，缺少内在休闲与心智没有多大关系，它与你有关。所有的精神问题都集中在"你"身上，你是问题和解决方案。没有空闲时间的你突然发现了一个解决办法，你发现事物是光明和美丽的，一切开始改变。

有两种方法可以达到并享受这种内在休闲。你是一个放松的人，即便你很活跃、非常活跃，不关心和不受与活动相关的问题的影响，无论它是什么，你总是享受休闲。这是由于你认识到或悟到休闲是不受外部力量影响的心智状态，它是一种态度。当你学习《薄伽梵歌》时，你将发现有两种可能，一种是，你拥有休闲是态度使然，即行动瑜伽；另一种是确信无论你做什么，你都是自由的。

我们所做的各种行动，比如看、听、尝，和各种其他行动，比如步行、谈话等，使我们成为个体。我们是行动导向的人，至少我们多数人认为行动应该是实际的，实用主义是务实的，我们从来都是务实的，我们总是很现实，没有所谓理智之事。理解会改变你对事物的看法，如果这种视野意味着认知，那就意味着你曾经无知。你不能既无知又能解决问题，如果你不是无知的，你也许没有问题。如果有些问题产生于你的困惑，你将如何处理它们，却不解决困惑？事实上，在经文的观点中，所有的心理问题，那些否定休闲的问题，都是源于对现实的困惑。

在日常生活中存在两种现实。当你想到工作中的问题时，它们是真实的，不是幻觉，它们等待着被处理，不论看起来有多难。决策也是现实，处理决策过程能力不足是另一个现实，在这方面的紧张是真实存在的，因为它可以决定一个问题的成败。但这种紧张与世界或现实毫无关系，它只与你有关。当世上有些情况对你来说不愉快，让你的生活不舒服，这些现实必须要面对。这个世界似乎要为你的悲伤负责，因此它控制着你。这些现实可能引起愤怒、焦虑、恐惧，等等。你抱怨世界是你的问题的罪魁祸首，然后寻求帮助来解决这个问题。

你需要的是改变那困扰你的处境，它使你行为异常。你不能应对变化，世界充满了变化，有愉快的，也有不愉快的。这个世界有一种让你焦虑的内在的能力，世界似乎要夺走你的时间，你有太多角色要扮演，父母、邻居、朋友等，它是持续的、不间断的，一个接着另一个。自然的你没时间休闲。于是你说："斯瓦米吉，我什么时候才能摆脱这一切？"当你变成一个弃绝者时。为了找到内在休闲，你错误地建立了一种外在休闲。在变成弃绝者后，存在外在休闲，因为你摆脱了几乎所有角色。作为弃绝者，你不是父母、丈夫、亲戚、公民，等等。对于世界，除了作为学生（śiṣya）外，没有别的角色。听起来非常诱人！

为了发现以你为中心的内在休闲，你必须内心放松，一个悠闲的人不需要远离任何事物来寻找休闲。悠闲者能发现悠闲，平静者能发现平静，有爱者能发现持久的爱，富有同情心的人能发现一种自然自发的、主动给予援手的同情心，给予可以让你发现顺从和慷慨。至少你相对程度上享受同样事物时，你才能毫不费力地掌握这一切。如果一个人尽管被其所扮演的角色压得喘不过气来，但仍然很快乐，那么他就会发现休闲。

你如何看待你所面临的情况，取决于你对它的反应。如果你有恐惧，无法面对这种情况，与情况本身无关，与你对情况的反应有关。它毫无疑问是真实的，因为它就存在那里，向你灌输恐惧，因此你试图改变它来适应你。如果你不能改变这种情况，你就把自己从它中抽离。

世界没有能力改变你或影响你，它不会引起悲伤，事物和情况本来就是那样，它们对你来说是外在的，通过你的感官向你报告，你根据这些事实采取行动。某些事情不能引起任何反应，你对它们漠不关心。感官只是记录者，而意识却在它们背后，它们只作为工具，不会造成任何问题。"你"决定是否回应，以及如何回应。

据说一群人在偷邻居树上鲜花时被抓，他们被带到法官面前审问。他们的解释是：既然鲜花属于神，就不能认为它们是偷来的。法官颇有幽默感地说："如果鲜花属于神，你为什么要偷呢？这就像扒窃一个口袋，然后把里面的东西还给失主！"

这就是生活，有些现实你必须面对，有些是不愉快的，它们不必总是令人愉快的。不管是小孩子的气球，还是股市气球都会爆炸！你不能做所有的决定，你只能对现实采取行动，或者在可能的情况下改变它。问题是，你内心的困惑，你对生活中某些事实的误解，创造了"另一种现实秩序"。对某些事实的无知可能导致错误，当出现问题时，认识情况并解决错误，这个决议就是你对形势缺乏预测的原因。这种情况不会引起混乱，这是你看待它的方式导致的，即所谓"你看见，所以它存在"。存在着影子，你与影子斗，就好像它们是真的一样，你的想象创造了你的世界。如果你分析你的恐惧、焦虑等，会发现这仅仅是由于你的视野，它不是来自造物或造物主。每种悲伤都集中在你身上，以及你怎样看待它。如果你以应有的方式看待它，就不会有悲伤。现实还有另一种秩序，"它存在，因此你看见"。斯瓦米就站在这里，因此你看见仍必须接受这一现实，没有其他现实。

这个世界是"赐予"我们的，"赐予"是一个专业术语，你刚好拥有，它不需要进一步解释。你发现你自己周遭都是安排的事物，包括这个地球及其中的一切。当你出生时，你对任何事物没有什么认知。随着时间推移，你会发现新的事物、新的地方，等等。你认识到世上的力量，身体及其功能，和无数其他事物。即使是现在，你还在继续学习，而学习过程是什么赐予我们的，虽然我们把它视作理所当然。意志、行动、欲望、探索的力量是赐予你的。充满活力的、有意识的身体是赐予你的。记忆和回忆的能力是赐予你的。这是实相，一切都是被赐予的，这就是事实。

此时此刻你有什么顾虑？你有什么焦虑？你发现你需要休闲，这种休闲与时间无关，它不取决于你的心智，它取决于你对世界和对自己的看法。这些全是赐予你的。

当我们成长时，你被赐予认知和想象的能力。然而，你生来无知。如果你生来就有知识，就不需要认识和想象的能力。既然你生来无知，你就对自己感到困惑。这个困惑是"我看见，所以它存在"。如果你通过改变观点来减少这种困惑，如果你开始清楚接纳自己作为安排事物中的一分子，也明白在安排事物中自己的位置，明白你被赐予的安排事物的大体现实，然后，你就可以舒服地找到自己的位置，当事物各归其位时，就不存在困惑。

很多时候，解决方案存在于问题之外，如果饥饿是问题，食物就在饥饿之外。有时，解决方案存在于问题中，事实上，问题本身就是解决方案。很明显，困惑或缺乏知识造成了这个问题。在谜题中，答案就蕴藏在谜题中，只有当你找不到自己的位置时才出现问题。在生活中，如果你在安排事物时归于你自己的位置，就没有问题。生活不像一个被一劳永逸解决的迷题，生活并非如此。它一直在变化，你的生活模式也在不断地变化。这就要求我们时刻安于现状。这种技巧被称为生活。帮助你在特定情况下找到自己位置的能力和坚定的态度，只有在视野改变时才能够产生。

现实的两种秩序，一种是主观的，另一种不是主观的。主观的指：一件事物存在是因为你碰巧看见它，它为你而存在，你的视野使它成为现实。"一件事物因为我看到而存在"，即使它不是真的。与之相反的是另一种现实秩序："我看见一个东西，因为它就在那儿。"如果你能忽略那些从你的视野中产生的东西，而相信你对现实的清晰认知所"看到"的东西，你就会有正确的感知，否则就是主观的。你对自己的人为创造无能为力，如果你感到焦虑、沮丧和悲伤，这感受是你自己造成的，没有其他的原因。

当你看见我站在这里，你的心智必须经历一个变化来感知我。如果这种改变对感知任何事物是不必要的话，那么，你将发现自己处于一种同时看到所有事物的状态。如果在看的时候无须相关的心理变化，那么你将同时看到所有一切；或者，完全没有感知，不可能有独立的感知。

但从你的经验来看，情况并非如此。当你看到我的时候，那种感觉就会在你的脑海中浮现，我变成你思想的对象。同样地，当你看见一棵树时，你思考的对象就是那棵树。如果感知到的碰巧是一棵树的话，那棵树是思想的对象。如果你碰巧看见某个东西，比如奶牛，然后，感知将只是那头奶牛。当你看见一棵树、奶牛、人，思想的对象与感知是一致的。当你生气或沮丧时，思想的对象是什么？情感的感知是不存在的，因为它们不是客体，它们只是主观的反应。如果不存在相关的外部对象，而个人在情绪上做出反应，那么这种反应纯粹是主观的。

只有当你对自己投射的事物有发言权时，你才能称自己为"人"。问题是每个人都受制于情绪，你变成你不想成为的人。这意味着你很无助，认识到这种无助让你从中解脱出来。当你生气时，有人说不要生气，那是毫无意义的。如果你能控制你的愤怒，那么你就能运用你的意志并超越它，做或不做的建议只有在以你的意志为中心的行动中才有效，否则就会产生罪恶感。而存在无助时，建议并无帮助，更不用说你的意志了。你不能愿意不生气或生气。生气是当遇到不希望发生的情况时自发产生的情绪。因此，显然，你对这种"我看见，因此它存在"的混淆没有发言权。

因此，你必须有一个认知上的改变，如果你改变了你的视野，你的造作就不会发生。是什么改变了？你的问题，那些主观的问题，往往是由于你对自己和周围的世界缺乏了解。你看到的世界是上天赐予你的，你没有创造它，你也不需要为你遇到的不同情况负责。你发现自己置身于安排的事物中，你被赋予为感官和身心感觉的复合体，你有认识和无知。你有能力去认知和记忆、去意愿和欲望、去行动和创造，每个人都被赋予了这三重能力。

这三重能力是有限的，你必须认识和理解。它也意味着对某些事情的无知。知识是有限的，因为感知数据是有限的。欲望的力量是有限的，因为你不认识所有要认识的事物。由于技能、时间等方面的限制，行动能力也受到限制。

欲望本身在本质上是不受约束的，它们只是赋予你的能力的一种表现。它们不会抑制。但是，有无一种逻辑，即你所有的欲望都必须得到满足？不！人类有欲望，并想满足欲望是正常的，欲望绝对没有错，只有当人们被欲望控制，总是期望欲望被满足时才导致问题。如果我们能够接受某些欲望无法实现这一事实，那么，生活中的不确定性就不会对我们产生不利影响。

行动的结果无法追踪或审查，有很多法则影响到你要做的事情。举一个简单的例子，比如过马路，你永远不知道你是否能安全抵达马路那边。任何基于认识不足的预测都不会产生预期的结果，你应该推算并承担风险。你有能力权衡利弊，在制定计划之前，所有这些都必须考虑进去。尽管尽了最大努力，事情还是会出错。努力、热情、勇气、知识、能力、力量是克服障碍的首要条件。神的恩典存在于任何有这些特质的地方，神的恩典意味着将不确定性转化为确定性，你拥有的一切是神赐予的。

这些赋予你的东西必须结合到一起，当事物被巧妙地组合在一起时，就被创造出来了。这个身体是物质创造的一部分，是智慧地归集到一起的，创造意味着知识，一个有意识的存在。如果知识是有限的，那么，该有限意识是个人；如果知识是无限的，他是神。当我们谈论整个造物，它是以整体知识为前提的。因此，神是全知的（sarvajñaḥ），他必定具有创造的能力。创造这个世界的物质不能与神分离，如果它是分离的，那么"创造材料者"将经历无尽的回归。神是造物主和材料两者，造物离不开材料，线和纤维是不分离的，造物存在于何处，神必存在于该处。

地、水、火、风、空五元素是神。当万物均是神时，事情是怎么发生的？当你付诸行动时，你一定会失去，但你会不断得到，这归功于赐予者。当你穿过马路，为什么没被车子撞上？即便你被撞上了，为何没有伤得很惨？这归功于神。这适用于你生活的一切方面，当你说"神"

时，不存在对于该赐予者视野的困惑。"他存在那里，因此我看见。"如果你顿悟到这个赐予的情况，更进一步，认识到是神赐予的，然后，何来愤怒？即使愤怒产生，在认知后也不会存在。在有效的知识下，记忆是没有力量的，记忆是一种表象、一种投射，它可能会威胁到你，但知识会赢。只有恩典才能帮助无助。

你不能错过接纳这源源不断的奇妙恩典。何以存在内在休闲的丧失？你有什么内在压力？当你看到恩典如此切实、如此鲜活、如此始终如一、如此恒久不变，那么主观、愤怒、沮丧、绝望又以何存在？在你的思想和你的存在中跳动的只有恩典。同情、爱、理解和关心是你所拥有的一切，仅此而已。何以丧失内在休闲？你所需要做的就是改变你的视野，让你压抑的创造消失，把你自己投入恩典的怀抱。这不是理论或实践。你是恩典。你越清楚领悟这点，问题就越少。

> 没有失败一说，所谓失败就是一个人无法接受事实。

于印度金奈

对行动结果的态度

行动和结果

我出于实现某事的愿望而做一件事，但是当行动没有产生预期结果时，我接受它时可能会有问题。有愿望或出于愿望而行动并不是问题，我对待行动结果的态度可能就是问题所在。假如结果比我预期的好，我就会高兴；假如结果与预期的一致，我也满意；假如结果比预期差，我就不满意；假如结果与预期相反，我就会感到沮丧。

我也许能应付相反的结果一次，但是如果这种情况发生了几次，我就认为自己是个失败者。因此，人们谴责欲望是问题，是要避免的东西。事实上，我对待行动结果的态度才是问题。如果我以正确的态度接受结果，那么，欲望就不造成任何问题。在《薄伽梵歌》中，克里希那说：

karmaṇyevādhikāraste mā phaleṣu kadācana

mā karmaphalaheturbhūrmā te saṅgo'stvakarmaṇi

你的选择只是行动，而不是结果，不要把自己当成行动结果的始作者，不要让你的执念变成无作为。

——《薄伽梵歌》（2.47）

物理定律和生物能量控制着我的手的活动，心理规律控制着我的情绪状态。我的行为亦如此，它按照一定的规律产生结果。我付诸行动，对行动负责，而结果是赐予我的，该法则支配着我行动的结果。

人们经常错误地认为当付出行动时，不应该期望结果。每个人付出行动皆期待结果：当我往前迈出一步时，我期待着前进的结果；当我吃东西时，我希望食物被消化。事实上，我行动纯粹是为了结果，否则，我根本不需要行动。

prayojanam anuddhiśya mando'pi na pravartate

即使智力障碍者也不会不期待结果而付诸行动。

神是结果的赐予者

我发现我所生活的这个世界被设计得很好，世上所有的生物都有生存的能力。鱼有腮，人有鼻孔，来呼吸空气。世上每个物体都是有用的，没有什么是多余的。

世上每个物体都是一个智能的集合，每个物体可以进一步还原为它的组成部分。我穿的衬衫是布制成，布由纤维构成，纤维由分子构成，分子由原子构成，等等。因此，世界被集合一起，就是一个创造。这种智慧的、有意义的创造是有原因的吗？存在造物主吗？

对于任何创造，必定有一个造物主，他或她确切知道要创造什么，以及创造的目的。陶匠知道什么是陶罐，如何制作陶罐，他具有制造陶罐的全部知识和技巧。因此，这个世界必定存在一位造物主，他拥有整个造物的知识和创造它的力量，这是创造的智力根源（nimitta-kāraṇa）。

要创造任何东西，我不仅需要创造它的知识和技巧，我还需要创造它的材料。没有黏土，陶匠就不能制作陶罐。同样，这个世界的造物主需要材料来创造世界。该材料不能与智力根源（造物主）区别开来，一定是有人创造了材料，这个人一定是新的造物主。那么，这个造物主又在哪里找到材料来创造？因此，如果我们继续这样推理下去，就会面临无限倒推的逻辑荒谬。因此，该智力根源必定也是创造这个世界的物质。该物质根源（upādāna-kāraṇa）和智力根源两者皆存在于神之内。神是创造的智力和物质根源，这是《吠陀》中关于神的视野。

每个创造都与它的物质密不可分，因此，世界与神是不可分离的。世上万物是神——这个世界、感官对象、我的身体、心智和感官的法则。是神对你的行动授予适当结果。

恩赐智性

任何来自神的东西都是恩赐（prasāda），我将行动的结果视作神的恩赐。恩赐不是一个物体，它是一种对待物体的态度。假如你不喜欢吃甜食，一位朋友给你一个甜球（laddu），你婉言拒绝了。但是他说这是来自巴拉吉（Balaji）的恩赐，听到这话，你对待甜球的态度完全转变了。将甜球视作恩赐的认知，将你转化为奉献者，谦卑地接受了赐予你的食物。

prasāde sarvaduḥkhānāṁ hānirasyopajāyate

prasannacetaso hyāśu buddhiḥ paryavatiṣṭhate

当心智平静时，一切痛苦和悲伤将不复存在，因为心智平静之人，很快就会获得知识。

——《薄伽梵歌》（2.65）

你已经做好了接受现实的准备。你意识到尽管你已经尽了最大努力，结果可能不符合你的期望。认识到一切都是神赐予你的，你就不会被任何情况所压倒，你已准备好泰然自若地面对所有情况。

> 欲望的消除既不可能，也没必要。你有欲望不是问题，只有当你被欲望所迷惑时，欲望才会变成一个问题。

1991年

危机管理

危机管理涉及两个方面，即避免危机和面对危机。有些危机是由可控因素造成的，这些危机是可以避免的；有些危机是由不可控因素造成的，我们必须面对这些因素。

危机通常是由个人的思维习惯和行为模式造成的，因此，许多危机可以通过改变这些习惯来避免。如果危机是由不可控因素造成的，那么人们就必须借助对生活现实的理解来应对危机。

如何避免危机，是我首先要讨论的，因为，我们经常在自己的个人生活中制造许多危机，在职业、社会、国家、国际层面上亦如此。如果我们在适当的时候采取行动，重大危机是可以避免的。通常有两种倾向阻止我们在适当时机采取行动，一是拒绝令人不快的事情，二是不承认问题的存在。如果我们认识到这些倾向并消除它们，许多危机就可以避免。

拖延产生危机

有一种拖延倾向，就是先处理那些容易的、愉快的、不那么麻烦的事情，拖延甚至避免那些困难的、痛苦的，或麻烦的事情。

作为学生，我们被告知，参加考试时，首先要尝试容易的问题。如果纯粹从时间管理的角度来看，这是可以的；但是如果这变成孩子的特点，我担心他会陷入一个又一个危机。如果一个人总是寻求轻松愉快的事，它就变成一种特点。

每个人在某种程度上都有这个特点，倾向于做容易的、没有麻烦的、令人愉快的事情，将困难的事情留给将来。因此，困难的事情不断堆积，它令你烦恼。你不想要这样，因为它让你想起你的低效率和面对不愉快事情的无能。因此，你倾向于将它藏在心里，随身携带，一件未做的事情总是留在你身边。

先做不愉快的事

当一个人害怕面对情况，或者害怕承担责任时，情况就会变成问题，然后变成危机。聪明人会接受这个问题，意识到自己拖延的倾向。你不能期望生活中一切都是美好的，正如硬币的两面一样，不愉快总是伴随着愉快。当个人接受该事实，不回避不愉快的事情时，他就是成熟的。

当你发现你自己有避免不愉快的倾向时，要扭转这种倾向，先处理不愉快的事情。然后，你会发现没有什么是不愉快的。我用我自己的经历来说明这一点。我从来都不喜欢一种叫作苦瓜（karela）的蔬菜。有一天，我决定，作为弃绝者，我应该放下我的偏爱。所以，有人给我上这

227

种蔬菜时，我就把它吃光了，当然吃得很费劲。女主人以为我喜欢吃这个蔬菜，又给我添了更多，我也吃完了。很快就有传言说"斯瓦米吉喜欢吃苦瓜"。不用说，从那以后，无论我去哪里吃饭，都有苦瓜！因此，我对不喜欢的东西产生了兴趣，并形成了新的习惯。

如果一个人为了履行职责而不拖延做决定，不管决定对错与否，这样的人就能取得成功。至少，每个成功人士都具有这样一个特点：正视不愉快的情况。具有这种特质的人不一定是传统意义上的成功人士，因为成功往往需要其他因素，比如正确的地点、正确的时间，等等。但是作为个人，这样的人是成熟的，他不会因为缺乏决策能力而苦恼。如果你决定以后再决定那件事，那也是一个决定。你可能认为目前可用资源不够，这没关系，因为这涉及深思熟虑的计划。但因为不愉快而拖延决定是错误的，它有可能造成危机，当它发生时，你将没有足够的准备来应对它。

如果你决定先应对不愉快的事情，你会发现自己变了，你会发现只有两种情况——舒服的或困难的。你足够成熟，能包容不愉快的事情，就像包容愉快的事情一样。接受不愉快的事情将帮助你避免因拖延而导致的危机。

认识到问题并采取行动

另一个导致危机的习惯是否认问题，或一厢情愿。

当有问题时，我们倾向于说："没有问题，一切都会好起来的。"不会好起来的，你一定要记住墨菲定律，可能出错的事情一定会出错。出错的可能性远远大于正确的可能性。个人可以对一个问题采取行动，不论这个问题多么小，首先要接受它。行动以决定为前提，意志只有在得到承认时才能存在。

我最近在一本杂志上看到一篇关于一位成功的心脏病外科医生的文章。他感到胸口痛，他当然能认识到这可能是一个严重问题的警告，或者只是心痛而已。但他要么不把它当回事，要么在繁忙的日程中抽不出时间来。两周过去了，他心脏病发作了。这不是拖延的问题，这是不承认的问题。

无论你还是其他人有问题，不接受事实都会产生危机。"如果我的业力是好的，一切都会好的。"业力并非那样运作的，业力理论不是宿命论，这不能成为推卸责任的理由。它把责任压在你身上，你做了一件事，就必须承担责任。不要责怪神、星座、你的岳父，或任何人。

你总是有自由意志和业力。有某些事情是你无法改变的，比如你的出身、出生时辰等；但有些事情你可以改变的。虽然你付出了努力，有些事情不能实现，你可能说，也许由于你的某些业力，此事可能行不通。你承认它是你的"业"，而不是别人的，因此承担了那个责任。我们接受业力，但总是按照意愿行事。即使占星师说你有一段糟糕的时期，他也会建议你采取一些措施来尽量减小这种影响。所以这不是宿命论，而是积极的。我们对抗自己的业力，这是一种巨大的自我责任。

因此当问题出现时，我们应该接受它。如果表面上有问题，调查一下看看是否真有问题。这并不意味着你应该怀疑和害怕每种情况，我说的是无论情况多么微不足道，都要持客观态度，尝试看看是否有问题，然后做该做的事情。

应对危机

当你培养应对不愉快事情的能力，当问题发生时，你愿意接受它并准备好应对它时，你就能避免因你控制而产生的危机。现在你能面对的问题并非仅仅是你自己造成的问题。

一个情况受到许多外部因素影响，它们通常导致危机。例如，如果你是一个实业家，可能会受到想要制造麻烦的竞争对手的干扰。这些问题不是你造成的，但你必须面对，因为你生活在这个社会。我认为任何社会都存在这些问题，即使在室利·罗摩时代，也存在一位罗瓦拉（Rāvaṇa）。事实上，室利·罗摩降生是因为有个罗瓦拉！这类情况总是存在的，有些情况是不利的。如果有暴风雨这种事，它就会发生；如果有饥荒这种事情，它就会发生。不利的情况会不断出现，你必须面对它们、处理它们。

处理危机没有标准，因为每一次和每个人的情况是不同的。处理危机需要内在的力量。这就像学习开车一样，教练不能再现一切可能的交通状况，只能模拟某些典型状况，传授一般指南和规则给学员，然后，学员才能学会应对发生的特殊情况。在生活中，你也应该准备好应对不同困难或棘手情况。你必须保持警惕，你的价值观和能力必须保持不变，这样你才能应对这些情况。

三种能力

作为一个人，你被赋予三种能力：认知力、意志力、行动力。你有能力去认知、思考、探索、调查、记忆，所有这些组成认知力。然后你有能力去欲望、意愿和创造。当你具有欲望力时，你应该有实现欲望的能力和技巧，这就是行动力。每个人都可以在不同的知识和行为领域中运用这些能力。

此外，这些能力是有限的。举例来说，你具有认知力，但是你所认知的东西和认知程度是有限的。以玫瑰为例，玫瑰涉及植物生理学、生物学等多种学科知识。即便在这些学科中，仍有许多东西有待发现。所以，对于你还未知道的一切事，这种认知力是有限的。

渴望力也是有限的，它受限于你的知识。例如，一百年前，没人想拥有电脑或摄像机，因为那时人们还不知道这些东西。同样，你的创造力，你满足渴望的能力，也是有限的。满足欲望需要技能、资源等，而这些在每个人身上都是有限的。由于知识、技能等的局限性，你怎能指望永远成功呢？

每个努力都有估计的风险

欲望并没有错，但是你应该知道，没有任何规则可保证你会成功，成功不是一条规则。当你开始横穿马路时，你总是希望安全抵达马路那边，如果没有那个希望，你甚至不想横穿马路。每次你期望一个结果时，都是基于特定的资源。例如，当你规划来年的生意时，你要考虑到一些因素，比如潜在的需求、可用的原材料、税收结构可能的变化、罢工等，然后做出预测。你的期望是基于你对某些事实的了解，但那个了解往往是不够的。因此，每个期望都含着一个推测。

做好失败的准备

由于每个明智的努力都包含一个预期风险，因此每个努力只能产生两种结果：不同程度的成功和不同程度的失败。这两种结果对于任何努力都是可能的，你准备好接受这个事实了吗？如果是，那么你将能够更好地应对危机。如果你在遇到失败时感到沮丧，这次失败完全出乎意料吗？当你做出努力时，你应该已经料到它有估计风险，你应该预料到它，从容地接受它，并继续前进。为什么你要让自己变得悲伤、沮丧，失去你所拥有的一切效力、效率和勇气？事实上，危机比正常情况下需要更多的勇气，但在这里，危机使你的效力和勇气下降。随着每个失败，个人似乎变得越来越害怕，最后将完全不能行动。所以，做好失败的准备是很重要的，因为成功不总是会到来，你的能力是有限的，有些因素是你无法控制的。

接受局限性

为了做好失败的准备，就有必要认识到自己的局限性。我们的知识是有限的，所以，我们不能避免很多情况的发生，否则，我们可以避免所有意外。有时，我们有知识，但是我们的能力有限，我们感到无助。生活中会发生很多好事，为什么不承认它们并从中得到安慰呢？拒绝接受局限性，你就不能运用你的能力。你发现自己会悲伤和沮丧。当你无法左右自己的性情时，就无法有效地应对危机。如果你允许自己因为一些你似乎无法控制的原因而沮丧，就会变得无助，外界的因素会让你越来越无效率。

抑郁是一种反应，在行动中，你有行使意志的自由。

当一种情况是一个危机时，它需要你的行动，立即行动。但在这里，危机使你抑郁、沮丧和无助，一个危机导致另一个危机。因此，无论是经济上的还是身体上的危机，都要求你像个"完整"的人那样行动，而只有当你摆脱抑郁和悲伤时才能做到。你必须找到抑郁的根源，通常你会发现这根源是你拒绝接受自己的局限性。

还有另一个因素，你应该认识到，是神的恩典，使你能够自由行动，而不是对危机做出反应。

认识到恩典

由于能力有限，偶尔失败一次是肯定的。但我要说，你一直很成功，因为你战胜了所有的困难。你横穿过多少次马路？你在外面吃过多少次饭，吃过多少种食物？你还活着。我认为你是个成功者，单凭你作为"完整"的人。意外随时都可能发生，当你开车时，不一定是由于你的错才遇到交通事故，也可能是别人的错而造成的。想想看，你总是处于死亡的边缘，而你依然活着，所以你已经是成功的。

因此，一个聪明人难道没有必要认识到决定成功还是失败的因素吗？认识到这个因素在你的生活中似乎一直在起作用，这在心理上非常重要，这个因素就是我们所说的恩典（daivam）。

除非你是一个成熟的人，否则你是无法处理危机的，而这种成熟需要你认识到这个因素。你可能称之为运气或机会，但我们不会让事情总是去碰运气，我们称之为"赢得的恩典"。认识到这一因素能使人沉着地接受情况。你就能以你被赋予的能力，在任何情况下沉着应对。你可以更好地研究情况，更好地理解情况，更好地计划，更好地行动。

如果你认知到恩典，你也可以祷告，你可以让祷告成为你努力的一部分，要明白是恩典使成功和失败截然不同，唤起那个因素，这让你心理上有安全感。

一个有效率的人

当你认识到一种超越自己的力量时，你就认识到了自己的局限性。你越意识到自己的局限，就越变得有效率且积极。你是成功的，没有理由感到失望，没有理由感到失败。你还活着，这一事实本身就表明，你的生命中充满了恩典。

没有失败这回事，失败只是一种感觉，我们把它归咎于我们没有预料到的情况。你尽你所能努力了，那就是你所期待的全部。因为你的知识有限，每个冒险都有不确定性。所以，你会期望结果与你的期望不同。当我们想到事故或失败时，我们总是认为它发生在别人身上，而不是我们自己身上。这是不对的。它也可能发生在我们身上。有着这样的理解，你变得警觉起来，就像一个运动员一样，随时准备好应对发生的情况，认真参加这场比赛。当你比赛时，你旨在赢，但必须有人输，因为在比赛中不可能实现双赢。如果失败来了，接受它，变得明智。这样，你就不会制造更多危机。

事情已经发生了，你对此无能为力。如果你愿意，现在你可以做出补偿。接受事实是行动的前提，不接受是反应的理想条件，事实上，不接受本身就是反应。不接受并不会改变事实，一个反应会引发一连串的反应。所以，接受事实，继续行动。然后，生活变成一次学习的经历，没有失败，只有进一步的学习。

优雅地接受是对处境的承认而不是放弃。你接受了一种情况，不管是愉快的还是不愉快的，然后采取行动，投降不是对形势采取行动，那将是一个失败。当你接受成功或者失败，从中学习，继续行动，从而在理解中继续成长，那就没有失败可言。

> 在任何你没有意识到的情况下，事情都是一种反应，领会行动和反应的区别。

1988年4月

处理愤怒

选择的自由

人类的行动基于选择的能力，每个行动都源于你的认可、知识、文化、地位、智慧、意愿。你具有行动和不行动的自由，或者以不同方式行动。如果我要求你拍手，你可以拍，也可以不拍，还可以按你想要的方式拍，这种自由是人类所特有的。

奶牛吃素并非选择，老虎食肉也并非出于选择。动物并没有选择它们的饮食习惯，如果怀孕的蚊子需要吸血，你又碰巧在附近的话，它会试图咬你，这是它的本性（svabhāva），它别无选择。如果驴想踢人，它就踢了；即使是马达，也依据其设置方式机械地运转。

但是作为人类，我必须在我做的每件事上做出选择。我必须在与人交往的方式、我使用的语言、我吃的食物等方面做出选择。只有人类有选择行动的特权，我在身体上、语言上和精神上都有自由，我可以选择做什么，说什么，想什么。

由于我的知识是有限的，我对外部力量的控制力极弱，一个行动可能会出错。但是，只要这个行为是我做出的，错误的行为被发现并被承认是错的，我就会在这个过程中变得更聪明。虽然从错误中学习不是唯一的学习方

237

式，我从每个承认错误的行为中变得更明智。我变得聪明了，可能不会再犯同样的错误。因此，我所做的每一件事都是我选择自由的表现，一个明智地对行动进行选择的人，确实是一个善于管理自己的人。

行动、反应、响应

人类的问题在于我们不仅要行动，还要做出反应。反应是每个人行为的一个部分，它们完全是机械化的，它们没有得到我们的批准，而行动却得到批准。由于反应没有批准，它可能反复出现，你对它的出现无法控制。你可能发现自己在类似情况下会一次又一次地生气，因为生气是一种反应，没有得到你的意志或智慧的批准。这是行动和反应之间的本质区别：行动基于个人的自由意志和智慧，而反应是一种瞬间的机械反应，它的发生不需要人的意志或智慧。

作为一个人，我必须采取行动，我不能做出反应。对某种情况的响应可以是一种反应，也可以是一种行动。如果你从各个方面考虑一个情况，然后决定以适当的方式采取行动，那么它就是一个行动。如果当你付出这个行动过程中出现了任何错误，它可以被纠正，你会变得更聪明。当你行动时，你的反应是有意识的。

反应是机械反应，它是冲动的，它随机发生。像生气这样的情绪反应对每个人来说都很常见，但没人会有意识地决定生气，如果我要求你现在生气半分钟，你不会生气。这是否意味着你没有生气的能力呢？如果可以从生气中解脱出来，那也能从其他反应中解脱出来。但事实是，尽管你可能会生气，你不可能出于有意识的努力而生气。生气是碰巧发生的，所以它是机械的。

我不希望别人做的事，别人也不希望我做的事，也许我也不希望自己做的事，通常都是一种反应。没有人喜欢成为别人愤怒、嫉妒或报复的对象。同样，没有人真的想生气、嫉妒或悲伤，这些反应的发生没有个人的意志。

愤怒（反应）没有用

我们对某些情况做出反应往往是由于人们似乎对我们的情绪爆发做出了积极的反应。我可能认为愤怒是值得的，因此我不必去处理它。事实上，只要我能随心所欲，我就能继续生气。作为一个孩子，我的愤怒被解释为一个孩子无助的自然反应。当我还是个孩子的时候，我就知道愤怒是有用的。现在作为一个成年人，我仍然认为它是有用的。事实上，许多人认为只有愤怒才能起作用，他必须愤怒，并利用自己的影响力来达到自己的目的。这是糟糕的管理，从长远来看具有破坏性。

事实上，我小时候的愤怒既没有帮助我找回玩具，也没有帮助我长大成人。没有人会尊重愤怒的人，如果员工因为经理生气而做事，这只能表明他的员工希望避免他生气，他们不想失去工作，所以试图安抚他。这并不意味着他们尊重他。愤怒让你失去智慧、文化、教育和社会地位，它使你迷失自我，它完全淹没你。

有些人认为正义的愤怒是正当的，根据这种说法，如果有人对我不公正，我有理由对那个人生气。我不同意这种推理，任何完全凌驾于我之上的反应都是不合理的。在它的影响下，我几乎不知道自己在做什么，我再也不能选择说什么或做什么，我内在的火熄灭了。这种反应在我生活中没有合理的位置，我必须解决它，否则就得生活在其暴政之下。

合理的反对而不是愤怒才是恰当的。我可以坚定我的信念，拒绝屈服于压力，不管它们多么顽固。通过这种方式，我理性而适当地处理一个情况，这让我赢得那些与我互动之人的尊重。

处理愤怒

愤怒、嫉妒、沮丧、挫败和悲伤都是反应。如果你处理一个反应，你就开始处理几乎所有的反应。如果你必须拉床，你拉它的一条腿，也就拉了另外三条腿。一旦你处理愤怒，你也可以成功地处理所有其他的反应。

要处理一个反应，首先要把它与行动区分开来，区分反应和行动让我知道我要处理什么。当我生气的时候，我一定会意识到，我承认我无法控制愤怒，我知道愤怒无须我的命令，我无法控制它。就像一个酒鬼除非承认自己对酒精无能为力，否则他无法戒掉酒瘾一样；我也无法控制自己的愤怒情绪，除非我能接受愤怒是在未经我同意的情况下发生的。只要我拒绝承认这个事实，我就会继续成为愤怒的受害者。

这就是我不能劝你"不要生气"的原因。即使在试图避免生气的过程中，你也可能会生气。我只能在你可以选择行动的领域给你建议。愤怒等反应只有通过分析来解决。通过理解你的愤怒及其原因，你学会控制它。

愤怒实际上是一个应该引起我注意的问题的症状，它是痛苦的表达。我很小的时候就染上了这种病。作为一个孩子，我发现自己在某些情况下是无助的，经历过痛苦；但我无法表达我的痛苦，也无法用语言来表达这种痛苦，因为我还没有语言技能，家里的规矩也不容许我以其他方式来表达。结果，我的痛苦深深埋在心里，这就是我现在愤怒的根源。现在我是一个成年人，我的愤怒表明了我的脆弱、我的敏感点。外部环境只是我愤怒的导火索，但真正的问题是我自己对情况的感知，我的感知是由我自己的过去塑造的，它们影响着我所看到的事实。在处理愤怒时意识到这一点是很重要的，因为人们的自然倾向往往是将愤怒的原因外化。

因为每个人都有与他人不同的过去，所以每个人的愤怒都有不同的原因，都是独一无二的。有些人可能会生气，因为他认为自己被批评了，据他自己估计，他办事效率不高，因此任何责难的暗示都会使他不安。另一些人无法忍受他的计划中的任何改变，因为他失去了控制。因此，必须认清每个人的弱点。

一个修行者的愤怒

我想讲述我生活中的一段经历，它让我深刻地意识到我的愤怒问题。作为修行者，我曾下定决心处理我的愤怒，我认为自己成功了：我有三年没有生气了。我推断自己摆脱了愤怒，虽然没有人知道，我对这一成就保持沉默。

有一次，我带着一百名儿童从班加罗尔去马德拉斯参加一个儿童节日。我已经写信给马德拉斯安排旅行的负责人，让他为我们的火车回程做合适的安排。孩子们在没有父母陪伴的情况下旅行，我负责他们安全返回。我提前一个月写信给一位铁路官员，要求为所有孩子保留同一车厢的座位，这样我就可以照顾他们了，他很爽快地答应了我。抵达马德拉斯后，我联系了他，询问火车票的安排情况。他回答说："是的，都搞定了。"几天后，我又问了他一次车票预订的事情，他说："一切都安排好了。"听到这个消息，我松了一口气，不再问他任何问题。我们离开的那天，我带着一百个孩子来到火车站，那个人就在那儿，但是他没给我们预留同一个车厢的座位。他若无其事地说："十个孩子去这儿，十个孩子去那儿……" "但是谁跟他们一起去呢？"我怒吼！他面带聪明人的笑说道："你是修行人，你不应该生气。"我忍无可忍，一切都乱了套，我封存了三年的愤怒之门突然打开了！

这是我最后的愤怒，我最后一次爆发愤怒所完成的一件事就是让我变得更聪明。那时，我努力学习，对自己诚实，我正视自己无法控制自己的愤怒，我知道我必须找到一个更好的办法来控制我的愤怒。我接受了自己在愤怒面前无能为力的事实，这让我离目标又近了一半。

每天都有无数愤怒的场合，拧开水龙头，没水；打开电灯，没电。如果你在印度开车旅行，碰巧坐在后座上，看着外面的交通堵塞，你会做噩梦！动物、行人、骑自行车的人、蹬三轮车的人、公交车、卡车混成一团，一切把你逼成暴脾气，所有场合都惹人生气！

识别弱点

因为每个人的弱点都是独一无二的，所以每个人都必须找出引起他愤怒的情况，你观察自己在一段时间内的反应，一个模式将会出现，让你洞察你的愤怒，你所不知道的无意识的东西将逐渐开始浮现。

我们从哪里开始？坚持写日记是一种方法，对我挺管用。如果我在某些情况下生气了，我会把它写在日记里，我不会对自己做出任何评价，只记录下让我生气的事情，在任何让我生气的情况下，我都会这么做。我坚持了一个月，那段时间里，我不会往回翻看我写下什么，一个月后，我阅读日记，我看到一个模式出现。

我们在处理愤怒的过程中，没有理由对所发生的事情感到后悔。善学之人不后悔，后悔之人不善学。每一种情况都有值得学习的地方，如果你对所发生的事情感到后悔，那么你就会被这种情况压垮。为了从中学习，你需要客观地看待一个情况。这类似于管理账户，为了控制钱，你必须建立账户，没有正确的账目，你就不知道哪里超支，哪里浪费，等等。同样，写作可以让你意识到这些问题。这种意识帮助你预测在不同情况下的反应，你可以有意识地做出反应，而不是机械地做出反应。

活在当下

我可以通过下定决心来处理我的愤怒。早上起来，我下定决心，今天我要警惕我的愤怒。我从不说"以后我就不生气了"，这行不通。因为，每次只解决愤怒只能维持一天。

你是怎么长到现在这个年龄的？一天过去了，又一天过去了，又一天过去了。你过着自己的生活，日复一日，活在当下，这就是生活的事实。小时候，我向妈妈要东西，她总是说："等明早醒来再看吧。"这是教育孩子认识生死现实的最好方式，活在当下。晚上，我们结束了一天去睡觉，不知道第二天早晨会在哪里醒来，是在同一张床上呢，还是在天堂里！我们每天醒来本身就是一个奇迹，一种恩典。

一天解决一次我的愤怒可以给我喘息的空间，我的愤怒似乎不再难以控制。我所要做的就是管理好这一天，然后，我可以学会管理它一辈子。

自我暗示

假如你设了闹钟，以便次日一大早起来去赶飞机，你总是发现自己在闹钟响之前就起床了。人类心智有惊人的能力接受建议，并在适当的时候实现它。在个人管理方面，当我对自己说"我今天不会生气"时，我运用这个能力。白天，当你将要生气时，红灯会在你脑海中闪过，表示你要生气了，你被警告了。即使你真的生气了，你意识到你正怒火燃烧。总有一天你会提前知道自己要生气了。

最终，你的整个生活都变成了行动，有意识的行动。你需要别人的尊重，这是避免生气的唯一方法。有时，个人需要心理治疗来处理内心的愤怒。更多的时候，观察个人的愤怒并认识到它的原因，就足以从其束缚中解脱出来，这样你就不会生气了。

> 在处理愤怒的过程中，没有理由对所发生的事情感到后悔，善学之人不后悔，后悔之人不善学。

责任和冲突

吠陀社会强调责任，任何社会都必须有成文或不成文的强调权利和责任的宪法。世界各地的宪法，包括印度世俗宪法都强调权利包括选择职业的权利、言论自由的权利、保留收入的权利、行使投票权的权利，等等。但是，虽然宪法强调权利，它也阐明了责任，因为人们不能在没有界定责任和施加某些限制的情况下谈论权利。权利和责任是正法概念的组成部分。在这里，我们既可以强调责任，也可以强调权利并阐明责任。也许只有在吠陀人类生活中才强调责任。事实上，如果你是吠陀的追随者（vaidika），你没有任何权利，只有责任。责任的概念来自吠陀的视野。

什么是责任？

现在让我们来了解什么是责任。如果我是一个孩子，我有一定的责任，如果我履行责任，我的父母就会得到他们的权利。如果他们履行他们的责任，我就得到我的权利。当丈夫履行其对妻子的责任时，妻子就得到了权利。如果妻子履行责任，丈夫就得到权利。国家和公民亦如此，虽然一个人有权利，但重点是责任，而不是权利。

权利是履行责任的自然结果，这是因为我们生来是彼此息息相关的，生命本身就是共生关系，是相互依赖的网络。甚至我们的太阳系也是相互关联的，行星就是这样围绕太阳运行的，这个系统本身与星系有关。因此，你发现整个宇宙是由各种各样的事物相互依存而构成的，无论是细胞还是细胞核，都有相互关联的组成因素。作为个体，我并非独自出生在这个星球上，甚至在出生之前就与人产生了血缘关系。我出生时，一个人说：我得到了一个孙子；另一个人说：我得到了一个弟弟。在我不知情的情况下，每个人都声称与我有关系。因此，我出生是有关联的，生活是有关联的。既然如此，如果我的行为完全被一系列本能所控制，我将没有责任、权利等规范。

所有人都有选择的能力，必须选择自己的行为。在这样做的过程中，我们无法避免一系列规范，这个模型在本质上必须是普世的，而不是必须被教化的东西。如果吠陀的责任理念是普世的，它应该适用于一切社会。吠陀社会的责任理念是基于吠陀关于你和人类命运的视野，在该视野中，你必须运用你的意志来发现你作为完整的人（puruṣa）之实相。除非我们理解这一点，否则我们就不会理解强调责任而非权利。

在梵文中"puruṣa"一词有两个意思，两个都是相关的。一个是"居住在城中之人"，"puri"意即城市，指身体，那个居住在此城中之人被称为"puruṣa"。"puruṣa"的另一个意思是"万事圆满之人"，即一个完整的人。因此，"puruṣa"被视作各种局限的主体，它确实是完整的，不需要改进这个事实。

你一生都在努力提高自己，使自己成为社会上的重要人物，却感到自己的不足和渺小。但是，《吠陀经》说，你是一个完整的人。因此，有两种不同的观点，一是，你是完整的；二是，你不是完整的。然而，你不能接受自己是一个不完整的人，因此，终极的寻找似乎正是《吠陀经》所谈论的事情，在它看来，既然你是一个完整的人，你的整个生活就应该以一种帮助你发现这种圆满的方式来度过。

吠陀视野中的内在成长

《吠陀经》的视野，就是倡导一种完全独特的生活方式。因为人们已经是完整的人，传统只是帮助人们发现这个深刻实相的真理。这是一个伟大的视野，每个人在生活中都渴望和奋斗，没有人满足于现状，不管一个人有多大的成就和技能，他总是有种力不从心的感觉，一个人在寻求的充分性正是他自己。要发现这一点，个人必须成熟。虽然一个人在身体上可能是成年人，但在情感上可能还是一个孩子。成年并不能保证情感上的成熟，一个成年人可能还像童年那样愤怒、自私、嫉妒、仇恨。但是作为成年人，你必须成长，摆脱这些倾向，在情感上变得成熟。

吠陀赋予我们一个使自己成熟的计划，它教会我们一种生活方式和价值结构，帮助我们良好成长，让我们发现自己是完整的。这种教导的主要本质是责任，因为它包含了知识，所以它不局限于特定时间、国家或地理的一种文化。知识总是忠实于对象的，没有人对它拥有地域权。此外，吠陀传统将《吠陀经》视作世代相传的知识体系，既然找不到它的起源，我们就将它归源于神。

这适用于任何古代宝藏。假设埃及政府决定摧毁其中一个金字塔，国际社会能接受吗？金字塔已经超越了时间范畴，不再属于埃及，即使它们碰巧位于埃及，它们太古老了，甚至埃及都不能宣称拥有它们，埃及政府只能是金字塔的管理受托人。同样，吠陀知识不属于任何特定国家或社区，它太古老了，连印度人也不能声称它是自己的。但是，与金字塔不同的是，这个知识体系必须由一个吸收了它的人来管理。

获得知识既不困难也不容易。如果你还没有准备好，它貌似很难；但是如果你准备好了，就没有更容易的事了。要知道一件事情，你必须有一定的准备，你的准备取决于你想知道什么。就吠陀而言，你想知道的就是你所想成为的，这与其他知识不同。自然，你需要一种独特的准备，就像《吠陀经》规定的那样，这是你一生的责任。

价值观的作用

你生来就有选择的能力，这一事实使你成为独一无二的生命。作为人类，你可以使用、滥用或废弃这种能力，在使用这种选择自由时，个人没有任何选择；每个人都被赋予了一套准则，他可以在这些准则的基础上行使自己的选择。价值观和基于价值观的责任是天生的，并借助常识来理解的。

这种常识对所有人来说都必须是共同的，例如，我们知道自己不想受到伤害，常识让我们懂得别人也不想受到伤害，没有生物愿意受到伤害，因此，不伤害是一种普世价值观。同样，因为我们不想被欺骗，别人也不想被我们欺骗。我们不想成为任何人仇恨、愤怒或嫉妒的对象。我们希望每个人都能分享、友爱和友好。这意味着我们对我们想要灌输给人们的道德价值观是绝对确定的，我们也知道别人对我们有同样的期望。

即便你有这样的知识，你也会在对错的问题上与别人发生冲突。你发现自己在向这个世界的准则妥协，因为你缺乏对某种普遍的价值观的吸收，所以你总是走捷径。这种吸收只能通过你自己的启蒙来发生。如果正确和错误的行为没有被正确地吸收，那么你将永远会有冲突。

"自发"这个词只有在行为正确时才能作为行为的属性。该做的事情就是责任。成熟意味着知识的吸收，否则你无法做到这一点。如果你变得不能违背责任，那么你就是成熟的，你成长了。对于这样的人，人际交往变得非常简单。

价值的吸收

只要你对价值观的吸收不完整，冲突将会一直存在，一开始就有冲突是很自然的，如果你按照自己的愿望行事，而这些愿望与对错行为的认识不一致，正法—非法就会在行动之前、之中和之后发生冲突。每一次冲突、每一次妥协，都会在你的心灵中累积，所以当你到30或40岁的时候，你的人格就会受到各种各样的干扰。如果你想在生活中获得平静，当你回首往事，你会说你的一生都在学习和成长，那么你需要消除这些不规范的行为，这意味着价值观的吸收。作为人类，我们必须依靠对价值观的认识，然后才能确定我们的行动是否与价值观一致。

你的生活应该帮助你吸收这些价值观，某些思想必须由你自己的意愿来引发。神只能赐予你足够的常识来开始你的生活，但是要使你的生活没有冲突，使你进一步成长，你必须使用自己的意志。当法、神和你之间一致的时候，就会有喜悦，就会有美，你不需要做其他的事情去享受，就可以给你的生活带来美。

一个价值观的价值应该被理解，这样它才不会引起冲突。关于价值观、正法的冲突，是由于好恶的优先权所导致。如果它们不符合正法而是非法的话，你就无法避免冲突。因此，在你领悟到一个价值观的价值之前，你必须遵从正法，行使你的意志。在这样做的过程中，最初会有冲突，但之后就不会有了。一旦你吸收了价值观的价值，该价值观就变成了你自己的价值观。教育不在于宣扬价值观，而在于传授价值观的价值。一个人的成长或价值观的吸收程度，取决于他对某种价值妥协时所蒙受损失的大小。

在吠陀看来，人类的命运不过是自我发现，作为人类，人们必须成长，这种内在成长必须靠自己的主动。

为了帮助我们，《吠陀经》发展出了一个责任体系，即被理解为正法。

这是基于社会需求的，每个人生来不仅是作为世界的观察者，而且具有积极参与创造的能力。因为我们生活在一个共生的、相互关联的生活中，你的贡献可以帮助我活下去，我的贡献可以帮助你活下去，因此，我们是相互联系的，同一个人不可能完成所有的工作。因此，吠陀概述了一个美丽的体系，称为"瓦那"（varṇa），"varṇa"的翻译不是"种姓"，这个词没有对应的中文翻译。如果你真的准备好踏上这段探索之旅，只要你的视野是清晰的，你将发现"瓦那"是要理解的美妙事情。

职责为本的吠陀社会

每个人在社会上都有自己应尽的职责。在吠陀社会中，工作被概括为四类。每个社会必须有人来教授、来主持仪式，他的奉献只应该是追求知识，他的工作是为社会提供知识。即使在今天，在任何一个社会，都有教师、科学家和为获得更多知识而工作的阶层，他们被称为婆罗门（brāhmaṇas）。第二类工作是行政、法律、秩序和国防，这是为了保护正法，因为人们滥用自由，那些捍卫正法者被称为刹帝利（kṣatriyas）。第三类工作涉及商业和农业，在每个社会都很重要，不论这个体系基于物物交换或是货币交换，应该有人制造东西以供买卖，该共同体称为吠舍（vaiśyas）。第四类工作是首陀罗（śūdras），它使所有上述工作成为可能和被执行。你会在每个社会中发现这四种类型的人。

每个人都要通过消除自己的好恶来发现自我，为此，他必须优先考虑价值观（正法）。当你的工作已经由你的出身和家庭决定时，你就不需要在社会中竞争另一份工作，只管做好你该做的事，你的父亲做这份工作，你的祖父也做这份工作，你也做相同的工作；但是如果金钱是衡量的标准，那么重点就不同了。你必须决定哪个就业市场是开放的，并相应地规划你的教育。因此，即使你的教育是以职业为导向的，你的世界观是有竞争力的。

吠陀赋予人一生的责任，它不会给人一种以金钱和权力为基础的膨胀、囤积或成功的生活。即使是国王也只是履行他的职责而已，当每个人的职责被明确时，他们被称为奉行正法（svadharma）。如果你为了更好的金钱的回报而选择另一个职业，那就是玩忽职守。换句话说，没有成长，因为优先事项变成了金钱。任何体系都会被滥用，"瓦那"体系也是如此。但是，虽然制度可以过时，精神却不能。尽管我们在任何地方都没有遵循这个制度，但在我们出生的时候就存在着婆罗门、刹帝利、吠舍、首陀罗这个"瓦那"体系。但是，他们不再履行各自的职责了，因为这个体系已经绝迹了。现在，我们只需要理解该体系的精神，其精神就是责任。

形式当然是必要的，但精神也是同样必要的。如果形式消失，精神也将消失。如果没有精神而保留形式，就像死守残骸。形式可能改变，但精神绝不能消失。你的精神，你对自己的爱，不会变老，即便你的身体变老。

即使我们改变了形式，责任的概念也不能改变。不论你是婆罗门、刹帝利、吠舍还是首陀罗，你的职责是根据情况而定的，每种情况都需要你采取行动，如果你能做到，那么你就去做与生俱来的工作。但在职责上并无高低之分，必须正确理解这一点。

每一个人，就性情而言，只不过是萨埵（sattva）、罗阇（rajas）和答摩（tamas）的组合。萨埵涉及思维、价值观。当你思考或专注于音乐、奉献、探究、分析问题时，当你有同情心或有爱心时，是萨埵为主导，每个人，包括罪犯，都有这种品质，因为他有爱。罗阇是野心、能量、欲望、活动和动力。答摩是迟钝。每个人都是这三者的结合。在这种情况下，任何人可能是一种为主另外两种为辅，从而产生四种性情。第一类：第一是萨埵，第二和第三分别是罗阇和答摩；第二类：罗阇、萨埵、答摩；第三类：罗阇、答摩、萨埵；第四类：答摩、罗阇、萨埵。先知的视野设计使每个人的性情以萨埵为主导，即第一类。

每个人在性情（guṇa）上必须变成婆罗门。一个人从事婆罗门的工作，怀着奉献在寺庙主持普祭，他本质上和行为上都是婆罗门；如果他为了金钱和权利做同样的事情，他虽然从事婆罗门的工作，但他是吠舍婆罗门；假如他甚至不知道如何做他的工作，他是首陀罗婆罗门。同样，可能有人怀着极大奉献之心扫地，你可以称之为首陀罗行为，但是那个人性情上是婆罗门。主持普祭并不比扫地优越，这就是我们的文化。任何工作，如果将其理解为责任，它就是完整的，因为它为个人提供了心智的净化。如果有人性情上是婆罗门，他绝对是一个成熟的人，人们必须在性情上成长为婆罗门。在净化个人的过程中，只要行为出于个人职责，那么这个行为的效果并不比另一个行为的效果差。

吠陀精神体现在"瓦那"体系之中，"这是我对社会、家庭、邻居、国家、人类、众生、甚至众神（devatās）的责任。"我将履行我分内之事。我们的视野不止于我们自己的共同体，而是涵盖整个人类和众生。通过履行分内之事，你将获得极大的自由，你在性情上成为婆罗门，作为婆罗门你将发现梵。当你具有成熟的心智，你将为自我知识做好准备，自我并不与其根源本身分离。

吠陀视野的发现

在吠陀的视野中，你必须成长，因此，自我成长是目标，它将引导你至自我发现，针对它的方法是责任（正法），不论你说是"正法"或是"行动"，它们是一样的。"正法"指是一种表达，而履行分内职责称为"行动"。你并非生来只作为目击者，除非你生来只有感觉器官，没有手足或胃等，才可能成为一个纯粹的观察者，没法参与世间活动。但是幸运的或不幸的是，你生来就是身心感官的复合体，具有创造力，你被赋予三种能力（śakti）：认识和记忆的能力（jñāna-śakti），意愿和欲望的能力（icchā-śakti），行动的能力（kriyā-śakti）。具备这些能力的每个人皆是造物的参与者。如果你观察世间其他生物，会发现它们每一个都参与其中而不越界，这正是人们所期望的，因为它们没有自由意志。芒果树不会结苹果。同样地，每个动物的行为都完全符合它的本性，每个人都参与和贡献自己的力量。

与人打交道时有一个特殊问题，因为他有自由意志。他还必须参与，这必然意味着互动。当你与世界打交道时，你是不变的人，而与你打交道时的对象在本质上是可变的。你感知到不同物体，它们有不同的形状和颜色，它们都是变量。甚至你与别人的私人关系也不总是一样的。

对于某个人来说，你是他的儿子；对于另一个人来说，你是他的父亲；对于另一个来说，你是他的员工，等等。因此，每天你都要遇见、联系很多人，但是和别人有联系的人总是同一个人，那就是你，你是父亲、是儿子，你是不变的。当你以不同的方式联系时，你似乎也经历了与你相关的那个人的相关变化。

作为一个父亲或一个儿子，你是不变的，但有一个可变的因素与你所涉及的人有关。这个"我"变成父亲，"我"变成儿子，"我"是同一个人，存在这些变化。不论我入世，或出世变成弃绝者，我必须与世界有关，没人能避免人际关系。在这些关系中，不变的"我"不同于作为父亲或儿子的我。在父亲角色中，"我"存在；而在"我"中，父亲角色不存在。在儿子角色中，"我"存在；而在"我"中，儿子角色不存在。如果儿子角色存在于"我"中，我绝对是个儿子，那么，我将是每个人的儿子，由这里的每个生物所生。在"我"中，不存在父亲、儿子、员工等角色。与对象相关时，我变成了"喜欢者"和"不喜欢者"。如果在"我"中存在喜欢者，我将喜欢世上所有的生物，但事实并非如此。因此，在"我"中不存在喜欢者；但是在喜欢者中存在着"我"。在"我"中不存在不喜欢者，但是在不喜欢者中存在"我"。很明显，即使在我经历的所有这些变化中，不变的东西似乎不受那些变化的属性影响。这正是吠陀和《薄伽梵歌》的视野。

> 虽然匮乏，你偶尔还是会觉得自己是个快乐的人。如果你能快乐，你必定能够摆脱匮乏者，而无须满足你所有欲望。

1994年于美国宾夕法尼亚州塞勒斯堡

结束象征着开始

（1998年7月在阿奈卡蒂，尊敬的斯瓦米吉在毕业典礼上对三年制学生的讲话）

我们所说的课程已经结束了，当然，它将继续下去。当我听到一些学生谈话时，我开始模糊回忆起我们过去曾举办过的五个告别会。在我看来，这门课程真的并未结束，因为它从未开始过。对我来说，这就是我的教学生涯，除了旅行，我没有一天不在教书。不论我教授一本书或一本书的部分；不论我教授大众，还是一群认真的学生，我总是认真对待听众。

我在每次告别时都会说的一点是，这个学习不是由你开始或结束的事情，你的生命始于地球就是一个开始，在人生过程中，各种各样的事情会引导你去追求，没有一件特定的事情可以被称为它的初始原因，因此在你的生命中没有特定点是这个追求的起点。作为一个探索者，早在这个课程开始以前，你已经是一个探索者了，在探寻中，这三年半已经成为一个重要的逗留，一个你短暂停留的地方，一个你逗留在那里却继续探索的地方。

当你离开的时候，不管是作为一个探求者，还是作为一个不再需要任何寻求的人，这都无关紧要。可能在某些领域，一个人仍然需要在自己身上努力，那就是生活。这里没有日程表，没有既定的开悟日期，没有开悟（muhūrtam）。确实没有所谓的开悟事件。即使是教学，也是一个逐渐清晰的过程。

事实上，当你教授时，你是在分享。你持有分享的态度尊重你的听众，尊重的第一个原因是他或她选择聆听你；第二个原因是你对人类心智的尊重。如果你尊重学生，教学就变成了分享，没有地位之分，没有老师或学生，只有一个课题，老师理解了，学生也能理解。有了这种态度，就有了交流，在分享的过程中，传统也在延续。

有一个很好的理由来保存美好的传统，或者那个伴随该教学的形式，有一个很好的理由。宗教环境有利于这种教导，宗教的神学影响整个人，不论人们是否被教导，当个人成长时，他们会将其拾起。因此，我们需要一个符合这个教导的神学，文化也应该与之保持一致。宗教和文化是形式，视野是真理。换句话说，前者是包装，后者是内容。当我活在我的生命里，与这个视野保持一致并分享时，那个包装被保存了下来。我不是对形式漠不关心，它们同样重要。理解了这一点，人们首先从人身上获得灵感，然后从教学中获得灵感。

教授这门课程对我来说是一段愉快的时光。看见同一个人坐在同一个座位上一节课又一节课，了解听众的水平，并期望他们逐步提高理解，这总是件好事，在公开场合，这是不可能的。从这个意思上说，我也是一个受益者，我也和你们一样喜欢整个课程。你需要一个团队。我祝你们大家一切顺遂。

> 如果我的生命存在于过去和未来、那里和远处，与死无异，那是活着吗？

1998年7月于印度阿奈卡蒂

领导力和自我形象

如果我必须管理别人，却发现我没有管理自己思想、语言和行动的能力，我就不能为别人树立榜样。一个领导清楚自己想要实现什么目标，也有能力做出客观决定，他有很好的判断力，他的清晰和客观来自于他的内在安全感。领导是具有良好自我形象的人。

一切都是赐予我的

我出生在地球上一个特定的家庭，在一个遵循特定宗教、文化和道德传统的社会。我的身体是被赐予的，我使用这个身体，把握它和使用它，出生时身体是活的，这是个奇迹。我在出生时活着是一个事实，我的身体能够新陈代谢，这又是一个既定的事实。身体具有一套感官，比如眼睛、耳朵等，以便感知世界，也是一个既定事实。如果没有眼睛、耳朵或其他感官，我的生活会怎样？为了享受高质量的生活，我必须拥有这些感官，它们是赐予我的。我还拥有能够表达愤怒、嫉妒、仇恨等情绪的心智，也拥有能够表达沉着、同情、理解、爱、包容等相反情绪的心智。拥有能够探索、探究和理解的心智是一份珍贵的礼物。我能够探索迄今未探索过的领域并发现实相，这是一种才能，这种思考能力是我与生俱来的。我有能力区分什么合适，什么不合适；什么是正确的，什么是错误的。

我也有记忆力，如果人类没有被赋予这种能力，每个人在精神上都会像新生儿一样！记忆是学习的一部分，这张"软盘"是我出生时赐予我的，它是干净的、空白的。

三种能力

我的身体、心智和感官在梵语里被称为"kārya-karaṇa saṅghātaḥ"，"saṅghātaḥ"意即集合体。该身体是个结果，行动和感知的工具，比如眼睛、耳朵、腿脚、记忆力和认识能力是"因"。该身体—心智—感官复合体是赐予我的。

该身体—心智—感官集合具有特定能力，即：认知、探索和记忆的能力；欲望、意志、坚持和感觉各种情绪的能力；行动的能力。

人们普遍认为，一个人不应该有任何欲望，因为欲望是一切人类问题的根源。这是一个错误的观念，欲望不是问题，欲望的管理才是问题。事实上，欲望是人类的特权，只有人类才有这种欲望的能力，欲望力被最大限度赋予人类，你享有欲望的特权。《泰迪黎耶奥义书》说，"神欲望和创造了这个世界"（saḥ akāmayata），所以神也有欲望。欲望是赋予你的恩典，它是一种禀赋。你不能来到世上，后天捡起了欲望的能力，它是与生俱来的能力，是创造的一部分。

如果你有知识和欲望，但没有能力去行动，你将会有无法实现的欲望。为了满足你的欲望，行动和发展事物的能力也赋予了你。能量和热情也是这种力量的一部分，去行动和完成你想要和渴望的事情。

世界是赐予我的

我发现自己所处的世界是赐予我的，我发现自己置身于不由自己选择的事物当中。我的孩子是赐予我的，我没有创造他们。我的财富是赐予我的，我只是碰巧拥有它。我的名声、权力、地位，这些全是赐予我的。简言之，我在这个世上什么也没有创造，世上的一切都是赐予的。我所处的世界有支配行动和结果的法则，它们也是赐予的。

我发现这个世界按照既定秩序运作，我付出的每个行动都有一个适当结果，凡事都有原因，我生气、伤心或高兴是有原因的。按此顺序，一切都是可以解释的，这个宇宙中万物的本质都与该内在秩序保持一致。

个人职责

在这个事物的计划中，我作为个体，发现自己有责任和权利，宪法是用来保护我作为一个人的权利。但在强调我的权利的同时，也必须强调我的责任，因为没有责任的权利会导致混乱。因此，每个社会都规定了具体责任和具体权利，我有赚钱的权利，我有缴税的责任；我有权利成立有限公司，我有责任对股东负责。每个权利都伴随着相应的责任。

吠陀文化不强调个人的权利，而强调个人的责任，责任是个人在特定情况下应该做的事情，当每个人在履行自己职责时，社会上每个人的权利就得到了保障，这就是责任的概念，它是一个古老而美丽的概念，在各个时代都得到了很好的保存。

我扮演的每个角色都有一个剧本，这是我在这个角色中的职责。在吠陀传统中，每个人的职责都被阐明了，在这个理念中没有需求，只有责任、谦卑，有人们为了适应所扮演角色而做出的努力。

领导力作为一种责任

履行我的职责并不意味着我接受一切情况而不试图改变它们。我接受了我的责任、我的角色，我接受了所面临的情况，我对情况的看法是客观的。如果我对某一情况的看法是客观的，那么我就能以适当的方式做出反应。

当我在责任的基础上行事时，我会有一种责任感和敬畏感。我遵循一个剧本。我不是天生管理者，为我工作的人也不是天生雇员，存在这种关系是因为我们各自扮演的角色，承担的相应职责。

因为我与人的互动是以我所扮演的角色为基础的，所以我可以带着幽默感去面对不愉快的情况，幽默感对我的心理健康是很重要的。我要履行职责，扮演角色，没有高低贵贱之分，只有职责要履行。当我履行我的职责时，我学会享受我所做的事情，而不是试图寻找我喜欢做的事情。当我履行我的职责时，我与事物的秩序是和谐的，它创造了一种谦卑的态度，使我平静地接受事实。我喜欢平静和沉着，我喜欢我所做的事情，我喜欢做我自己。因此，我可以有一个良好的自我形象，无论我做什么，无论我发现自己在什么情况下，当我用这种态度履行我的职责时，我用自己的态度和行动为别人树立了榜样。因此，我自然而然地成为了领导。

在吠檀多之光中管理

吠檀多处理的是人类某些基本问题，作为一个研究吠檀多许多年的人，我会从吠檀多的角度去审视管理情况的各个方面。我也负责管理修道院和古鲁学堂的日常事务。作为一名吠檀多学者，也作为拥有管理众多人的大型机构经验的人，我想和你们分享我的知识。我认为管理有两方面：自我管理和情况管理（可能涉及人）。因此，我将讨论这两个主题。

每个人都是管理者，不论他或她是否处于职业管理位置。每个人都要管理，作为一家之主，我有家要管，有孩子要抚养，有日常事务要处理；作为个人，我必须管理我的能力、我的情绪、我的身体和我的环境，每天都会出现需要我的管理技巧的情况。如果我在管理自我方面存在问题，我一定会在管理组织方面存在问题。因此，那些处于行政和管理职位的人，有必要对他们自己和所管理的情况作深入了解，以便发挥专业人士的作用。

作为一个弃绝者，桑雅士（sannyāsī）被称为斯瓦米（Swami），因为他致力于管理自己。斯瓦米意即大师，甚至神也被称为斯瓦米，因为他是自己的主人。同样，斯瓦米也应该是他自己的主人，他除了管理自己别无他求。他不是财富或人的斯瓦米，但是他仍然被称作斯瓦米，他对自己的情绪和行为负责，并对它们有发言权。他即使犯错也不后悔，因为他比较明智。他没有什么可后悔的，因为他做事是有意识的，他选择他的行动，行使自己的意志。如果他犯了错误，那是因为他对情况缺乏了解，因此在此情境下他不能不犯错，但他准备改变，因为他更明智。没有什么好后悔的，只需要从中学习。为了管理好自己，每个人都要学会成为一个斯瓦米。

个人在某些情况下会有幸福感，可以创造条件来获得这种幸福，这本身就是一种极大成就，但是这种幸福依赖于这些情况，所以，情况控制着你。你可以通过诸如祈祷、正确的态度等灵性戒律的修持获得一定程度的自由。然而，即使灵修也不能保证完全的幸福，因为一个人受制于对死亡、疾病、衰老、丧失力量和其他各种限制的恐惧。只有当个人的幸福不依赖于情况时，才能拥有完全的自由，这就是我们所追求的自由。在吠檀多的视野中，这种自由是个人的本性，它本自具有。因此，吠檀多的整个教导是否定关于自我的错误观念，并帮助人们接纳这种自由。

哲学蕴含着对智慧的热爱，在吠檀多中存在很多智慧，任何热爱智慧的人都会在吠檀多中得到圆满。然而，吠檀多不是一个理论或学派，它被视作一种认知手段，就像看见颜色和形状的眼睛，或像听到声音的耳朵。它是一种认知手段，揭示个人圆满俱足、摆脱任何局限感之实相。这种自我接纳是将个人视作完全俱足的人，这种接纳带来个人对情况认知的彻底改变，并唤醒他们的客观反应。

随着现代通信系统提供即时信息，随着世界距离变近，我们的日常生活也改变了，人们必须比祖先应对更多的情况。想象几代人以前的生活，对于居于乡村的人来说，得到邻村发生事情的消息，即使不要几天，至少也要花一天时间，有时他甚至可能根本无法得到消息。在他的生活中，日常事务可能很少而且重复，比如早上起床，去河边沐浴，去寺庙，回家吃饭，去田里干活，等等。但在现代，即使你坐在位于印度偏远城镇家中的客厅里，仍然可能会对世上所发生的事情感到焦虑和愤怒。

报纸上充斥着世界各地甚至外太空的消息，你必须对这一切事情做出反应，因此你产生压力。这种压力并非由于你比祖先更活跃，他们也像你一样活跃，多亏了现代科技，你不得不对更多的事件做出反应。

如果你想享受内心休闲，你必须学会对事件做出反应而不卷入其中。作为一个世俗的人，你有自己的问题；即使作为一个没有竞争力的斯瓦米，我也有自己的问题；作为一个管理者，你有更多问题需要处理。你作为一个活跃的社会成员，置身于繁忙的活动之中，必须对各种事件做出反应，参与经济、社会和政治活动。你不得不回应它们，你对情况的反应可以是主观的，也可以是客观的。当你对一件事做出客观的反应时，意味着你对正在发生的事情具有一定理解，如果必须的话，你会有意识地做出决定并采取行动。但是，如果你很清楚，无论你做什么都不会有效地解决这种情况，那么你的整个反应往往是主观和无助的。这种无助感会导致沮丧、焦虑、绝望和悲伤。

每个人在生活中都需要平静沉着，个人怎么获得它呢？人们可能尝试各种技巧和疗法，比如自助计划、冥想、整体医疗，或者你可以决定去接近一个斯瓦米，如果那个斯瓦米了悟他自己的实相是圆满俱足。他就能教授你同样的实相，这样你就可以在艰难和不愉快的情况下平静地面对自己。

平静不在你之外，你很清楚这一点，你的周围可能很平静，但你可能会感到内心的骚动。有人为了平静去喜马拉雅山区，他在山谷中择一个静谧安逸处居住。过了几天，他自言"虽然隐居是迷人的，但它缺少一样东西：陪伴！"你不可能只待在隐居地而找到持久的平静。

有些人可能会说，内心可以找到平静，这是否意味着平静位于你心中？为了平静，你只需要自己，不需要别的。在《大林间奥义书》中，圣人瓦贾那瓦尔卡亚（Yajnavalkya）想退隐成为弃绝者，他将牲畜、土地等所有财富交给他的妻子麦特依（Maitreyi），并请求妻子允许他退隐去追求知识。妻子问瓦贾那瓦尔卡亚，他留下的财富是否能给她带来和平，他说："在自己以外没有和平，和平以自己为中心。"瓦贾那瓦尔卡亚告诉麦特依，没有任何外部事物能带来和平。每件对自己而言珍贵之事皆为了自己，如果丈夫喜欢他的妻子，不是为了妻子，而是为了他自己。他爱她，因为他喜欢她，他在与她的关系中找到了快乐，所以他爱她。事实上，他对她的爱，是为了取悦自己，她对他亦如此。

同样的，如果你喜欢为社会做一些事情，那也是为了你自己，你想要名声、权力；或者，出于你自己的同理心而行动，如果某人处于痛苦中，你会同情他，没有人不同情悲伤的人，别人的痛苦变成了我自己的痛苦。当你看见人们生活在贫困中，你就不可能快乐，所以你要做一些事情来缓解贫困。因此，平静只以自己为中心，这取决于一个人看待自己、看待世界的方式，对生活现实的理解和个人的优先事项。要想安于自己，个人必须领悟个人作为俱足者之实相。

在这个世上只有两种东西，一种是主体，另一种是客体。主体是我，其他都是客体，根本不存在着第三种东西。后面将主体和客体分别表述为"我"和"非我"，这个分组是在探究开始时区分的，在探索结束时，我们消除第二个，把两者简化成一个，即整体。"我"和"非我"是我们现在都认知的事实，如果存在天堂，它是"非我"；我的父亲、母亲、姐妹、兄弟等，皆是"非我"。因此，在生活中，我总是要处理那些"非我"的事情。

似乎"非我"比"我"更强大。如果我遇到比我更有资格的人，我会变得嫉妒，产生纠结。世上力量似乎压倒性地大，所以无论我在生活中变得多么重要，我总是觉得自己很渺小和微不足道。我所带来的任何改变都不足以给我的感觉带来重大改变，因为"非我"是无数的。因此我不是无限的。所以，不论我有多少成就，我都不会感到有什么显著的不同。

只有完全无知才是幸福的！如果我是无知的，却意识到这一点，然后，我就陷入了困境，我觉得自己渺小。当我还是孩子时，我知道得不多；现在我长大成人，已经完成了大学教育，但我仍然对很多事情一无所知，因此我觉得自己很渺小。即使在我作为专家的知识领域，我也仅知道冰山一角，还有很多东西需要了解，我知道得越多就越意识到我不知道。所以，渺小在不断增长，它似乎没有减少。

当我还是孩子的时候，我感到自己的渺小和微不足道；而现在，我也仍然感到自己的渺小和微不足道。生活变成了一场证明自己的抗争，一场证明我是某个人的抗争。即使有人表扬我时，我也怀疑自己是否真的配得上，因此我感到自己的渺小和微不足道。带着这种以"我"为中心的根深蒂固的感觉，我对各种事件做出反应。我的反应来自于匮乏感，一种没有成就任何大事的感觉。自然地，我的反应被我对自己的看法所歪曲或抑制。吠檀多要求你以完全不同的方式，事实上、如实地看待自己。

我对"非我"有一定程度的理解，有一份"非我"的清单。我的父亲、母亲是"非我"；太阳、月亮、星星是"非我"；天堂或地狱（如果它们存在的话）是"非我"；我穿的T恤衫是"非我"；我私人的任何东西是"非我"。那么"我"是谁呢？我们得到不同的答案，一个人说他是某某先生，这只是一个名字，即便如此，人们还是会用不同名称、昵称、绰号称呼你，但你不是一个名称。那么，你是谁？你说"我是某某先生的儿子"，这个"儿子"指的是谁？你不是"儿子"，如果你是，那么你就应该是每个人的儿子，但事实并非如此。当你说"我是儿子"时，这是一个相对的表达，从你父母角度来看，你才是儿子；但是，从你自己儿女角度来看，你是父亲；从你妻子角度来看，你是丈夫；从你兄弟或姐妹角度来看，你是兄弟；从他人角度来看，你是邻居；从老板角度来看，你是员工。所以，无论你如何看待自己，总是参照不同观点，如果一个观点被清楚地理解了，它仍然是一个观点，否则，它将成为一个扭曲的观点。观点在本质上是相对和定位的，是从一个角度来看的，在其他任何情况下并非如此，一个观点不能被当作"那"的观点。

"我"的实相是什么？对于我的孩子而言，我是父亲；对于我的父母而言，我是儿子；在这两种表达中，"我"是相同的，相对于"非我"，"我"是相同的。相对于一个"非我"，我是父亲；相对于另一个"非我"，我是儿子；相对于另一个"非我"，我是叔叔，等等。在所有这些表述中"我"是相同的，"我"因此是不变的。这些变化的不是真正的"我"，他们是从不同角度出发的。当我对情况做出反应时，那个必须做出反应的是

"我"，这是不变的。对一个愉快的情况，我必须做出反应；对于一个不愉快的情况，我也必须做出反应。当我看见太阳时，看见太阳的是不变的"我"。当我听到一首歌时，听到歌的是不变的"我"。虽然做出反应的"我"是不变的，但我发现当我与一些"非我"，比如太阳、月亮、星星相关时，我会保持冷静。然而，当与其他一些"非我"，比如我父亲、儿子、姐妹等相关时，我遇到了问题。

不变的"我"和变化的"我"之间的关系可以通过演员和角色的例子——演员A和角色B来理解。假如演员A扮演乞丐角色B（剧中主角），演员很清楚地知道，在剧中扮演乞丐的角色并不会使他变得更穷。事实上，他希望变得更富有！这个演员演得很好，根据剧本，当他被恶棍虐待、责骂和殴打时，他的眼睛里会流出真泪，看戏的观众被乞丐的表演感动得流下眼泪，他们对表演感到惊讶，他的表演才能受到大家的赏识。

在戏剧结束后，你来到后台祝贺演员的出色表演，你不会发现他在哭泣或后悔。相反，他非常高兴自己能哭得这么逼真！即使在哭的时候，他心里也一定在笑，他不受到自己所扮演角色的影响，因为他知道"乞丐"只是一个角色，乞丐的贫困和问题并没有影响到他，那个演员。

所以B的角色仅局限于B——角色自身，它不影响到A——演员。A的平静不会被B的命运扰乱，A存在着内心休闲。A在继续扮演角色B的同时，享受着内心休闲。他扮演得如此出色，甚至比现实生活中的乞丐更像乞丐。即使当他的搭档漏掉几句台词，他会为他们补漏，不让演出搞砸，他弥补他人的疏漏，让演出得以继续下去。这种内心休闲不是由于缺乏外在活动，作为一个演员他继续在舞台上表演，尽管身处一场激烈的戏剧表演中，他仍然能保持镇静。

一个好的演员能让戏剧顺利展开，而不被舞台上的事件所影响的人，他也能弥补其他人的不足，这种能力来自他的内心闲适。但是这种不让角色影响到演员问题的内心闲适从何而来呢？这种内心闲适怎么成为可能？因为，当B（角色）是A（演员）时，A不是B。B肯定是A，当B在舞台上表演时，A不能待在后台。事实上，B的手足、耳朵、嘴巴，甚至对白全属于A，每一部分B都是A，而A不是B。B的问题仅限于B，它们并没有破坏A的沉着和平静，A因此保持他的镇静，并能恰当地说出他的台词。

假设A在B的角色中迷失了自己，举例，假如在剧本中，A被恶棍掴了一记耳光，A把另一边的脸给恶棍，让自己毫无反抗地挨下一记耳光。演员不按照剧本要求，变得非常生气，回掴恶棍一记耳光！幕布落下，导演跑上舞台质问演员："怎么回事？"演员回答："他打我，因此我回打他！"

这个例子表明，演员出了点问题，他任由自己被这个角色的问题和痛苦冲昏了头脑，他已经丧失了沉着和内心闲适。这发生在我们每个人身上，作为父亲，你有一些问题；作为儿子、邻居，你有问题；作为这个国家的公民，你有很多问题！没有人没问题。你无助地抱怨"没有和平"，当你自己都糊涂了，怎么能平静下来呢？

演员的区别和非区别必须搞清楚，当B是A时，A不是B；如果B是A，那么B的问题必定是A的问题，但是我们发现B的问题并不延伸至A。从这一点我们理解到，在B和A之间存在距离，该距离不是身体上的，因为B在哪里，A亦在那里。虽然A和B之间不存在身体上的距离，貌似A和B是两个不同的人，因为B的问题仅限于B，而不是A的问题。当A知道当B是他自己，而他不是B时，这是自我的认知。当A在戏剧中扮演角色，他并没有失去自我。因此，距离纯粹是由自我认知产生的。这种对自我的认知不仅仅是一种观点，也不是信仰。A知道当B依赖于他时，他并不依赖于B。即使当A扮演B的角色时，这种关于A独立于B的明确认知始终存在，从未消失。

角色可以多种多样，乞丐、恶棍、英雄，或甚至"她"，A可以改变他的嗓音、步态，或服装，以符合一个妇女的角色。他不是这个角色，这个角色在他之外没有独立的存在，这种认识给了他一种内心闲适，一种内心的平静，尽管他在舞台上很活跃。莎士比亚说过："整个世界就是一个舞台，男男女女皆是演员。"我不知道他知道多少吠檀多，但作为一个伟大的思想家，他确实发现男人和女人不过是演员，世界本身为演员们搭设了舞台。

你被要求扮演不同角色，这些角色提供了很多挑战。没有人可以避免扮演角色，即使斯瓦米也是如此。作为斯瓦米，我选择扮演最少的几个角色。我有选择我扮演的角色的自由，有些我选择扮演，其他一些我不扮演。但是我没有选择不扮演任何角色，因此每个人都要扮演角色，这不是一个选择的问题。

当我和你说话的时候，我是在扮演说话者的角色，但是我并不一直在和你说话，当我说话时，我是存在的，但是我也可以不说话而存在。当我看到你的时候，我就在这里，但是我也可以在这里却看不到你。当我邂逅世界时，我是存在的，但是我也能不邂逅世界而存在。这说明我扮演了不同的角色，因此，那个管理者，你，那个在工作中面临诸多问题的人，不过是你所扮演的角色而已。

如果你确信你只是在扮演角色，那么你就可以迎接更多挑战。扮演角色，尤其是扮演管理或主管角色并不容易，事实上，没有一个角色是没有挑战的。

继续举演员和角色的例子，演员只有了解自己的真正本性，才能在角色中保持沉着平衡。他必须认清自己作为演员的身份，知道自己扮演的角色是什么，一个表面的现实。同样，要有内心闲适，我必须能够区别我的真实身份和我认为自己是谁。

物质身体必须被看作是我之外的某种东西，或者严格地说，"非我"，因为我能客观化或认知的任何东西必定是一个客体。世上有无数身体，而我将其中的一个身体称为"我的"身体，然而，说那个身体是"我"是不正确的，因为"我"是主体将身体客观化，主体和客体不是相同的，我认知的或客观化的任何东西都不是我自己，都不是主体。

我意识到物质世界，因此，世界是"非我"，虽然我的身体包括在你的物质世界里，你的身体也包括在我的物质世界里，但我们俩都没法认为我们各自的身体与物质世界是不同的！我的身体对于你而言是客体，你的身体对于我而言是客体，但是你认为你的身体不是客体，你认为它是"我"，是主体。事实上，它对你同样也是一个对象，因为你意识到它，你所意识到的是"非我"，而那个意识者是"我"。因此，从身体的角度来看，我或高或矮，或白或黑，或瘦或胖。我是年轻或年老的，是受衰老和死亡支配的，也是从这个观点出发的。既然物质身体是会变化的，在我看来，我似乎只和物质身体一样，这是因为普遍存在的自我困惑，身体的痛苦和限制因此成为我的痛苦和限制。不论我怎么努力去改善它，我总是会回到起点，一个我自视渺小的、匮乏的和微不足道的人。

感官也是"非我"，感官是我感知的工具，我将它们客观化。当一个盲人说他是盲人时，他实际上是知道自己失明的。当我去眼镜店买新眼镜时，售货员会怎么做？他测试不同眼镜，并和我一起检查眼镜的度数是否正确，所以，我是感官输入的最终裁判。不论眼睛能否看见，耳朵能否听见，都由我来裁判。这是事实，尽管有先进的小工具，只能帮助感官感知，但不能替代感官。因此，我将我的感官客观化，从我的眼睛的角度来看，我可能是盲人；从我耳朵的角度来说，我可能是聋人；但是从我自己的角度来看，我两者都不是。所以眼睛、耳朵和其他感官都属于"非我"范畴。

我们错误地认为任何发生在我们心智上的事情，都发生在我们身上。当我心情烦躁时，我认为自己也在烦躁。这不是真的，当我看见风扇旋转时，我并不在动。当心智激动时我意识得到，但我并没有动，我并不激动。因此，即使心智，包括记忆、知识和情绪也是"非我"。你可能会说："斯瓦米吉，我是无知。"但是即使无知也是"非我"，因为你意识到你的无知。你意识到你不知道，举例来说，你意识到你不懂俄文、梵文或中文。因此，无知也是个人意识的对象。

因此，我意识到我的身体、感觉、心智、我的无知和认知、我的情绪、时间和空间，事实上，包括整个宇宙。我不是这些当中的任何一个。那么，我是谁？吠檀多说："你是原人（puruṣaḥ），那个蛰伏于体内者。"我是纯粹的意识者，意识到一切，世界的存在依赖于我对它的认知，而我不需要一种认知手段来认知我的存在，我的存在是自我证明的事实。如果有人问你"你带钱包了吗？"你必须摸摸口袋，然后回答"是"或"否"。你需要一个认知手段，即你的触觉感知。要认识到斯瓦米站在这里，你需要认知手段，即你的眼睛。即使是斯瓦米也没有别的方法向你证明他的存在，你必须看见他，你必须意识到他。另一方面，我的存在是一个自我证明的事实，不需要证明。因此，我是自我证明的意识者。

没有我的见证，这个世界是不可能向我显现的。我是照亮世界的人，世界被我照亮。一个物体要显露自己，要么是自身发光的，要么是反射光的。除非我的心智在我所看见的东西背后，否则即便我的眼睛是睁开的，我也看不到这些物体，我的心智必须照亮我所看见的东西，以便世界向我展现它自己，我的心智也被不变的"我"的存在而照亮。

吠檀多使用两个术语来解释这个事实：照亮

（bhāti）、被照亮（anubhāti），就像太阳和其他发光体在我睁开眼睛看见时向我展示自己一样，世上所有物体因我眼睛之光、耳朵之光、我其他感官之光而被照亮。在眼睛、耳朵、感官、心智之后有一束光在照耀。感觉的对象，比如太阳、月亮、星星、声音、香味等被感官照亮；感官本身不能照亮，除非有光——心智在里面。因此，整个物质世界被心智照亮。但是心智本身不是"我"，因为我意识到心智，心智被"我"照亮。我独自发光，其他一切，整个物质世界和心智被我照亮。吠檀多继续说，自我闪耀的"我"是完整的，它是俱足的。"我"不受制于时间、空间、因果的束缚，"我"是整体，"我"不经历任何改变。

你不需要改变世界来发现和平，你也不需要改变你自己。如果有什么需要改变的，那就是你的视野和理解力，这是关于你自己实相的知识，你没有选择的余地。这就是你，这是生命中需要了悟的。你可以扮演不同角色，这的确是一件好事，挑战越大越好。即使别人在其生命戏剧中漏掉几句或增加几段台词，如果你是个出色演员的话，就能弥补这些缺憾，让剧情继续演下去，并仍然享受它。这在任何情况下都是正确的，无论是在家里还是在其他地方。所以，在任何职业、管理或其他方面，谨记，角色是你，但你不是那个角色，和平是你的本性。

> 自我是可接受的，而这种可接受的自我是每个人在生活中所寻找的。

1991年10月

人事管理

每个人都是管理者，一个人可能没有大工厂和协会需要管理，但是，他作为一家之主，可能有孩子和亲戚、朋友需要管理。夫妻需要相互照顾，孩子必须由父母抚养。因此，你会发现管理无处不在，不论个人是否处于管理职位，每个人都是真正的管理者。

树立榜样

管理者是领导者，他必须树立榜样。《薄伽梵歌》说：

yad yad ācarati śreṣṭhastattadevetaro janaḥ sa yat pramāṇaṃ kurute lokastad anuvartate

"无论领导者做什么，其他人也会效仿。无论他主张什么权威，普通人都会追随。"

——《薄伽梵歌》（3.21）

尊贵的或"最好"的人（śreṣṭha）是被别人尊敬的，他应该知道，应该领导。在商业组织中，有一个人位置最高，主席是尊贵的人，因为该职位给予此人这样的地位。

再一次，我们发现一种层次，一个领导阶层。可能是一组人向主席汇报，而这个小组的每个人又是自己下属的领导。当领导者长久工作，做任何事情却不期望得到赞赏或掌声，尊敬他的人自然不会无动于衷。不论领导接受何种方法，不论他树立何种权威，不论他重视何种价值，他身边的人将跟随这种价值。

因此，克里希那实际上对阿周那说："如果你从战场上逃跑，其他所有人都会跟随你。如果你做不到该做的事，其他人也会效仿你，因为你是领导，不论你喜欢与否。"

如果你处于管理职位，你就不能懈怠，不能放松你的价值观，因为无论你树立什么样的榜样，他人都会效仿。这是管理事务的一个非常简单的因素——树立榜样。

热爱你所做的事情

如果你已经对你正在做的事情失去了热爱，那就换一份工作，在新岗位你可以做你喜欢做的事情。或者，无论你现在做什么，都要从中发现你热爱的东西。人们常对我说，"斯瓦米吉，我不喜欢我的工作，我喜欢这份工作的薪酬，而不是这份工作本身。我对薪酬满意，但对工作不满意！"你自然不会对工作满意，因为你不热爱你所从事的工作。

有些人无论在哪里，总在抱怨，他们总能找到自己不满的理由。但他们的问题要深刻得多，与他们自己的过去有关，他们做任何事情都不会感到满足。

新德里有一名交警，他的岗位就在交通繁忙的拉什特拉帕提巴旺（Rashtrapathi Bhavan）的正前方。交警的工作是最机械的工作之一，我过去常常同情他们，因为他们整天唯一做的事情就是用手势上下左右控制交通。但是这个交警在他的工作中发现了一种艺术形式，并乐此不疲。人们会驻足欣赏他优美的手势动作，就好像他在表演舞蹈一样。

如果你喜欢你所做的事情，你会发现你周围的人也喜欢你的快乐。如果你对自己不满意，你就无法管理任何人。即使是我向你讲话的时候，如果我不认为自己与这个主题有关，你也宁愿做点别的事情，而不是阅读这篇文章。

发现自尊

你对工作的不满往往与工作本身无关，是你对自己作为一个人的不满，无论你做什么，你都会发现自己不满意。

假设你的职业是工程师，但对此工作不太满意，你碰巧擅长音乐，所以决定成为一名职业音乐家。你可能只需要三天就会对你的新工作感到不满。目前，你喜欢唱歌，你的朋友也喜欢听你唱歌。但是，当你成为专业人士后，情况就改变了。这个领域需求很大，竞争也很激烈。你可能无人喝彩，可能遇到许多其他负面因素——不满意情绪卷土重来。所以，审视你自己，找出你对自己不满意的原因。

这种不满可能有很多原因，你可能对自己有看法，有纠结。有些人总是不停地批评自己，不管情况如何，这是由于内在化所致，别人做了某件事，而你认为自己应该对此负责。我们通常通过别人的意见来估计自己的价值，如果你问某人："为什么你还没有工作就结婚了？"答案很可能是"如果我不结婚，别人会怎么想？"

考虑别人对我们的看法是一回事，但如果我们把别人的看法作为对自己判断的基础，那就大错特错了。我们对自己的评价如此之低，即使别人称赞我们，我们也认为自己毫无价值，并说"如果这些人真的了解我，他们就不会这么说了"。

要明白你重视自己多少，你就有多少价值，你的价值与别人对你的看法无关。你的价值取决于你对自己的尊重程度和你自尊的高度。如果你认为自己是个重要人物，你就能管理好事情并赢得尊重。

管理人的方法是赢得他们的尊重，而不是强求。在这种情况下，你会发现当你遇到这种情况时，人们会尊重你。他们尊重你，因为他们知道你很了解自己的工作。你的自尊表现在你所有的感知、决定和行动中。每个处于管理岗位上的人都应该发现自我价值，没有其他方法能赢得尊重。

关心他人

一个重要的态度是关心你要管理的人。如果你想让你的车为你服务，你必须好好保养它。机器尚需如此，而你所管理的人就不仅仅是机器了。他们为你工作，不是出于对你的爱，而是为了他们自己。他们为你工作，因为他们没有更好的前景，当机会来临时，他们有追求那个机会的自由。因此，很自然地，你必须考虑如何赢得并留住他们。每个人都必须被说服，而这不能靠强求来实现。

是什么赢得了为你工作的人的支持？除了工资和特权

之外，你还需要什么？是什么让这个人带着爱、自由和某种服务意识为你工作？这是关心。给员工放假、提供不限使用日期的机票等，但这无关紧要，这些福利在一段时间后变成了员工习以为常的特权。例如，以前奖金被视作一种恩惠，但现在它已经变成工资的一部分，不管雇主是否盈利。适当的善意行为也会成为交易的一部分。

因此，关心不仅仅是经济上的考虑，它也来自个人。管理当然涉及很多方面，最重要的因素是你对为你工作的人表达关心，这就需要理解工作的责任和神圣性的概念。

责任和权利

责任的概念一直存在于我们的社会和印度文化中，在我们的文化中，它被赋予如此重要的地位。事实上，我们根本没有任何权利，这是一个强调责任的社会，而不是一个强调权利（adhikāra）的社会。当拥有权利时也必须强调责任，没有相应的责任，就没有权利。如果你有赚钱的权利，你就有纳税的责任；如果你有在马路上开车的权利，遵守规则的责任就是理所当然的。

公民的责任是国家的权利，雇主的责任是雇员的权利。即使在个人关系中，丈夫的责任也是妻子的权利，反之亦然。父母的责任变成了孩子的权利，反之亦然。这就是印度社会，有些因素延续至今，对于有着如此众多问题的大国来说，仍然没有发生政变，归因于这种责任感仍然存在于我们的血液中，我们可能没有很好地理解这个理念，但它与我们同在。

工作的神圣性

责任没有高低之分，正如机器中不同部件都有各自功能一样，社会不同成员也有各自的职责，没有优劣之分，每一份工作都和其他工作一样神圣。在印度，劳动的尊严是至高无上的，成就伟大的不是你所做的事，是你做事的态度使事情变得伟大，每个管理者都必须非常清楚这一点。

我们应该看到我们所管理的事物的神圣性，那些统治国家的国王觉得统治是他们的职责，他们只把自己视作工具。人民认为向国家进贡是他们的责任，统治者乐于统治臣民，臣民也乐于被一个意识到自己职责的人统治。同样地，我们必须欣赏劳动的尊严，管理层应该确保工人享有尊严。我们必须认识到，即使做粗活者也绝不低人一等，然后才有人性。这是很重要的。

我自己管理过很多机构，至今还在继续管理一些机构，这就意味着我要管理人。我认为我在这个领域很成功，和我一起工作的人从不会抱怨，也不会对我或他们的工作有任何不满，他们似乎很享受，等待着工作的机会。如果我发现管理员工很容易，那是因为我与他们的关系是平等的。他们觉得他们被理解，他们和我是一体的。哪里没有自卑或优越感，哪里就没有纠结。

让人们觉得他们被理解了

你能以这种方式来运作，让为你工作的人不会产生纠结吗？这个人可能是你的秘书、官员或工人。你能和那个人谈话而不让他产生"我在和老板谈话"的想法吗？如果你能做到这一点，你就是一个优秀的人事经理，和你一起工作的人会尽他们最大的努力。金钱收买不了人心，如果一个人能够理解你，那个人发现了自尊和自我尊重，他就会感到满足。如果没有，那么至少你没有自取其辱，每个人在你面前都感觉很好。

作为一名教师，我在与听众的沟通方面做得相当成功，即使在听众没有充分准备的情况下，我也能毫无困难地传达深刻的思想。这是可能的，因为我尊重我的听众，我认为他们是有学习能力的人，这就是成功的沟通。如果你尊重你的听众，你会发现他们会积极响应，因为听众感到他们被理解和关心。

如果你想让他们理解你，那就关心他们，确保你没有让他们产生自卑情结。你必须深刻地认识到工作的尊严和神圣性，不管你的员工是什么职位，当你和他打交道时，你不会失去你的尊严，因为你尊重你自己。然后你会发现管理对你来说很自然，因为你开始与人沟通。

人们需要别人承认他们是人，事实上，没有人不是人，凡是人都是人。当你称他们"人"的时候，意思是你把他们当作一群羊。如果你把他们当成人，你就会发现一种关系，这就是为什么管理人被称为人事管理。当你与人建立关系时，管理自然就来了。

每个身处管理岗位上的人都必须让他所管理的人感到他们被理解了。据说经理应该清楚地说明指示和职责，让人们觉得他们被理解了。这并不难，你不在乎就难了。即使在个人生活中，让对方感到他被理解也是很重要的。如果你能让你生命中一个人感到被理解了，这就是你给予的最好的一份礼物。

你所要做的就是认真聆听那个人说话，那么这个人和你是一体的；然后是心的交融，这个人就不会因为害怕而转身离开。他能像执行自己的指令一样执行你的指令，但事实上，没有命令，只有做好工作。在既定组织中，可能你的工作是做决定或给出指示，其他人的工作是执行它们。组织中的每个人都有特定职能，这些职能都是有效的，必须执行才能完成工作。

因此，赢得一个人的支持有两个因素：

1. 确保另一个人不产生纠结，那个人不会觉得你在评判他。

2．让对方觉得他被理解了。要让他觉得他被理解了，你只需要倾听，仅此而已，即使你知道对方要说什么，你也得倾听。

个人管理

管理他人，必须要管好自己，个人管理先于人事管理。

为了管理自己，我必须有能力不把情况内在化，因为这是我效率低下的重要原因之一。我对我的行动、行为和感受负责，但我不对他人的行为和感受负责。如果我的行动给别人造成了问题，那么我要对此负责。我必须清楚地看到这一点，否则，我会继续内化。这种情况下，我不能客观地处理情况，而是感到悲伤和沮丧。有些人感到悲伤，我把它内在化，然后我感到悲伤！这是一种旧的思维习惯，一种美好过的童年情怀。

举例来说，当父母在孩子面前吵架时，孩子感到无助，因此感到内疚，认为他或她应该为父母争吵负责。当孩子长大成人后，这种感觉仍然存在，当别人感到悲伤和沮丧时，这个人觉得自己有责任，这种内在化根本不是真实的。这个人不能树立榜样，因为他总是在做出反应。个人觉得沮丧和悲伤，这是自然的，悲伤总是以愤怒告终，愤怒是悲伤的表现，是你内心的痛苦。愤怒只是一种释放，但是当它释放后，你感到沮丧。因为悲伤是愤怒的起因，所以在愤怒爆发后，悲伤又回来了。未满足的欲望留给你悲伤，然后转化为愤怒。

有人认为，他常常生气是为了更好地管理。搞得身边的人精神总是很紧张，因为管理者的怒气随时可能爆发。他们试图应对这个怒气冲冲的精神病，但这些努力并不太管用。为他工作的人设法使他保持好心情，因为他容易生气，他们想方设法不让他生气，但他们没有为他工作的动力。

如果你认为生气可以解决问题，那你就错了，你永远不会成为一位好经理。一个死板易怒的人无法担任管理职位，因为你心中有一个敌人。如何处理这种愤怒？首先要知道生气是没有用的，你可以改变，如果你意识到你没有控制愤怒的能力，那是因为愤怒不征求你的意见，它占有并控制着你。

一个发怒的人无法控制自己，更不用说管理别人了。他不能管理自己的语言，他甚至会告诉他的儿子说"你是白痴的儿子！"他无法控制自己的言语，他也无法控制自己的行为。当他生气的时候，他周围的人不得不控制他！事实上，下属可以控制上级的愤怒，他们知道他什么时候会生气，知道该怎么办，知道如何奉承他，让他保持好心情，因为一个生气的人是脆弱的，可被人操纵。

客观的人既不会被奉承，也不会被激怒。一个容易生气的人容易受到奉承的影响，因为他生气时对自己的评价很低。周围总是有人在利用这种情况。

如果你意识到你无法控制你的愤怒，你的心就会打开。你祈祷："神啊，求您赐我冷静、安详和沉着，使我能客观地处理各种情况。"然后你会发现愤怒逐渐变得可控。

因此，你首先必须认识到愤怒是一种糟糕的管理方式，它不会带来任何好处。其次，你必须看到你没有控制愤怒的能力。如果你学会管理自己，你会发现你可以管理很多人。

总之，你管理他人的能力取决于你是什么人，你的自尊和自我价值。当你和别人打交道时，确保你不会给别人带来任何焦虑、恐惧和纠结，不要让别人觉得你在评判他。在彼此的交流中，不仅要让自己的话易于理解，也要让别人感到被理解。最后，你通过控制你的愤怒、沮丧等来管理你自己，通过祈祷来管理自己。如此，你一定会成为你自己和身边人的好的管理者。

1989年4月

情况管理

目标必须明确

没有人为失败而工作，你不必为了失败而努力。有时人们投资亏损企业是为了避税，但这并非真正的失败，事实上，这是一个精心设计的成果。既然你不是为失败而工作，那就意味着你有成功的动机，成功是首要的动机，为之奋斗是一种生活方式。人们常说成功是努力工作的结果，我宁愿说这是一种生活方式。仅仅努力工作是不够的，一个人必须对自己的目标和成就有正确的态度。如果你遇到一次失败，你可以只关注你的目标，然后继续追求。你可能输了一场战斗，但你总能赢得这场战争。因此，失败并不会使个人偏离对正当成功的追求，相反，个人可以从过去的错误中吸取教训，以更大的力量面对逆境。

作为一个负责企业成功运营和人员管理的企业管理者，我必须明确自己的目标。我必须非常清楚要完成什么，我期望什么，我必须非常清楚自己在组织中所起作用的确切性质，我还需要清楚地知道，我对为我工作的人抱有什么期望。

当我有很多目标时，冲突就有可能发生。例如，我的组织要想成功，就需要有能力的员工。与此同时，如果我的一名员工表现低于预期，我就会派一个艰巨的任务给他，他必须做得更好，否则他可能会被辞掉。在这种情况下，我有两个相互冲突的目标，一是履行我的职责，二是不伤害他人。冲突的产生是因为与我想达到的目标相反，在这种情况下，解决办法是给这个人充分的机会来证明他自己的能力，如果他做不到，那么我别无选择，只能请他辞职。但我可以用一种温和的方式，用一种最不伤人的方式来沟通，我已经做了在这种情况下应该做的事，我问心无愧。

在时间、资源等方面存在限制的情况下，也有可能出现目标上的冲突。如果个人不能达到所有的目标，那是非常令人失望的，个人会感到很不满足。在这种情况下，人们必须意识到实用主义和逻辑上的考虑，并接受自己无法控制的限制，然后，个人可以根据时间、资源、人力等可用性来客观地优先考虑自己的目标。

当不同目标出现冲突时，我的目标必须被优先考虑。对一个身居要职的人来说，分清轻重缓急是很重要的。如果他不这样做，就会造成精神上的痛苦，他会发现自己承受着巨大的压力。如果这个人自己的优先是明确的，他会向那些与他交流的人发出一致的信息。对于一个管理者来说，始终如一是非常重要的，因为他与人沟通时，人们知道对一个始终如一的人应该有什么样的期待。

一旦我的目标明确了，我就有了成功完成项目的计划。我的计划包括长期计划和近期计划。在吠陀仪式中有一个美丽的类比，它阐明了目标之间的相互关系和执行它们的各种计划。

在一个复杂的吠陀仪式中，有一个主要仪式和许多附属仪式。当前的计划类似于附属仪式，附属仪式必须与主仪式一起进行才能产生结果。人们可能疑惑是主仪式单独产生了结果，还是附属仪式产生了结果？如果附属仪式产生了结果，为什么主仪式是必要的？如果只有主仪式才能产生结果，为什么要举行附属仪式呢？答案是，当你执行附属仪式时，仪式的结果是一个发芽的结果，但就像零花钱一样，它被保存在一个冻结的账户里，不会立即结出果实，一旦你完成了主仪式，所有冻结的结果结合起来就产生了最终的结果。

计划也是如此，你有一个立即执行的计划，所有部门都为这个项目执行各自的立即计划，在完成所有单独的计划后，你将收到项目的最终结果。

人类的局限性

要想成功，我必须意识到自己作为个人的内在局限性。我的知识非常有限，我完成任务的能力和资源也是有限的，因此，以我有限的资源、有限的技能和有限的知识，我承担项目，并为它们的成功运作和完成而努力。

我承认我的知识是有限的，事情可能会出错，这要么让我成为悲观主义者，要么让我成为乐观主义者。如果我坚定地相信墨菲定律"该出错的事情总归要出错"，我就成为一个悲观主义者。事情确实会出错，但是，如果我因为害怕出错而不敢实施困难的项目，我既不能开始，也不能取得任何进展。

那么，我该如何开始呢？假设一个人要沿着一条被黑暗笼罩的道路走10英里，而他只有一个手电筒来指路。如果这个人觉得手电筒只在他前面十码的地方亮着，而他还有十英里要走，他就无法前进。而解决办法很简单，我只需要前面十码的地方亮着，只要我前面的东西能看清楚，我就不需要知道后面会发生什么，我所需要的只是能够看清前面十码。我继续往前走，前面十码的地方都亮着，我可以决定是向右走，还是向左走，看看我前面是否有坑。你晚上怎么开车？汽车的前灯只照亮几码远，而你要行驶几英里。在路上，你会遇到不同的情况，你根据情况采取行动。如果要绕道而行，你就绕道而行。如果有一个通常会被错过的减速装置，你幸运地发现了它，你就会减速。

作为一个人，我的资源和知识是有限的。我不知道生活中会发生什么。因此，我总是伴随着意识到我的知识和能力有限这一事实，开始一个项目的。

处理眼前的事情

我意识到自己作为人类的局限性，但这不该阻止我以积极的态度来接受挑战。这样，我就不会被这项艰巨的任务压垮。这个任务一开始可能让人难以置信，让我无所适从。作家经常遇到这个问题，他们不能从一本书开始，因为他们害怕主题的浩瀚，他们面临着心理障碍。作家如何克服这个问题？他从每天写几页开始，最后发现已经完成了这本书。

最好记住，任何构思良好的项目，只要付出足够的努力，都是可以完成的。因此，我应该关注我自己的近期计划和目标，而不是被项目的规模所困扰。如果我让自己专注于现在要做的事情上，我会保持积极的态度。如果我担心这项工作的艰巨性，我就会变得悲观，甚至不会开始。

当你开始一项任务时，你只需要知道最初的几个步骤。你无法控制将要发生的事情。你为成功而工作，不为失败而工作。但你可能不是每次都能成功，总有出错的可能。如果有什么地方出了问题，你可以纠正它。所以抱着最坏打算让你保持警觉，它可以防止你自满和忽视你的工作。另一方面，你必须非常彻底地好好研究你的项目。

你应该知道你的确切目标是什么，需要做什么来实现它，以及如何实现它，这样你就做好了面对挑战的准备。当你准备好面对路上的不测情况时，这种准备让你更加警觉，而不是自满。

日常生活中的成功

做你自己是困难的，因为你总是以别人说什么、做什么和拥有什么来看待自己。你认为成功是根据你满足和未满足多少欲望来衡量的。如果这是你衡量成功的标准，那么你会发现你所拥有的和你所实现的都是微不足道的。

你甚至数不清你未满足的欲望。谁不想在学校里每门功课都拿满分？哪个孩子不想要商店里所有玩具？谁不想在每项运动中都拿第一名？

我们所有人都不得不退而求其次。在学校，你必须满足于80分，有时是70分。在体育比赛中，你有时会落在最后，这是一种不愉快的经历。当你尝试后却遭遇失败时，这不仅是一种羞辱，更是一种耻辱。我们在满足欲望方面的缺憾总让我们蒙羞。我们每个人都有许多未实现的欲望，除非你实现了所有目标，而这是不可能的，那你怎么能算成功呢？

喜欢和不喜欢

欲望以喜欢（rāga）和不喜欢（dveṣa）的形式在我们的心智中显现出来。《薄伽梵歌》描述了这种基于好恶的心理：

indriyasyendriyasyārthe rāgadveṣau vyavasthitau tayorna vaśam āgacchettau hyasya paripanthinau

每一个感觉对象都有执念和厌恶，愿你不会受到它们的迷惑，因为它们是你的敌人。

——《薄伽梵歌》（3.34）

执念，是对你没有却想拥有的东西的渴望，它可以是任何东西，可以是一些资格或技能，可以是财富，或者也可以是你的头发。无论你已经拥有什么，你都想要保留。所以欲望是双重的，获得你想要的，保留你所拥有的和你所珍视的。厌恶恰恰相反，指你想避免的不想要的东西，比如溃疡；你想要摆脱不喜欢的东西，比如白发。

好恶是我们所有欲望的两种形式，谁没有它们呢？无论你是国王还是乞丐，你都具有这两种欲望。既然不可能满足一切欲望，它们就注定了你的失败，它们是你的敌人。由于你自身的局限性，你永远无法满足一切欲望。你的感知是有限的，你的智力和记忆力是有限的，你的体力是有限的，你的健康和寿命是有限的。

因为你知道自己容易失败，所以你总是寻求别人的认可，你想被人们视为成功者。你父亲应该为你感到骄傲，你母亲应该认为你是世上最了不起的人，妻子应该认为没人比得上她丈夫，丈夫应该认为没人比得上他妻子。但不幸的是，这些事情从未发生过。每个人的问题都是一样的，你不得不活在自己的世界里，活在一个欲求自我——一个注定要失败的自我里。怎么会有成功呢？

如果好恶的实现决定成功，那么你注定是一个失败者。但在《薄伽梵歌》中我们找到了解决方案，"不要受到好恶的影响。"你可以有好恶，但它们不必控制你。不明究竟的人说："你被欲望所束缚，欲望会给你带来痛苦和不幸，因此，如果你放弃所有的欲望，你就会幸福。"

但是让我们审视这点。牛是没有欲望的，牛不能计划明天午餐的菜单，它靠直觉活着。欲望（icchā）是一种天赋，它是人类心智的特权，人生来就被赐予了一切财富，其中一个财富就是你的欲望。欲望是一种天赐的能力，欲望不是问题，你可以有欲望，只要你能控制它们，而不是它们控制你。如果你控制它们的话，你可以承受更多欲望。如果它们控制你的话，你就被套牢了！只有当你秉持一种特定态度，一种能让你控制好恶的态度，你才能拥有欲望而不被它们所迷惑。这种特定态度就是简单承认你可以选择行动，但你不能选择行动的结果。

当你付出行动并期望得到特定结果时，实际发生的可能是别的情况。当你横穿马路去赶公交车时，你可能如愿赶上公交车；或者，你可能会错过公交车，比你预期的差；或者，你可能会搭朋友的车直接回家，比你预期的好；再或者，你可能在当地医院急诊室醒来，结果完全出乎你的意料。如果你问急诊室里其他人"你曾打算过来这里吗？"你会发现没人打算去那里。因此，每个行动都受制于这四类结果——符合你所预期的、好于你所期望的、差于你所期望的、与你所期望的相反。为什么？因为即使你是行动的始作者，你却并非结果的始作者。

有许多法则或力量是你无法控制的，你的认知是有限的，因为缺乏认知，你往往得不到你想要的东西。有时，因为缺乏权力，你得不到你想要的东西。因此，你做该做的事，认识到法则决定你行为的结果，而你无法控制那些法则。持有这种态度，你就会成为一个务实的人。如果你进一步了解这些法则的本质，你就会成为一个瑜伽修行者。

在印度，我们秉持一种态度——欣然接受任何来自祭坛的、供奉给神的东西，将其作为神的赐予。当你去寺庙时，你不会在乎在那里得到了什么，你有一种欣然接受的态度。一个孩子是神的赐予，你不是孩子的始创者，他是赐予你的。你所拥有的一切都是赐予你的，你的身体是赐予你的，世界是赐予你的，你的能力也是赐予你的，它们可能不同于别人的能力，但它们并不优劣。你所拥有的并不缺乏，这是赐予你的礼物，这已经足够了。

由于来自法则，每个行动的结果皆是神的赐予。所以，当结果到来时，你可以张开双臂接受它。秉持这种欣然接受的态度，你可以从你得到的或得不到的任何东西中学习，从而变得日渐智慧。这是日常生活中的成功，没有其他成功，成功不过是你管理好恶的能力。如果你能避免被它们冲昏头脑，你就是成功的。只有当你有能力管理好自己的好恶时，你才能完全接纳自己，这就是成功。有了这样的成功，你生活中的一切都变成奢侈品，实现每个欲望都变成了奢侈。

在我们村子里，我们常常步行至大约一英里半外的学校上学。有个男孩拥有一辆自行车，对他来说，这是一种奢侈品。它是如此奢侈，如果路上泥泞不堪，他就把自行车顶在头上。但是，在使用几天后，自行车就成为他的必需品。假设他搬到城里买了一辆摩托车，那又是另一种奢侈品，过了一段时间，摩托车也会变成必需品。如果他拥有一辆车，它也将变成必需品。因此，我们开始时都有很多奢侈品，但后来我们只剩下必需品。现代文明把奢侈品变成了必需品，最文明的人是必需品多于奢侈品的人。

但如果你能管理好自己的欲望，每一次欲望的实现都是一种奢侈。你的身体变成了奢侈品，你的心智变成了奢侈品，你所有的财产都变成了奢侈品，整个世界都变成了奢侈品。如果你有这样的理解，你所拥有的一切都将成为奢侈品。唯一真正需要的是这种知识，它使一切都成为奢侈品。

能够掌控其欲望者是成功者，而那些容许欲
望掌控其生活者却很难成功。

1991年10月于美国宾夕法尼亚州塞勒斯堡

处理争论

我们为什么要争论？

不同人有不同看法，这是引起争论的主要原因。不同好恶是不可避免的，因为两个人的想法永远不会相同，这就是我们对任何特定情况都有不同看法的原因。一个人对形势的看法可能是客观的，而另一个人对形势的看法可能是主观的，然而，主观的人完全没有意识到自己的主观。在争论中，认识到任何问题都是相对的是很重要的。

另一方面，在讨论中没有赢家，因为它是发现事实的手段。此外，通过讨论，你可以从不同角度看待一个情况，这样你对情况的感知就可以拓宽，你可以清楚地看到另一面。没有胜利，只有理解。

争论只会产生问题，比如你会发脾气，或说一些不中听的话。当你在争论中处于困境时，你更易生气，更易为自己辩护。"进攻是最好的防御"，即所谓先发制人，在争论开始之前，你向对方发起攻击，就没有对话或真正的讨论。

然而，避免争论并不总是可能的。偶尔的小争论可以缓解紧张，避免大爆发。如果一个人总是避免这些争论，它们最终会爆发。每当你面对一场争论，你选择不去争论，它就会被隐藏在你的内心。迟早，爆发是不可避免的，即使是一个小事件也足以引起大爆发。

吠檀多不建议避免争论。吠檀多的教导就是通过讨论，学生提出反对意见，然后通过解释加以澄清。这个反对和澄清的过程导致对问题的分析，这种分析是通过讨论进行的，因此，所有的问题都得到了回答，这是理解主题的好方法。

负面情绪

让我们看看处理情绪困境的另一点。在所有争论中都涉及强烈情绪，在这些情绪下，问题消失了，人受到了攻击。当你因为好恶不同而无法避免争论时，你就把自己置于没有赢家的境地。争论开始了，引起争论的问题不再出现，因为整件事变成了人身攻击。除了好恶之外，有些情况还涉及感知上的差异，如果对方不接受你的观点，你就不可能让他明白你的观点。所有这一切都是因为我们对自己情绪的无知，我们没有正确地分析我们的情绪，这导致了认知混淆和扭曲，情绪使人很难保持客观。

感觉

感知可能是错误的，但感觉是真实的。感知之所以是错误的，是因为我们有不同的背景，包括出身、家庭、文化程度等，你是你自己背景的产物，教养造就一个人的核心人格。除非你分析自己，把你从自己核心人格的愤怒、焦虑等情绪中解脱出来，否则这种背景会影响你所有感知。很少有人能做到这一点。那些没有彻底分析自己的人是不会有客观认识的。所以接受你自己，接受你自己的主观性，当你能做到的时候，你就安全了，你可能会成功地把一场争论变成一场健康的讨论。

解决争论

为了解决争论或者完全避免争论，不要说你不想说的话。先学会说"我是这样看的，我可能是对的，也可能是错的。"这会消除对方的防御心理。允许别人指出你是对或错，如果他说你错了，一开始你可能不会接受，但从长远来看，这将避免不必要的争论。

于美国宾夕法尼亚州塞勒斯堡

吠檀多用于压力生活

有人曾经问过这个问题"在科技发展的今天，吠檀多这一古老智慧与我们的生活有什么关系？"我们已经放弃了古老的生活方式，我们的生活方式在东西方都发生了改变。

时过境迁，我们的货币体系已经改变，它不再是以物易物，我们的饮食习惯、服装风格已经改变。

我认为这种变化是很自然的，时间面前人人平等，事情会随着时间的推移而发生变化。我们已经改变了，这是事实，与此同时，我们的许多古代哲学、观念和意识形态也必须改变。

吠檀多是《吠陀经》的一部分，我们不知道其起源。《吠陀经》里老师对学生说道："我们就是这样听到，就是这样从老师那里获得这个知识的。"（iti śuśruma pūrveṣāṁ ye naḥ tad vyācacakṣire）由此可见，吠陀的起源无法追溯，因此也不存在地域边界。

在埃及有大金字塔，假设埃及政府决定将其中一处夷为平地，建造一处新的居住区，人类会同意这么做吗？世界各国会同意这种情况发生吗？绝对不会。它们太古老了，不能被一个特定国家所拥有。一旦某样东西拥有久远历史，它就不属于某个特定的政治边界国家，它为全人类共有。

甚至版权在一定年限后也不再有效。吠陀是如此古老，它不受制于任何地域，它是属于人类的智慧体，是一个世代相传的古老智慧体。

我发现任何古老的东西都不会过时，我们有同样古老的太阳和同样古老的饮食方式。我们的祖先有他们自己的挫折，他们在其社会中有自己的压力，我们也有自己的问题；他们与一个对他们不友好的世界打交道，我们也必须应付对我们不友好的世界；他们必须处理自己的心智，我们也必须处理我们的心智。因此，心智是典型的，问题也是典型的。即使发生了很多变化，有些事情也不曾改变。

人类生活中的大多数基本问题是如此基本，因而具有普遍性。在梵语中，一种动物被极贴切地称为"tiryak"，"tiryak"是"水平生长的"意思。牛的头、胃部和尾巴都在一条直线上，这意味着它只需要一个脑袋就能满足胃部和尾巴的需求，因此，它没有自我意见、自我形象所导致的压力或紧张。但是人类并不是"tiryak"，人类的脑袋在肩膀上，肚子和其他部分在下面，很自然地，这个家伙得动动脑筋。

利用头脑可能是对的，也可能是错的，永不改变。普遍性不会改变，这就是为何它们具有普遍性的原因。当我们讨论普遍性时，现代技术的相关性是什么？事实上，它意味着你将过得更舒适，这意味着你将拥有更多时间，更多时间意味着更多问题，因为你必须能够放松和享受时间。

要享受时间，你必须有文化，必须很有教养。要依靠自己，要享受休闲，要享受时间，你需要有文化。没有它，你会成为一个内向的人。你没有办法回避它，因为你拥有的时间越多，你就越需要应对自己。现在你连两秒钟都无法应对自己，所以当你打商务电话被要求等待时会听到音乐！为什么？因为他们想让你摆脱无聊。

无聊什么？跟谁无聊？跟自己。这是人类最大的悲剧，人生中没有其他悲剧，如果你不能忍受自己，那是一场悲剧。是什么样的文化造成了这样的悲剧？它表明，我们前进的道路上存在着根本性的错误。那么，今天科技发展的影响是什么？

压力确实存在于每个人的生活中，以前有，现在也有，这是无法避免的，尤其是在当今信息爆炸的情况下。当信息越来越多的时候，你最好拥有一些内心闲暇。如果你没有，就没有办法使你的生活成功。你可以赚钱，可以行使权力，可以拥有一切，但享受这一切的人是你自己。

吠檀多究竟做了什么来解决这个问题？它只是转移了你的注意力。简单地说，它把你的注意力从你的精神生活转移到你自己身上，如果你把注意力集中在你这个思想者身上，你就会变得内向。吠檀多更进一步说，这不仅仅是心理上的，你不仅仅是思想，思想是你，而你超然于思想之外。

一个人是完全和平的，他拥有思考的力量。每个人都被赋予了思考、认知和记忆的力量。在梵语中，力量被称为"śakti"，思考、认知的力量被称为"jñāna-śakti"。

然后，人还有一个力量，即意志、欲望的力量，称为"icchā-śakti"。牛也能认知，但它的能力非常有限，它被设定为以有限的方式去认知。然而，你可以有任何欲望，没有任何阻碍。这个"icchā-śakti"是个特权，欲望是一种力量，一种特权，就像认知一样。

如果你具有欲望和意志的力量，但没有力量来实现它们，那么你的欲望只会困扰你。事实上，你有一个"kriyā-śakti"来支持欲望的实现，即创造、修复、改正、毁灭等力量。这个力量也赋予了每个人。

我们所有人都被赋予了这三种力量。当你被赋予思考和认知的能力时，这种能力不应该与你作对；如果它与你作对，你就从赐福中创造一个怪物。它本该是一种赐福、一种特权，却变成了一个暴君、一个独裁者来控制你。

如果思考是一个问题，那肯定有压力。为了减轻压力，我们想要放慢思考的速度，这就是我们使用镇静剂的原因。思考，作为一种特权，已经变成了一个问题，所以我说它是悲剧。它之所以成为一个问题，是因为除了我们的思维，我们没有其他地方可以集中注意力。当我们有一定空闲时，我们对思维的关注就会更大。

吠檀多想让你做的就是，将你自己视作拥有这些力量并摆脱其暴政的人。只有当你把注意力转移到自己—— 一个更超越思维、意愿、期望、行动的自我，一个本性本身就是和平的自我身上时，你才能获得自由。

当我还是一个探索者，努力理解这些事情的时候，我有幸遇到了一些老师。我有一些问题，因为我真的在寻找一些答案，我以为我已经得到了答案，但当我开始思考答案时，它们就消失了，没有更多内容。

那时，我遇到了一个来自印度安得拉邦的人，他没有接受过现代意义上的教育，却是一个非常深刻的人。我告诉他我的问题。他笑着说："你是在白费劲。"这不只是他的逻辑。他带着某种深度和爱说："为了激动和不安，你必须做很多事情；为了和平，你不必做任何事情。"

这难道不是真的吗？和平是基础，在一个念头出现之前，有静默；当思想消逝时，是静默；在这两者之间存在念头，这种念头是如何打破静默的？如果我让你保持静默，你该怎么办？我指的不是言语上的静默，而是静默本身，只要你安于自己。你要做什么吗？如果我让你变得烦躁，你必须做点什么。但当我说保持静默时，你不必做任何事。

静默是思想的基础，一个念头在静默中产生，它源自静默，又归于静默。这就是你，如果你注意到这种静默，那么你就会意识到头脑中出现的念头。当你意识到正在发生的事情时，就会有行动，没有反应，所有的压力不过是反应。

假设我让你们鼓掌，你们有选择鼓掌的自由。有些人会鼓掌，有些人不会，为什么？因为你有自由，你可以鼓掌，你不必鼓掌，你可以用自己的方式鼓掌，你可以选择你的行动，因为它是以你的意志为中心的。但假设我让你生气一会儿，你会怎么做？

没有人能像那样生气，这是否意味着你不会生气？当然不是。愤怒不是你不想要就会失去的东西，想要它也并不意味着你就会拥有它；相反，它是碰巧发生的，这就是行动和反应的区别。

反应是碰巧的，你无法控制它，它的发生就像云聚雨落一样，它就像一台每分钟旋转很多次的机器，因为它被设定成这样。这是碰巧的，是机械的。你生气，不是因为你想生气，而是因为它碰巧发生了。

　　这是非常不幸的，因为一个人不应该被本能或冲动所控制。他被赋予了智慧，他有辨别是非的能力，他有自由思考的能力，他的智慧必须对他所有的反应有发言权。反应肯定是碰巧的，愤怒是碰巧的，悲伤是碰巧。没有人想要悲伤，但他们确实会变得悲伤；没有人想要嫉妒或仇恨，然而人们会变得嫉妒和仇恨；没有人愿意因为绝望或沮丧而导致压力，但人们会变得绝望或沮丧。

　　这意味着我们的生活是机械的，我们允许这种反应发生。那个深刻的自我，即一切静默，那个总是存在于两个念头之间的自我，是我们必须关注的。这不需要任何时间，这是注意力的转移，是视觉范围的改变，从激动到沉默，介于激动的念头之间。那个静默是你，关于那个静默，吠檀多说了很多。它说静默即一切，一切来自静默，一切即是静默，一切又归于静默。静默是思想的先导，思想之后是静默，思想就是静默的一种形式。

　　只是关注点的变化，没有其他变化。吠檀多是什么？它不会带来任何物质上的改变，但它会通过改变你的视野，给你的生活带来如此剧烈的变化。那即合一，那即快乐，那即圆满。

　　吠檀多就是你，它与时间无关，与地域无关，但在喜马拉雅山和科摩林角之间的地域中，这种智慧仍在流动。恒河一直在流淌，我们有《薄伽梵歌》所带来的，来自天堂、来自神首的故事。在所有这些故事中，也许存在一些意义，我看到了一个意义。恒河代表知识，恒河流淌了数千年，但是它什么时候开始流淌的？当然，它是古老的，它迷失在过往记忆里，我们没有任何关于它起始的历史记载，但它一直在流淌着。

仅仅因为恒河是一条古老的河流，我们不能得出这样的结论：流淌于两岸之间的水是过时的、是停滞不前的。不，它依然是鲜活的。如果你潜入河流，它具有与《薄伽梵歌》时代相同的活水。如果你有信仰，它也会使你的心鲜活。这是知识的河流（jñāna-gaṅgā），这是人类最大的特权，这是神赐予我们的特权。

> 不要用过去和未来之弦束缚灵魂，然后说"我不自由"，在灵魂之处折断束缚。

1987年11月于美国宾夕法尼亚州塞勒斯堡

什么是成功？

每个人都必须有抱负，抱负本身根本不是问题，但当抱负超越了规范，价值观开始妥协时，它就变成了贪婪。

如果一个人不妥协他的价值观，那么他的抱负就没必要受到限制。在《薄伽梵歌》中，克里希那说他的抱负并不与美德、责任、正法相抵触，也就是说，与正法一致的抱负是他的荣耀的一种形式。

成功是根据一个人所取得的成就来理解的，如果一个人有几个主要愿望，并且能实现它们，那么，从他自己的角度来看，他就是一个成功者。站在别人角度来看的成功根本不是成功，只有当你说"我是成功的"，那么，你才是成功的。为此你必须实现你的抱负。

我们希望人们改变、文化改变、政治改变等。所有这些抱负都不可能实现，因为没有人能改变另一个人，除非后者想改变。在童年时，我们有许多欲望，随着时间的流逝，我们放弃了很多，或者满足于少许东西。未实现的欲望构成了个人核心，一个哭泣、不安、失败的人。因此，没有人可以说他是成功的。

每个人的心里都存在好恶，它们是获得和保留快乐的欲望，是摆脱和避免不快乐的欲望。如果你想通过满足你所有的好恶来获得成功，你将会是一个失败者，未实现的欲望不会让你平静下来。如果你很自在，安于自我，那么你就成功了。你不必满足你所有的好恶，只要学会管理它们，就能享受同样的自在。

在《薄伽梵歌》中，克里希那没有建议做什么和不做什么。他说："就活动而言，你有一个选择。"你有抱负，其中一些你可以选择通过付诸行动来实现，问题不在于欲望或抱负。每个人都必然期待结果，如果未实现的抱负使你悲伤、沮丧、失去客观性，那么你就是一个失败者。另一方面，如果你能接受任何结果，你就是一个成功者，你甚至可以心怀更多抱负。

我们行动的结果，有四种可能性：结果可以大于、等于、小于预期或与预期相反。如果一个人能从容应对这四件事，那么他就是成功的。只有法则才能赐予结果，这将被视为恩典、福佑，那么，好恶就不会造成干扰。

能够控制自己欲望的人是成功者，而允许欲望控制自己生活的人，将很难成功。

> 悲伤是你纠结的产物……"我悲伤"不是问题，真正的问题是，我认为自己能够悲伤，我说我受制于悲伤。

1993年11月于印度阿奈卡蒂

什么是成功的人生？

我真的不觉得自己已经60岁了。我觉得我还是二十几岁，人生才刚刚开始，我想这是因为没有人叫我"爸爸"。如果容许人生从头再来，我会从母亲的膝上开始，尽管生活非常艰难。我在一个小村庄长大，八岁时就失去了父亲。在经历了所有这些艰难困苦后，我产生了极大的同情心，我能对他人的痛苦身同己受。

我的故事是一个成功的故事，我所做的一切只不过是锦上添花。当一个美人化妆后，她的美丽就显露出来了。如果你将自己视作美人，化妆只会让你锦上添花。美丽的人生亦如此，任何成就都只是一种点缀、一种化妆，给美丽人生锦上添花。

我的成功故事不是物质上的成功，在物质上，我是印度众多受欢迎的斯瓦米中一个穷斯瓦米，但是尊重自己名声的斯瓦米是神圣的流浪汉。流浪汉是没有工作、没有钱、没有目标的人，他只是随波逐流，但是流浪汉和神圣的流浪汉是有区别的。

《缠腰布五颂》中说道：

vedānta vākyeṣu sadā ramantaḥ bhikṣānnamātreṇa ca tuṣṭimantaḥ

aśokavantaḥ karuṇaikavantaḥ kaupīnavantaḥ
khalubhāgyavantaḥ

那些人总是陶醉于吠檀多的言辞中，只靠施舍满足，没有悲伤，充满慈悲，即使他们仅存一条缠腰布。而他们确实是有福的。

——《缠腰布五颂》

这是一首非常优美有趣的诗，只穿缠腰布的人是乞丐。一个人成为托钵僧（sādhu），因为他不再迷恋这个世界；或者无法在这个世界成功，而过着流浪汉般的生活。

但也有其他托钵僧对自己很满意，他们是神圣的流浪汉，不需要任何东西来获得幸福，只需要吠檀多的几句话，他们可以用一生去领悟那些深奥的言语。领悟吠檀多是一个挑战，一个非常美妙的挑战。一旦他们领悟了，就没什么可做的了，因此他们可以做任何事情。我认为他们是成功的。

谁被视作成功者，取决于你对成功的定义。一个婴儿仍然是一个婴儿，因为他不能用自己的腿站立，他需要妈妈的帮助。随着婴儿的成长，他从这种无助中成长起来。我不认为孩子的成长是成功。

一个人的成长不仅仅是身体上的，虽然你可能在身体上成为一个成年人，但在情感上、道德上和精神上，你仍

然是一个小孩，每个人内在都有一个小孩，因此，每个人
的内在都必须成长。自然不会照顾这种成长，这完全是你
自己的自由意志，你自己的主动。我认为成功是内在的成
长，只有实现了内在成长，你来到世上才算圆满。

人们经常问我"人生的目标是什么？"生命的目标不
可能是死亡，在死后，我不再是现在的我，而是变成了出
生之前的我。那我到底为什么要出生？

因此，死亡不可能是生命的目标。天堂可能是人生的
目标吗？如果我必须去那里，为什么我要先来这里？有人
说，人生的目标是发现神，你来到这个世界的时候，怀着
你应该去发现神的感觉吗？

事实上，生命的目标就是简单地活着，但要活得充
实，而不是片面的。一个人既然生为婴儿，就必须生存并
成长为成年人。牛做这件事很简单，它不上学也不去看心
理医生，只是吃草就长大了，牛的生命目标实现了，这是
一种充实的生活。黑牛不认为自己是黑的，长着弯曲犄角
的牛并不觉得自己丑，没有自我谴责或自我批评，因为它
没有自我形象。任何一头活到成年的牛都是成功的。

作为一个人，只有当你开始像成年人一样生活时，
你的故事才是成功的故事。但是成年状态并不是由生理上
简单的生长来完成的，只有对现实清醒的人才是真正的成年
人。这就是吠檀多开始和结束的地方，接纳现实，在经文中

我们发现这样的语句：

> tarati śokam ātmavit
>
> 懂得自我的人将跨越悲伤。
>
> ——《唱诵奥义书》（VII.i.4）
>
> saḥ yaḥ ha vai tat paramaṁ brahma veda brahmaiva bhavati
>
> 任何了悟至尊梵的人都将成为真正的梵。
>
> ——《蒙查羯奥义书》（III.ii.9）
>
> na cet iha avedīt mahatī vinaṣṭiḥ
>
> 如果你认识不到梵就存在于此，损失是无限的。
>
> ——《由谁奥义书》（V 5）

　　如果你不了解现实，你的生活中就没有现实。生活的目标是活着，而活着就要活得有意义，要面对现实。这就是吠檀多的意义。如果一个人活在现实中，那么他的故事就是一个成功的故事，他在生活中经历的一切都会变得有意义。

> 伟大的是简单的，但什么是简单呢？

1990年8月于宾夕法尼亚州塞勒斯堡

为什么不活着和让众生活着?

素食主义的基础是什么?有一个原则,它既不是健康,也不是美学,也不是对自然资源的关注,这些都成为素食者的正当理由,但最主要的原则是非暴力。

我们必须为我们的生存创造生物能源,而这必须来自食物。食物都是素食,没有非素食的食物,从植物和树木中产生的都是食物(oṣadhībhyaḥ jātam annam)。凡最终完全依赖植物和树木作为其食物的众生都是素食者。有食肉、杂食和草食动物,它们都是天生如此。然而,对我们来说,素食纯粹是一个道德问题。现在,人们会争辩说生命依赖于生命,甚至蔬菜也有生命。这是真的,但是蔬菜不会四处走动并试图逃跑。在梵语中植物被称为"sthāvaram",这个词源自词根"sthā",意思是"留下来",它们的特点是待在一个地方,作为你、奶牛和其他动物的食物。另一方面,在屠宰场里被屠宰作为食物的动物想要生存,它们试图逃跑,当它们被杀时,它们承受着痛苦,它们有生存的自然权利。我们人类应该活着,也应该让众生活着,除非其他动物真的威胁到我们的生命,如果它们的行为或存在将要毁灭我们,那么生存法则就会发挥作用。

人们争辩说如果我们不吃这些动物,它们的数量将会激增。那让它们爆炸吧！它们会照顾好自己的。动物按照自然规律活着，只有人类享有选择的权利，才使他在所有生物中具有如此强大的力量，他的力量必须通过正义来平衡，以便在造物中达到和谐。因此，素食主义的主要原因就是：我们是负责任的生物，我们越强大，就越应该负责任，我们应该保护我们的同胞。成为素食者的其他原因还有：

当你看到马或牛在草地上吃草时，它看起来是那么美丽，非常悠闲和放松。然后你看到一只老虎或狼在走路，它们拥有自己的美丽，包括原始的、身体的力量和优雅。但还有别的原因，它们总是担心自己的生命，因此，它们总是保持警惕，从不放松。狮子不能直立行走，是因为它的后腿不能支撑整个身体，它走几步，回头看看；又走几步，又回头看看。公狮又懒又自私，母狮出去打猎，把猎物拖回家，公狮走过去先吃了自己的那份。因此，食物确实对我们的心智、思维和本性有着影响。

你可能和一只狗玩过，你扔一个球，它就会跑过来把球捡起给你；再扔一次，它就会捡起球跑回来；现在再扔，它又去捡球，但这次它不会回到你身边，它会走到一个角落，坐在球旁边，因为它累了。食草动物，像马、鹿、大象和犀牛，有巨大的能量和耐力。有些人争辩动物蛋白可以给人补充更多能量，但它只给你提供短时间激增的能量，而你从有机素食源获得的蛋白质给你持续能量。

非素食甚至对心理健康都不利，这其中涉及太多杀戮，以至于个人开始失去自己的敏感性。人们来找我，抱怨他们在西方长大的孩子不想吃素食。归属于一个群体的爱是个问题，你可以说服孩子坚持自己的想法，美在于坚持自己立场的同时，还能与他人同在，人们会因为你坚持自己的原则而尊重你。

> 只有当你把自己视作衰老的身体时，时间才会吞噬你。如果你活在永恒的当下，活在其内容里，就不是这样了。

你并不软弱

klaibyaṁ mā sma gamaḥ pārtha naitattvayyupapadyate
kṣudraṁ hṛdayadaurbalyaṁ tyaktvottiṣṭha parantapa

哦，大地之子，不要向懦弱屈服，它不适合你。放弃这卑微之心，站起来，阿周那。

——《薄伽梵歌》（2.3）

喂，老兄！为什么这忧郁的面纱笼罩着你？你垂头丧气、浑身发抖，你的眼睛流露出内心的恐惧。什么问题折磨着你的灵魂？什么事情压倒了你？

你知道吗？世上没有什么能真正动摇你的心，问题是通过理解来解决的，挑战是通过面对来解决的。如果你试图逃离它们，它们就会缠着你、戏弄你，让你担心一辈子。

摆脱这种沮丧，你拥有一种比你想象中更强大的勇气。在你的身体里藏着一个天使，神圣的自我，从你内心深处汲取灵感。

你真是个天使，没有什么问题能把你吓倒，没有什么事能使你烦恼。振作起来，正视问题。你可以自力更生，你可以生活！

生活不适合沮丧、绝望和软弱的人。只有勇敢、快乐和意志坚强的人才会生活得有意义、快乐。

你的软弱，原不是身体的软弱，乃是思想的软弱。你觉得自己很软弱，然后你就在那里挣扎着寻找脚下立足点。正是这种邪恶的思想，这种认为你软弱的思想扰乱了你。

你并不软弱，摆脱软弱的想法，挺直腰板，时刻准备着面对事件，应付自如。

1997年于阿奈卡蒂

冥　想

祷　告

哦，神啊，我对您无所求

我被赐予了人们所期望和寻求的一切

我被赐予心智来思考，它是您的荣耀

我被赐予眼睛来看，耳朵来听，这一切都是您的荣耀

我面前是一个浩瀚多彩的世界

足以让我表达自己

这也是您的荣耀

我可能成功，也可能失败

这一切可能性都是您的荣耀

我甚至可以向您祈祷

这种接纳您的能力也是您的荣耀

我对您无所求，因为您已经

赐予我一切，在我的内外

您的临在是我不能错失的

我不想错失

恩请您赐予我恩典，不是为了获得新东西

而是使我目睹您的荣耀

在一切获得中

在我一切能力中

让我目睹您的荣耀

接纳秩序

我越能接纳神（Īśvara），就越能接纳自己，对事实的抗拒就是不接纳神。

我发现自己活在这个星球上，拥有身体、心智和一套感官，却不知道我之前是什么样子。我不知道在我出生之前，世界和我有什么关系。我所知道的就是，我发现在这个星球上，自己拥有身心感官的复合体。此行星存在于太阳系中，太阳系存在于银河系中，银河系存在于宇宙中。

我发现自己生来就具有这种身心感官复合体，享有某种出身和过去。作为一个孩子，我的一切都是上天赐予的，不仅我的身心是被赐予的，其他一切都是被赐予的，父母是被赐予的，社会和环境是被赐予的。特定的时间和地点是被赐予的，甚至我成长的文化也是被赐予的。尽管随着年龄的增长，我有去满足自己好恶的意愿，我看到这一意愿也是被赐予的，就连好恶和拥有它们的能力也是被赐予的。因此，世界是被赐予的，资源也是被赐予的。

在我们对神的接纳中，我们没有看到世界与神不同的可能性。如果世界本身是神，世界的秩序也是神，管理这一秩序、带来这一秩序的法则也是神。

我越能看清这个秩序，就越能意识到，无论我是什么都符合这个秩序，甚至连我的抵抗也是这个秩序的一部分，痛苦是这一秩序的一部分，无法控制是这一秩序的一部分，我感到的任何恐慌也是这一秩序的一部分。

我可以将这个秩序接纳为神吗？当我接纳这个秩序时，我没有理由不接纳自己。事实上，无论我是什么，都存在于这个秩序之内。若不理清与神的关系，我的心智就无法为这个知识做好准备。理清与神的关系，就是接纳他，因为他存在那里，这是显而易见的事实！那些赐予我的东西是明显的事实！何以存在接纳的问题？不论我是否接纳神，事实就是明显的事实。

明智的做法是将神接纳为全知的、全能的

（sarvaśaktimān）、万物的造物主（sarvasya kartā）。神
不仅是万物的造物主，也是万物的维系者和毁灭者。

我接纳神为所有这些，再加上现在这个世界和其法
则的形式，那给这个世界带来秩序，这个秩序是与神同在
的。我若将神接纳为这个秩序，就能接纳我自己。如果我
认为神是造物主，那么我就会问，为什么他把我创造成这
个样子？我甚至可以和他对抗！但如果我接纳神为秩序、
因果秩序、行动反应秩序，我们便在对神的接纳中，接纳
了自己。

我祈祷，神啊，我能完全接纳你以世界秩序的形式存
在，也以我生命秩序（包括我的抗拒、我的痛苦和我控制
的倾向）的形式存在。

> 我的每个行动都是我选择自由的一种表现，一
> 旦我做到了，我就变得更明智了。

1996年于美国宾夕法尼亚州塞勒斯堡

承认无助

任何形式祈祷的基础不是出于个人无助，而是承认个人无助。当我意识到自己的无助，也意识到全能、全知的源头时，祈祷自然发生了。

当我无助时，我会向任何人寻求帮助。当无助感表现为我不能毫无顾虑地放下过去或让未来发生，那么来自像我这样的人的外界帮助是毫无用处的。我去到可以给予这种帮助的地方，我向神祈祷。

意识到我是自己过去的受害者，我不禁对未来感到忧虑，我变得担惊受怕。如果一切妥当的话，我就无须祈祷了，在维持万物的秩序中，所有祈祷都会实现。这样，我的过去就变成我个人生活中一部分有意义的秩序；未来按照同样的秩序展现自己，一种包括了我以往业力的秩序。

结果好就一切都好，只要过去的错误能让我变得更明智，它们就变得有意义。承认我的无助本身就是承认秩序的一大步，我承认我的过去，并在我当下生活里中和它。

小时候，我没有自己的意志，我处于我的父母、老师和其他成年社会成员的掌握中。作为孩子，我的知识是有限的，我的感知是模糊的，我是无助而没有安全感的。我对世界和我自己所作的结论，形成了我对未来事件解释的基础，而这反过来又证实了我以前的结论。于是，我成了自己过去的受害者。

我的这种永久无助该怪谁呢？我不应该责怪这个世界，也不应该责怪我自己，因为责怪是挽留过去。如果我是长辈行为的受害者，现在我责怪他们，我仍然是受害者。我明白，为了摆脱过去，我必须消除所有形式的责怪。

我优雅地接受那些我不能改变的东西，让我不要责怪任何人，包括我自己。我不能因为发生在我身上的事责怪我自己，我也不能责怪别人，因为他们自己也要责怪别人。

责怪意味着我想改变过去，但过去是无法改变的，必须接受它本来的样子。我放下了对过去的怨恨、愤怒和不满。也许我所经历的一切是注定要发生的，也许这一切都是在秩序中的，因为它引导我去祈祷。

所有这些年来的痛苦、挣扎和摸索似乎都得到了回报，因为我祈祷，通过祈祷，一切都变得有意义了。我的痛苦，我的过去，导致我向神寻求帮助。我承认我的无助，我寻求神的帮助，神的介入，让我接受我无法改变的事实。

我不想埋葬过去，也不想忘记过去，我只想优雅地接受过去，我甚至开始看到这一切都是有秩序的。所以，我优雅地接受我所不能改变的。

> 如果我领悟了居于有意识的生命（哪怕只是一瞬间）的美好和益处，尽管经历诸多痛苦和折磨，我的一生也算成功了。

1987年3月

不卷入（Asaṅgatvaṁ）

当个人开始浸润于放下自我这类教导中，个人的过去可能成为一个主要关注点，因此他趋向比以前更大程度地生活在精神生活中。那么，将自己心智中解脱出来的目标似乎就更遥远了，因为个人一旦认同了自己的思想，他就成为那个思想。

因此，在冥想中，我开始接纳自己是一个简单的、警觉的人，不受记忆或意志的束缚。整个教导以这个自我证明的、觉醒的存在为中心。因此，在冥想中，我与自己同在，但我活在精神生活中。我让心智保持原样，不认同心智的获得状态，而是退一步，做一个觉知者，觉知到心智及其状态。

我意识到自己纯粹是一个沉默的目击者，不参与任何思想过程，甚至不受情感痛苦的影响，任何形式的情感痛苦都是思考的产物，以及个人对这种思考的认同。但在纯然关照的"我"中，在不卷入的、有意识的静默中，却没有这种痛苦。

如果一个人不卷入任何事情（asaṅgatvṁ）是明确的，那么什么是自由就变得很显而易见了。任何既定思想都是与自我、觉知密不可分的。思想来来去去，意识始终如一，意识自身就是思想，它又超然于思想。事物的形式并不影响该事物，比如金手镯的形状不影响黄金，意识的思想形式不影响意识，它也并不真正制约意识，因为它不脱离意识。

意识会变成了一种思想吗？它是，也不是。它是，因为思想不过是意识；它不是，因为当思想消失时，意识依然存在。因此，"我"、意识，不卷入任何思想过程，"我"的这种不卷入就是自由。

要发现我是不卷入的，我应该看到思想并不真正制约意识、修改意识的事实，卷入的"我"是被束缚的"我"，被它所卷入的思想所束缚。

卷入就是束缚，不卷入就是自由。不卷入并不意味着脱离思想，而是看到了一个事实，即尽管有思想，自我是不卷入的，如果脱离思想是自由，那么当思想回来后，我就失去了自由。自我是自由的，即使存在思想。

　　当我看到自我是自由时，就不必去使自我解脱，去改变自己，我不需要特别的思想来获得自由，我不需要从思想中获得自由。我不寻求任何思想，也不排斥任何思想。完全没有改变的意愿或努力就是自由。我、自我，本质（svarūpa）是意识，是自由的，超越时间，自由思考，自由不思考，自由做，自由不做。

　　　当我认知到圆满无一定之规时，我就获得了初始辨识力。我现在领悟到，认知到什么并不导致孤立，而获得什么并不使我免于孤立。

1981年3月于美国加州皮尔西

自我静默（Ātma-Śāntaḥ）

　　"静默"的意思是"与意识存在密不可分的"，意识存在是没有运动的，永远不会被取代，尽管感知在变化。当你在听的时候，你是有意识的；当你看到、闻到、尝到时，你是有意识的；当你思考时，你是有意识的。

　　意识存在永远不会被经历的变化所取代，经历的变化是由于经历对象的变化，或经历状态的变化而发生的，从清醒到入睡，从入睡到做梦。

"我"这个词指意识存在，这个静止的意识存在，与静默是一致的。意识存在总是静默的，这种静默被定义为自我静默（ātma-jñānam），"ātmā"指自我、"我"，是完全静默的（jñāna）。

这种静默并非与躁动对立的东西，意识存在并非与躁动对立，事实上，躁动是因为你有躁动的意识。静默与意识存在是一致的，因此它从不被躁动所取代。你是静默，静默是意识存在。

这里所尝试的不仅仅是清空心智，还有去接纳静默的意识存在，不论思想或感觉如何。

如果你必须让你的心智摆脱思想，紧张是不可避免的，自然会积累焦虑。心智，不论如何，都会产生一些思想。如果你的目标，也即最终目标，是让你的心智摆脱思想的束缚，那么你就必须避免思想，当想法出现时，你的静默消失了，所以就有了紧张。

从另一个角度看整个事情，尽管有感觉和思想，你仍然是静默的，你的静默永远不会被思想或任何感觉所取代。你会发现你不仅摆脱了对思想的恐惧，而且思想也不会到来。如果它来了，你不会被打扰；如果它不来，你还是你。

　　这种侧重点的转变解释了不同学派与这种教导传统之间的差异，这里我们关心的是事实，而不是一种经历状态，在所有学派中，都存在对经历状态的关注。

　　我将唱诵，你只管听，你观察唱诵之间的静默，放松。要想意识到你自己作为一个静默的意识存在，只需观察和聆听唱诵之间的静默。

　　Om namaḥ śiv ā ya, Om namaḥ śiv ā ya

　　当你观察静默时，你就是静默。如果不保持静默，你就不能观察静默。

　　Om namaḥ śiv ā ya

　　当你观察静默时，你是有意识的，你不仅是有意识的，你也是静默的。

　　Om namaḥ śiv ā ya

> 　　至善是天生的，它不是后天获得的，而是在摆脱了理想、摆脱了想变得不同的心智中发现的。

1980年1月于美国加州皮尔西

一个冥想——我观照

你是一个有自我意识的存在，在你的生活中，你被要求扮演与情境相关的不同角色，这些角色是各种各样的。你是父亲或母亲、兄弟或姐妹、儿子或女儿、雇主或雇员，等等。甚至还有一些功能性的角色，比如思考的思考者、预见的预言家、聆听的聆听者、演讲的演讲者。

在所有这些角色中不变的"我"就是你——意识存在。

每个角色都有一个并不总是令人愉快的剧本，只有当你意识到你不是角色，而角色是你时，角色扮演才会有趣。这里有一个冥想来帮助你做自己，让你从任何角色中解脱出来。你甚至不是一个冥想者，当你阅读的时候，只需领悟每一行的意思。

我是一个有意识的存在

我观照我的身体坐着

我观照我手捧这本书

我观照这些话，我观照其意思

我只是一个有意识的存在

在该有意识的存在中我存在

我不见身体
没有时间，没有年龄
我不见记忆，没有思想
我只是一个有意识的存在

儿子／女儿是我
在该有意识的存在中我存在
我不见儿子／女儿
我只是一个有意识的存在

在每个行动中我存在
而在存在中我存在
我不见行动
我只是一个有意识的存在

我观照在该有意识的存在中我存在
没有罪恶
没有伤害
没有年龄
没有性别

我只是一个有意识的存在

准备好扮演我的角色

角色是我

我不是角色

我只是一个有意识的存在

> 观照过去，当你如此做时，你就处于当下。
> 观照将来，当你如此做时，你又回到了当下。观
> 照，你不是在当下吗？"当下"是时间的灵魂，
> 你的灵魂就在其中。

1986年7月

作为一个苦行僧（Sādhu）

在梵语中，"弃绝"一词是"sannyāsa"，"弃绝
者"是"sannyāsī"。一般来说，弃绝的生活与苦行、克
己或出家有关。《薄伽梵歌》定义弃绝为：

rāgadveṣaviyuktaistu viṣayān indriyaiśvaran

ātmavaśyairvidhey ātmā prasādamadhigacchati

那人的心智处于掌控之下，在俗世中活动，感官处于

掌控之下，从好恶中解脱出来，获得安宁。

——《薄伽梵歌》（2.64）

因此，"弃绝"一词指一个人能够掌控自己对世界的感觉，无论在什么情况下也能保持平衡。"弃绝"的另一个词是"sādhu"或"好人"，也就是说，他是一个值得信赖的人，他的心智不会让任何人感到惊慌，他是一个简单的人，他的生活是有价值的、温和的和诚实的。苦行僧的真正意思是：对自己生活矢志不移的人，这个人可以来自各行各业，可以是父母、商人、和尚等，个人的生活态度是作为沙杜的基础。

在印度，修道传统的象征是橙色的布衣服，通常，有修道倾向的和尚都穿橙色衣服。橙色象征着黎明时分升起的第一缕阳光，这缕阳光摧毁了黑暗；也就是说，橙色代表知识，驱除无知。橙色也是火的颜色，象征着人类生活中各种问题的燃烧，这些问题即因果业力，它可能是好的，也可能是坏的，它把一个人束缚在生活中。因此，橙色代表自我知识（jñānaṁ）。

纵观历史，有些人确实衣如其人，而有些人则衣人不符。在《颂扬哥文达》（Bhaja Govindam）中，作者提醒我们注意那些行为与衣着不符的人（mithyācāra）。

"头发蓬乱的苦行僧、光头苦行僧、头发被一根根拔掉的苦行僧，或穿赭色长袍的苦行僧，他们的欺骗是人们视而不见的。事实上，这些不同的伪装或服装只是为了填饱肚子。"

另一种情况是有些人不穿袍子，但他们具有这种知识和相关的价值观。沙杜是具有冷静心智，居于简单生活、没有个人冲突的人。

传统上，如果一个人选择了弃绝生活，他就可以免除正常的社会责任。在印度，社会支持寻求了悟真理的僧侣被称为比丘（bhikñu），一个靠施舍生活的人。通常有两种生活方式与弃绝有关：像蜜蜂一样，从一个地方流浪到另一个地方，从不同地方获得食物；或者像蟒蛇一样，待在一个地方，接受任何施与它的食物。

当一个苦行僧接受古鲁授予的橙色衣服时，他被要求持咒（abhaya mantra），发誓他不伤害任何造物，他的誓言是既不伤害也不被伤害，因为他生活在一个很容易伤害和被伤害的世界。要想成为一名苦行僧，就必须要有这样的理解，才能保证自己的生活不受伤害。

> 他的誓言是既不伤害也不被伤害，因为他生活在一个很容易伤害和被伤害的世界。

1991年于美国宾夕法尼亚州塞勒斯堡

困惑中的秩序

当我只看结果不解原因时，就会产生困惑。或者我不想去了解的时候，是因为我想让情况有所不同，就会产生困惑。但即使在困惑中也有秩序。

当我放松下来，看到困惑中有秩序。个人或者一个群体可能会引起困惑，在我的感知中有困惑。

个人的行为与其背景相符，当我观照个人背景，或意识到一定存在背景时，那么一个行为就不会令人困惑，所有的行为都有其个体心理学或群体心理学的背景。

我越是看到困惑中有秩序，我越能看到在我内外的秩序，就越少感到困惑。我看到这种秩序遍及我的思想世界，并在外部世界中得到表达。

当人们与我互动时，我看到了这种秩序的存在。接纳这种秩序的存在，就是接纳神的存在。

这种秩序我看得越多，就越不抗拒；抗拒得越少，就越不感到困惑。当我不反抗的时候，只有秩序和我在秩序中的确定位置。

愿我有智慧去发现这个秩序，看到这个秩序，在这个秩序中找到我的确定位置。

> 倘若我错失了当下，那么我虽活犹死。

1991年12月于印度瑞诗凯诗

认识到无助

当我认识到我的无助、不确定性和按照自己意愿来安排事情的无力时，我将神带进我的生活。我的愿望和愿望的实现是不确定的，在做出必要努力的意愿和能力方面，我的力量是有限的；我在知识和资源方面也有限，精神生活缺乏自由。认识到这一切使我承认自己的无助。

这种认识本身就揭示了某种程度的成熟。我通过祈求恩典来寻求进一步的成熟，恩典是使事情成为可能的无形的东西。我祈求神的恩典，以便接纳我无法改变的事情。致使我抑郁的悲伤、焦虑和愤怒，都源于不接纳和不理解过去。

我把这归咎于许多因素：人、环境、时间、地点和社会，也许所有这些帮助我达到可以祈祷的地步。我认识到没有人应该受到责备，我也不责备自己。我无法改变的，我可以优雅地、全然地接纳。

我可以改变我的态度，争取必要的理解；我可以给我的个人生活带来更好的秩序；我可以付诸任何必要的努力。愿我有决心和努力去改变我所能改变的，愿我知道我能改变什么，不能改变什么。

我常常浪费我的力量和时间去尝试改变我不能改变的事情，当我不得不改变的时候，我已经精疲力竭。我在意志、精力、努力和努力的能力方面很贫乏。我能改变什么？我不能改变什么？我能知道这两者之间的区别吗？

一个接一个地找出你想改变什么，一个接一个地列出它们。

我希望我父亲有不同态度，我希望我母亲有不同精神特质、更自律，我希望我当时能学得更多，我希望我的家是一个真正的家，我希望我理解了价值观的价值，我希望我当时能更自律，我要是听了某某人的劝告就好了，我真希望我见过这个人，我希望我没有这样做，我希望我做了一件特别的事，我真希望自己能掌握一些技能，获得更好头衔。

我希望我出生在另一个星座，我希望我生下来就是个男人，我希望我生下来就是个女人，我希望我根本没有出生。

多少怨恨和无用的愿望！但我明白所有这些愿望都是

无用的，愿我把它们统统放下吧！

> 因为所有人都寻求这种圆满和幸福，所以他们都在走向神的道路上，虽然他们可能并不知情。一个不知道自己在寻找什么的人总在不停寻找。

我顺从

我以这个祷告形式向神祈求，神啊，求你赐我智慧，在外部世界以及我的内在世界，使我能以秩序的形式来认知你。在这个世界上，这一秩序无处不在。愿我有智慧认知这一遍及一切已知和未知事物的秩序，请赐给我那智慧、那觉知。

在宇宙中没看到秩序，要承认神是不可能的。当我看到秩序时，我发现了智慧，事实上是全知，然后我认识到神是智力根源。

脱离了这个秩序，物质世界就不存在，在太阳系、银河系、物理宇宙中都存在一个可测度的秩序。当宇宙的一个部分享有秩序时，所有其他部分也必须在这个秩序之内——这是一个秩序，原子的秩序与宇宙的秩序相同。

设想无此秩序的世界，世界将不复存在！事实上，每一种可见的形式，每一种可听到的声音都是秩序，甚至一块简单的石头也受这一秩序的支配。

触目所见、充耳所闻皆在秩序之内，我体内一切有形的东西都属于这个秩序；那个使身体活着，使心智思维、感知的，也存在于这个微妙的秩序中；我所能记得的都存在于这个秩序中；这个秩序就是整个创造，即神，没有其他方法认识到神，除非认识到秩序。

当我认识到这个秩序，甚至我的私我（ahaṅkāra）也并不存在于秩序之外。当我将私我、我的感觉、我的感官包括在这个秩序中时，即是顺从，这种顺从本身并非行动。当私我意识到这个秩序包括了私我的本质及其表达，甚至我傲时，私我就顺从了。

当我这样看待我的身体、我的心智、我的世界，我看到的远胜于目之所及，我见到多少就接纳多少，如果我接纳神为秩序，我将在万物中看到神。

我越能看到这个秩序，越能确认我对情况的反应。在内心，一切发生的皆在秩序之内；在外界，一切发生或不发生的皆在秩序之内，我的一切行动都保持这种秩序的觉知。

神以秩序的形式遍及我的整个内心世界，遍及外在世界和我在其中的表现。

　　我祈求神的恩典，帮助我在这个秩序的觉知中生活。

> 你对自己本来面目以及你在格局中位置的接
> 纳，会赐予你一个良好的自我形象。

1991年于印度瑞斯凯诗

存在—意识—喜乐（Saccidānanda）

　　"Satsvarūpam"，我的本质是存在，那个存在不取决于任何因素，"存在"在思想产生之前、思想消失之后，甚至在思想之间存在，这就是思想的"存在性"。

　　想象一朵玫瑰，玫瑰的思想存在；想象一棵树，树的思想存在。当花的思想、树的思想出现时存在，当花的思想、树的思想消失后依然存在的是"存在"。那个"存在"不受任何物体的限定。将存在的意思理解为不受任何物体限定的"存在"。

　　不受花的限定，不受树的限定，不受任何思想对象的限定，即是"存在"。我们通常参照一个对象来理解"存在"的意思，当你说"存在"时，你会不由自主地问"什么存在？"但是"存在"即使没有参照任何对象，作为自我，作为意识仍然是存在的。

意识存在，不依赖于任何思想。当思想存在时，意识也存在；思想脱离意识就不复存在，正如波浪脱离水就不存在一样，但是意识的存在并不依赖任何东西。

我存在（Aham asmi），该存在任何时候都不来不去，"存在"从不缺席，"存在"是我的本性。不论什么存在，我以无形意识的形式存在，我的本质是没有记忆、没有思想。意识存在，那个"存在"不在时间范围之内，"我"存在，无来；"我"永远存在，无去。

"我"即意识，不像任何事物在时间范围内来来去去；不像一个思想，出现和消失；我、意识，永远存在。

贯穿于所有思想之中的，就是所有思想的内容，当所有思想消失时，依然存在的就是我自己，那个意识的"存在"。

"Citsvarūpoham"，我是意识的本质；我存在，意识存在。这两个句子的意思有什么不同吗？

想象一棵树，当你产生树的思想，意识存在；当你什么都不想的时候，意识存在；当你听到时，意识存在；当你看到时，意识存在；当你闻到、品尝或触摸时，意识存在。

当你思考时，意识存在；记忆时，意识存在；认知时，意识存在；爱或恨时，意识存在；当你清醒时，意识存在；当你做梦时，意识存在；在深睡眠中，意识存在；

在没有任何知觉的情况下，在没有任何特定经验的情况下，意识仍然存在。

"意识存在"与"我存在"这两个词有什么不同吗？在这种意识中存在着历史、传记和记忆吗？记忆存在，意识存在；记忆消失了，意识依然存在。意识点亮记忆、点亮遗忘。意识独立于记忆、独立于任何形式的思想而存在。

自我判断是建立在记忆的基础上的，而我—意识则不受记忆影响。当你说"我难过，我受伤，我有罪"，有一个观点，一个基于记忆的判断。我—意识是独立的，不受记忆影响。

重复"意识"这个词，领会它的意思。"意识"这个词本身在意识中产生，在意识中存在，在意识中消融。现在重复"我"这个词，存在着除了意识以外的"我"吗？见者"我"，听者"我"并不脱离意识而存在。没有视觉或听觉，我是意识，不受记忆影响，不受任何既定思想影响。甚至"我是意识"的思想也不是我，思想的含义是"我"。

想象在一件快乐的事情后获得一种快乐的心境，记住快乐的事情，回忆快乐的心境，或者想象一下拥有快乐心境需要什么。

一旦你拥有这种快乐心境，问问自己，是什么让这种心境变得快乐？在快乐心境中，你可曾认出"我"

及其过往？过往的"我"带着内疚和伤痛，是否存在于快乐心境中？理解下述句子是否有道理：我即喜乐（ānandoham），在心智中获得的喜乐其实就是我自己。

陶罐的知识被称为"jñānam"，就其本质而言，那种知识是无任何形式的纯然意识。它不脱离于我自己（也被称为"jñānam"）。同样地，喜乐作为一种经历状态可称为"ānanda"，其本质是没有念头，与意识、喜乐合一，也称为"ānanda"，是我的实相。

某种程度上，苛求的"我"、过往的"我"、复杂的"我"是不存在的，在这种程度上，我是快乐的。任何体验性的快乐都是由于没有寻求"我"而带来的，在这种缺失中，我以喜乐的形式体验自己，这是我作为无限、无限意识的表现。在这种缺失中，是否存在不足？在这种缺失中，是否存在悲伤？

重复"我即喜乐"这句话。在"喜乐"中存在内疚或伤害，存在任何过往吗？在这种心境中获得的喜乐就是我自己，那个没有分裂的自我，那个没有主体和客体的自我，那个自我从未出生也永不死亡。

在冥想中，我认识到这样一个事实：喜乐揭示了我的本质。意识永远是一个不可分割的整体，不受时间、空间或物体的限制，没有任何东西脱离于它。那个整体，即我自己，被体验为喜乐。

我是意识，永远存在，我是存在和意识，是无限的。

> 当你到达上面时，它变成了"这里"；当你
> 到达下面时，它也变成了"这里"。当你处于这里
> 时，它就是这里。若如此，你怎能逃离这里？

1988年于美国宾夕法尼亚州塞勒斯堡

冥想者

"我"一词的内容是纯然意识，没有任何形式或思想。当你倾听时，你就成为倾听者；当你思考时，你也会成为一个思想者；怀疑时，是怀疑者；决定时，是决策者；调查时，是调查者。

所有这些都是你可能扮演的许多角色——步行时，步行者；说话时，说话者；开车时，司机。在你扮演的这些不同的角色中，意识是不变的，不受角色所发生事情的影响。

只要你只是一个感知者或思考者，你就没有问题，但是，当你与人，甚至是物体相互联系，扮演不同角色时，

比如父亲或母亲、儿子或女儿、丈夫或妻子、邻居或朋友、宗教成员、国家公民、特定种族的人，这些角色会给你带来一定的反应。

既然做父亲是一个角色，那么父亲的问题仅属于这个角色，且应该仅限于这个角色。

要使角色仅是角色，需要拥有自我知识，知识的缺乏使角色变成你自己，由于没有认知到自我扮演角色，反应出现时变得非常真实。

每天这些反应都会留下一种个性，作为一个父亲或母亲，你想让你的儿子以一种你能接受的方式行事，而他却不这样做时，你就会受到伤害。

对于夫妻来说，当他们在相互交流时，由于缺乏相互理解而产生挫折感时，就会产生愤怒，这种愤怒往往被禁锢在内心深处，因为价值观凌驾一切。

作为这个国家的公民，当政府的政策和行动与你的价值观不一致时，你就会做出绝望、愤怒、沮丧的反应，所有这些都是无法发泄的，它们都被闷在你心里。

一些对种族、对其他信仰和宗教、对世上不同人的风俗和习惯的偏见找不到表达，它们就产生一种新的个性。

在你的生活中，有些人是你不得不忍受的——比如老板，由于显而易见的原因，你对此人敢怒不敢言，存在未释放的愤怒。

你控制自己的愤怒是谨慎的，但你生气是不可磨灭的事实。

正是这个人，带着所有这些反应，坐着冥想。这就是为何冥想不发生的原因。

如果冥想是做你自己，你必须摆脱所有这些角色的残留，做你自己，而不是去扮演一个角色。

此时，你不是父亲或儿子，不是丈夫或妻子，不是雇主或雇员，不是邻居或朋友，不是美国人或印度人。

你只是一个人。

这是你现在冥想中要注意到的。你现在并不扮演角色，但是当你扮演某个角色时，看到那个生气的人并没有消失，生气还在，悲伤还在，遗憾、失望、失败、绝望和挫折还在。

除非你把所有这些遗留角色都去掉，否则你就无法做自己。

你如何摆脱这些残留？

仅仅作为一个人，从所有这些遗留的角色中解脱出来，就是把自己单纯看成一个人，一个简单的人。

首先，想象一下蓝天，你和天空有什么关系？

作为一个不抱怨天空是什么样的人，你会发现自己是一个简单的、有意识的人，看到了天空和其中的星星。

你是一个接纳的、有意识的人。

通过客观地对待情况，你可以在其他任何情况下也如此，即使在会给你带来麻烦的情况下也如此。

当你冥想的时候，你可以控制这种客观性，这种情况并不是真的存在那里，而只是在你自己的意志下被观想的。

观想云或者无云，雨或者无雨。

你包容，你接纳现状——那里有空气、太阳、月亮，不会成为你烦恼的根源。

事实上，你接纳这些东西。

因为有行星，我们的系统充满了更多的美。地球并不孤单，木星、火星、水星、金星、土星，所有这些都不会在你身上产生任何反应。

地球是一个球体，不会在你体内产生任何反应。

它有山脉、山谷、海洋、岛屿、矿物、树木、植物、野草，这些都不会打扰你。

各种花卉和水果，各种动物，包括昆虫，都要先被接纳和处理。

你不会对蚊子产生憎恨的反应，但你可能采取行动消灭蚊子。

不带仇恨地行动，以达到提高生活质量的既定目标是必要的。

行动，但要考虑到当你行动的时候，没有任何反应。

昆虫就是昆虫，不管它做什么，不管它以什么形式存在，它生来如此，接纳它并据此行动。

现在想象不同种族——蒙古人、波利尼西亚人、非洲人、高加索人和世界各地的混血儿，生活在地球不同地方。他们有各自的语言、文学、音乐、舞蹈、服饰和饮食习惯。

这有什么不对吗？

他们的信仰、习俗、举止、祈祷的形式和他们对神的观念。

接纳他们的本来面目。

为何他们会烦扰你？

接纳他们本来面目。

回到你自己的国家。

人们——接纳他们本来面目。

南方人、北方人、波兰人、爱尔兰人、印第安人、墨西哥人，接纳他们的本来面目。

沮丧是无用的。

包容你的雇主、雇员或同事。

谨记，正如你有心智，他们每个人都有自己的心智。

这使你们之间不同。

接纳那个人的本来面目。

如果你能改变一个人，如果你确信这样的改变对双方都是有益的，那就改变这个人。

接纳你的邻居。

如果你不能忍受你的邻居，那就去找其他邻居——离开你的邻居。但是不要让那个邻居控制你的心智，让你后悔和生气。包容那人的本来面目。

不要让对方处在伤害你的位置。

包容。

所有人都在与自己的心智斗争，与他们的恐惧、焦虑、不安全感、纠结做斗争。

包容。

接纳你父母的本来面目。

如果你认为他们没有理解你，那就沟通吧。

如果你认为自己失败了，那就接纳吧。

接纳他们的本来面目，做该做的事情。

在生活中接纳你的伴侣。

就是这个人与你分享你的生活。

在所有水平上，接纳那人的本来面目。

如果你认为改变对双方都更好，那就尽你所能去改变，但首先要接纳。

如果你说，"除非你改变，否则我无法接纳"，那就会有反应。

如果你接纳并为改变而努力，就会有爱、理解、关心、关注，有些事情已经达成。

接纳你自己的身体——它的身高、体重、外貌、肤色、性别、疾病、无能、不足、力量和美德。

接受身体本来的样子。

如果你能治好这种病，就去治吧。

如果你可以减肥，如果你想减肥，那就去做吧，但是不要因为它有重量问题而拒绝它。

当你拒绝时，你会做出反应。

当你接纳时，你就会行动。

用爱和理解去接纳。

现在接纳你的心智——它的情绪、行动、偏见，接纳它们，只有这样你才能改变。

接纳知识的局限，为你想知道更多东西而努力。

最后，但同样重要的是，接纳你的记忆，不要让记忆强迫你逃避它。

唱歌、开车或疯狂购物——数百种娱乐方式都是为了逃离记忆的枷锁。

记忆无害，每一次经历都会留下有用的印象，对记忆要客观，没有任何一段记忆会吓到你，或让你后悔所发生的事情。

后悔是没有用的。

你可以从过去的经历中学习，你可以对所发生的事情更加明智。

唤起那些困扰你的记忆。

把它们视作过去已逝的残留。

让你不再害怕面对任何一段小记忆，现在你是你自己。

你是一个简单的、有意识的存在，一个被赋予了记忆、心智、感觉器官、身体的人，所有这些都是为了看世界，体验世界，为了让你生活在这个世界上，为了与环境、与人互动。

这就是所有的一切，去行动、了解、思考、看、听。

你是个简单的人

这就是冥想。

做你自己。

多了解自己。

即使没有自我知识，你也可以如此简单和相对自由；当你把注意力转向了解自己的时候，这句教导放之四海而皆准。

在冥想中，冥想者才是最重要的。

> 活着，就是活在当下；不活着，就是不活在当下。

1983年9月于美国加州蒙特西托红杉小屋